国 家 社 会 科 学 基 金 课 题

中宣部宣传思想文化青年英才课题

发达国家
大学智库研究

FADA GUOJIA DAXUE ZHIKU YANJIU

何振海 等 ◎ 著

人民出版社

目　录

导　言

一、选题原因及研究意义

智库（Think Tank，或译为"思想库""智囊团"），作为"利用现有知识以跨学科方法进行政策研究的持久性机构"，[①] 其职能与影响力已经得到普遍认可，在各国政府决策过程中发挥着重要作用，甚至被誉为"国家智商"和"政府外脑"。

作为现代智库的发源地，西方国家在智库领域保持了全球领先的地位。据 2018 年发布的《2017 年全球智库报告》统计，2017 年全球共有智库 7815 家。从这些智库的国别分布看，发达国家占据了绝对优势，其中美国有 1872 家，英国有 444 家，德国有 225 家，法国有 197 家，日本有 116 家，加拿大有 100 家，其他属于发达国家行列的国家，如瑞典(89 家)、荷兰(76 家)、瑞士(76 家)、奥地利(68 家)、以色列(67 家)、西班牙(63 家)、比利时（61 家）等，也有一定数量的智库，这些发达国家共有智库 3454 家，约占全球智库总数的 44%。在 2017 年全球顶级智库排行榜上，入选前 20 名的智库有 18 家分布于发达国家，其中美国就有 10 家。[②] 主要发达国家智库在全球智库领域的优势地位和重要程度由此可见一斑。

目前学界对智库的类型划分存在多种标准和依据，其中较为常见的是依照智库的机构属性，大致将智库划分为官方（政府）智库、民间（独

---

① Paul Dickson, Think Tanks, New York: Atheneum, 1971, p. 35.

② James G. McGann, "*2017 Global Go To Think Tank Index Report*", 2018-01-31, see https://repository.upenn.edu/think_tanks/13.

立）智库和大学（高校）智库三类。在发达国家，大学智库是其主要类型之一，它与官方智库和民间智库被并称为智库领域的"三驾马车"。值得关注的是，发达国家大学智库所依托的大学母体往往是那些著名的研究型大学，如美国的哈佛大学、斯坦福大学，英国的剑桥大学、伦敦政治经济学院，法国的巴黎理工学校、巴黎高等师范学校，德国的慕尼黑大学、柏林自由大学，俄罗斯的莫斯科大学、莫斯科国际关系学院，日本的东京大学、早稻田大学等。实际上，作为以政策研究和决策咨询为主要职能的专业机构，智库的发展需要强大的学术背景支撑和雄厚的科研实力依托。因此，大学特别是汇聚精英学术群体的研究型大学在智库培育方面具有得天独厚的优势。

从历史上看，发达国家大学智库的产生与大学服务职能的拓展和深化有着密切的关联。19世纪中期，西方大学将社会服务确立为自身三大职能之一，当时大学的社会服务主要体现于那些和工农业生产密切相关的自然科学领域，人文社会学科的社会服务职能体现得尚不显著。19世纪末20世纪初，西方大学对社会现实问题的关注和研究程度逐步加深，这为大学服务职能向人文社会科学领域的拓展提供了实践准备。二战以后，随着西方社会政治民主化程度的提升，西方大学以其智力资源为政府决策提供服务的活动得以推广。受此趋势影响，西方大学中的社会科学研究开始向具有强烈的现实价值和入世色彩的政策服务领域拓展，这一趋势成为二战后西方大学智库蓬勃发展的重要动因。

西方大学智库与其大学母体之间的密切关联，以及西方大学社会服务职能的演进与大学智库发展之间的内在联系，为从大学史的视角研究西方大学智库的发展提供了现实基础和学理依据。从大学社会服务职能深化和拓展的角度，系统梳理西方大学智库的发展脉络，探讨其运行机制和制度特征，分析影响大学智库发展的内外因素，总结一流大学智库的建设经验，不仅有助于丰富对西方大学智库的认识，特别是有助于把握西方大学智库的历史轨迹和成长要素，而且有助于丰富对西方大学史尤其是大学社会服务职能演进史的研究。就此层面而言，西方大学智库发展史本身即西方大学史研究的重要组成部分。

结合我国的现实需求来看，2013 年 11 月，《中共中央关于全面深化改革若干重大问题的决定》中明确提出要加强中国特色新型智库建设，建立健全决策咨询制度。2014 年，中央全面深化改革领导小组第六次会议审议通过了《关于加强中国特色新型智库建设的意见》。会议强调，我国政府在进行治国理政的过程中，必须善于集中各方面智慧、凝聚最广泛力量，因此，重点建设一批具有较大影响和国际影响力的高端智库、重视专业化智库建设，既为中国智库的发展提出了挑战，也为各类智库发挥作用提供了广阔的空间。而在建设新型智库方面，高校作为哲学社会科学的生力军和各学科人才聚集的高地，显然具有得天独厚的优势。基于此，2014 年教育部启动实施了《中国特色新型高校智库建设推进计划》，高校智库建设由此进入国家战略决策层面。在这一战略的实施过程中，作为现代智库发源地的西方国家在建设大学智库方面所积累的经验，以及西方大学智库本身发展的内在逻辑，理应成为我国高校智库建设的重要参照。研究西方大学智库发展史的现实意义和实践价值也正体现于此。

二、国内外研究现状

在西方主要发达国家，尽管大学智库的源起可追溯到一个世纪以前，但直至二战结束以后，大学智库才真正兴起，至于其日渐繁荣并为世人所熟知，则是近三四十年的事情。因此，无论是国外还是国内的学术界，对大学智库的研究尚难言全面、系统和深入，特别是从历史角度对大学智库的研究还很薄弱，至今国内外均未出版以发达国家大学智库为主题的专门著作。不过，由于智库本身在现代西方国家治理决策过程中的重要作用和价值日益凸显，国内外有关智库的研究已达到较为深入的程度，大学智库作为现代智库的主要类型之一，在这些研究中多有涉及；此外，大学智库是依托大学母体创立和发展起来的，大学智库史本身即大学史的一部分，而国内外有关西方大学史特别是研究型大学史的研究也大量涉及大学智库发展的内容。上述关于西方智库史和西方大学史的研究成果，为本书对西方大学智库的探讨提供了较为充分的史料支撑。

（一）国外研究现状

西方学界对智库的系统性研究约始于 20 世纪 70 年代。保罗·迪克森（Paul Dickson）1971 年出版的《智库》一书是这一时期有关智库研究的代表作。该书在回溯智库发展历程的基础上，结合个案研究方式，对现代智库的运行机制、职能属性、影响力等进行了较为系统的阐述。20 世纪 90 年代以来，西方国家有关智库的研究成果大规模涌现。1992 年，詹姆斯·麦甘恩（James G. McGann）所撰《从学术理论到意识形态：公共政策研究产业简史》一文分阶段梳理了智库的发展脉络；1996 年，阿贝尔森（Donald E. Abelson）出版的《美国智库及其在美国外交政策中的角色》一书从职能角度分析了美国智库的发展历程及其影响力的表现和实现途径；1996 年坎迪亚（Micheal D. Kandiah）出版的《当代英国的观念与智库》及 1998 年邓汉姆（Andrew Denham）等人出版的《英国智库与舆论环境》对英国的主要智库进行了多角度的分析；日本学者五十岚雅郎所著《智囊团与政策研究》对日本智库与政府的关系及其与大学的竞争等内容做了较深入的分析；马丁·图纳特（Martin Thunert）2006 年撰写的《德国智库的发展及其重要意义》一文对德国不同类型智库的组织结构、职能与机制等内容做了详细解读；2010 年，哈特维格·鲍茨（Hartwig Pautz）撰写的《英德智库：社会民主现代化进程中的角色》分析了英德两国智库在民主政治领域的作用；麦甘恩 2010 年出版的《全球智库：政策网络与管理》一书对主要国家和地区的智库及其职能、运行机制等做了较为全面和系统的介绍。此外，还有大量成果从不同角度对包括美、英、法、德、俄、日等发达国家的智库发展情况做了较全面的研究。

与智库类研究成果相比，国外学界在大学史领域的研究成果更加丰富多样，其中与本书研究对象密切相关的成果亦汗牛充栋。例如，吕埃格（Walter Rüegg）主编的四卷本《欧洲大学史》中的第三、四两卷详述了近代以来欧洲大学的发展、变革历程，其中与大学科研和服务职能有关的内容为大学智库史的研究提供了重要的背景参照和史料线索。各主要发达国家的大学史经典著作同样是大学智库史研究的重要基础资料，如罗杰·盖格（Roger L. Geiger）所著的《增进知识——美国研究型大学的发展（1900—

1940)》《研究与相关知识——第二次世界大战以来的美国研究型大学》对美国研究型大学中以向政府提供知识服务为重要职能的机构(即大学智库)做了较深入研究；罗伯特·安德森（Robert Anderson）著《英国大学：过去与现在》、克里斯蒂娜·穆塞林（Christine Musselin）著《法国大学的长征》、丹尼尔·福伦（Daniel Fallon）著《德国大学》、大崎仁著《大学改革：1945—1999》，这些著作勾勒出相关国家高等教育的基本历史线索。

由于西方大学智库所依托的往往是那些著名的研究型大学，其产生和发展与大学母体有着密不可分的联系，因此除有关各国大学的通史性著作外，大量关于西方研究型大学的专题性成果，以及一些世界知名大学的校史也是本书研究的重要参考资料。

（二）国内研究现状

近年来，随着我国政府对智库建设的高度重视，国内学界对智库特别是西方发达国家智库的研究达到新的高峰，推出了大量研究成果，如李建军等编《世界各国智库研究》、王佩亨等著《海外智库》、褚鸣著《美欧智库比较研究》、王莉丽著《旋转门——美国思想库研究》、中国现代国际关系研究院编《欧洲思想库及其对华研究》和《俄罗斯外交思想库》等。这些著作从不同角度对主要西方国家智库的类型、管理、职能等做了较为深入和全面的介绍与分析。然而，相关成果的研究焦点大多聚集在官方智库和民间智库，对西方大学智库的关注较为薄弱，目前仅有冯绍雷编《智库——国外高校国际研究院比较研究》一书将研究对象集中在大学智库。该书主要探讨的是西方大学智库的特定类型（国际研究院），未能涉及其他类型的大学智库；此外，该书重点关注的是现状比较，从历史角度特别是大学史角度对西方大学智库的历史变迁所进行的分析较为薄弱。

相对而言，国内学界有关西方大学史特别是发达国家研究型大学史的研究成果更为系统和丰富。其中，综合性研究成果有贺国庆等著《外国高等教育史》、黄福涛主编《外国高等教育史》等，专题性研究成果有贺国庆著《德国和美国大学发达史》、沈红著《美国研究型大学形成与发展》、马万华等著《全球化时代的研究型大学——美英日德四国的政策与实践》等。此外，还有大量对西方大学的国别性研究成果，以及关于西方大学社会服务职能的专题性研究成果，这些成果为有关西方大学智库的研究提供了重要的历史线索和背景资料。

三、研究内容、基本观点、研究思路、研究方法

（一）主要研究内容

本书主要围绕如下三方面内容展开研究：

第一，发达国家大学智库的基本历史脉络。具体涉及：现代大学社会服务职能的产生及其向哲学社会科学领域的拓展；发达国家大学智库产生的历史背景和现实动因；不同历史时期影响大学智库发展的主要因素及各时期大学智库的发展状况与阶段性特征；当代知名大学智库的个案分析。

第二，发达国家大学智库的制度特征及其建设经验。具体涉及：发达国家大学智库的运行与管理机制；社会服务职能视角下大学智库与大学母体的互动关系；大学智库的职能实现渠道及影响力；一流大学智库的成长规律。

第三，比较视域下中国特色新型高校智库的建设路径。具体涉及：我国高校智库发展的历史回溯及现实状况；我国高校智库与世界一流大学智库的主要差距；中国特色新型高校智库的建设路径。

（二）基本观点

本书的主要立论观点为：发达国家大学智库是在现代民主政治对科学决策需求日渐提高的背景下，大学社会服务职能不断拓展和深化的产物，是外源因素与内生因素共同推动的结果；大学智库与现代大学的发展之间存在密不可分的内在有机统一性，大学母体为大学智库孕育、发展提供了有效的学术依托，大学智库的繁荣对大学母体起到了重要的反哺作用；中国特色新型高校智库建设是一项系统工程，有关其建设路径的探索必须建立在正确认识和科学把握大学智库一般发展规律的基础上，坚持有所为有所不为的原则，致力于打造适合我国社会发展实际的高水平大学智库。

（三）研究思路与研究方法

本书拟采取大学史的研究范式，综合运用文献分析、比较研究、个案

研究等方法，通过纵横结合、点面交叉的结构划分，以各国大学智库的纵向历史梳理为基础，结合典型个案分析，借助历史与比较研究，分专题归纳发达国家大学智库建设的一般规律，总结其建设的基本经验，并从大学史的视角分析大学智库发展与大学社会服务职能变迁之间的内生关系，探讨大学智库的存在与发展对大学母体的积极影响。在上述历史研究和专题分析的基础上，结合我国高校智库建设的基本状况和现实需要，参照发达国家大学智库的发展经验，对中国特色新型高校智库的建设与发展路径进行深入探讨。

（四）创新之处

本书的主要创新点在于：学界以往有关大学智库的研究，大多将大学智库作为现代智库的类型之一、从普遍意义上的智库角度对大学智库进行多维度的分析，未能将大学智库置于大学史的系统框架内进行专题研究；而本书拟从大学史暨大学社会服务职能演进的视角，对发达国家大学智库的酝酿、产生、发展、变革的基本历程进行梳理，侧重探讨大学智库与大学母体之间的共生关系和互动机制。这在一定程度上是对学界以往有关大学智库研究传统范式的突破性尝试。

第一章　现代智库的内涵、起源与类型

对于国人而言，"智库"这一概念为人所熟知似乎只是最近几年的事情。确切地说，自 2013 年 11 月党的十八届三中全会在《中共中央关于全面深化改革若干重大问题的决定》中明确提出"加强中国特色新型智库建设，建立健全决策咨询制度"之后，"智库"开始全面进入国人的视野，并成为学术界关注的热点。试举一例：在"中国知网"以"智库"作为主题词进行文献检索，结果显示，在 2013 年以前，关于智库的文献数量大致呈稳步增长的态势，如 2009 年的文献数量为 475 项，2010年为 431 项，2011 年为 524 项，2012 年为 647 项；但从 2013 年开始，关于智库的文献数量开始呈"井喷式"增长——2013 年为 1048 项，2014年为 1628 项，2015 年为 3130 项，2016 年为 3922 项，2017 年为 3929项。一言以蔽之，2013 年以前，智库是一个小众性的概念，此后则作为一种具有旺盛生命力的机构开始渗透至社会的各个角落，为学术界所广泛关注。

实际上，尽管"智库"一词对很多人而言似乎稍显新鲜，但如果具体到智库的职能和功能上，那么大多数国人都不会感到陌生。智库所扮演的角色、发挥的作用，与我国历史上出现的智囊、门客、军师、谋士、幕僚、师爷等极为相近，"以智辅政、以智启民"是这些历史角色的共同内涵特征。在中国历朝历代，贤明的帝王身边总是站着名扬后世的智囊谋士，尤其是在社会发生剧烈动荡和变革之时，统治者们更加重视发挥智囊的作用。这些辅佐君王、匡时济世之贤才，活跃在社会变革、军事斗争乃至政权更迭之中，为维护王朝统治、推动社会发展，发挥了至关重要的作用。从某种程度上看，中国优秀智囊的此起彼伏、代际相传，是中华民族能够长期抵御外敌入侵，并使中华文化在本土生生不息的重要原因。①

当然，中国古代的智囊式人物或由智囊人物组成的智囊团体，还远不能与现代意义上的"智库"相比。首先，中国古代的智囊往往有着极强的依附性。中国传统文化中的"功名"观念使得绝大部分"智士谋臣"将个人命运和才智发挥与封建帝王或朝廷要员相捆绑，这与追求相对独立性的现代智库显然有所区别。其次，与现代智库相比，中国古代智囊缺乏必要的组织性、制度性和延续性。汇聚于统治者或强权人物周围的能人谋臣，往往很难形成一个具有高度组织性的团队，其功能的发挥也不依赖于一定的制度安排，而常常是智囊人物依据个人经验和推理直接向服务对象建言献策，智囊人物或智囊团队在所依附的统治者或强权人物更迭后也大都随之解散，无法得到延续。最后，中国古代智囊的服务领域主要集中于政治军事领域，其参与决策分析的范围也无法与现代智库相比。

现代意义上的智库，其真正的发源地是西方发达国家。尽管学界对于究竟哪个机构堪称世界第一家现代智库有着不同的说法，但对其地理范围集中在欧美地区则无甚异议。之所以将西方发达国家作为现代智库的发源地，是因为人们对现代智库产生的历史背景和社会基础有着较为普遍的认识，即现代智库是现代民主政治发展的产物。自19世纪以来，伴随着现代民主政治的逐步成熟，西方发达国家的政府决策越发寻求外部的智力支持，而知识与权力的结合是现代智库产生的直接契机。

第一节 现代智库的内涵

智库一词译自英文"think tank"。据国外学者考证，英语中的"think

---

① 王文：《中国智库古今延承之路：历史溯源与未来启示》，《智库理论与实践》2016年第2期。

tank"一词最早出现于 19 世纪末，直到 20 世纪五六十年代，该词仍主要用于形象化或文学化地表达一个人的"头脑"（head or brain）或"智力"（intellect），而不是对某种组织或机构的指代。例如，《牛津英语词典》对"think tank"用法给出的一个例句是，1964 年一篇报纸文章中记载的美国前总统杜鲁门所开的一个玩笑："杜鲁门曾说在他的‘老旧的头脑仍然工作的情况下’，他希望活到 90 岁。"（Truman...said he hope to live to be 90 but only‘if the old think-tank is working’.）[①]"think tank"一词真正具有现代智库的意义并被广泛使用，开始于 20 世纪 70 年代的美国。20 世纪 70 年代，美国出现了一大批致力于公共政策研究的专门组织，自此，"think tank"一词开始广泛出现在美国的公共话语体系之中，被用来指代这些专门机构。我国学者根据"think tank"一词的字面含义和所指代机构的性质，将之译为"智库""思想库"或"智囊团"等。

关于智库的定义，学术界有多种表述。之所以定义众多，主要是因为论述者所持角度有所区别。正如有学者所说，"智库是一个涵盖性的术语，对于不同的人而言含义也不相同"，[②] 甚至同一个人在不同的语境中对智库也有着不同的定义。例如，英国华威大学政治学教授戴安娜·斯通（Diane Stone）在《智库和政策分析》一文中，将智库定义为"就社会政策、政治战略、经济、军事、技术和文化等相关议题进行研究和宣传的研究所 / 中心"。[③] 然而，斯通在其主编的《智库传统：政策分析与政治观点》一书中，又指出智库是一个"滑溜溜的术语"（slippery term），"它曾被随意地用于指代认可开展相关政策、技术或科学研究与分析的组织。这些组织或由政府经营管理（如俄罗斯和中国的大部分智库），或独立的非营利机构，或附属于营利性法人实体（这种情况在日本很常见）。英美人士对智库的理解是，它是一种独立于政府、政党和压力集团开展政策分析的

---

① Thomas Medvetz, *Think Tanks in America*, Chicago: The University of Chicago Press, 2012, pp. 25-26.

② James G. McGann, *Comparative Think Tanks, Politics and Public Policy*, Northampton: Edward Elgar, 2005, p. 11.

③ Wikipedia, "Think Tank", 2018-08-06, see https://en.wikipedia.org/wiki/Think_tank.

相对自治的组织。言其'相对自治',是指智库常常与上述机构存在资源依赖关系。其经费有可能来源于政府,但这些智库仍试图保持其研究自由,或者至少是对外宣称它们不会受制于任何特定利益。它们尝试通过智力辩论和分析而非直接的议会游说影响政策或为决策提供信息。它们进行严谨的政策分析,关注那些支撑政策的主张和观念。总而言之,智库收集、整理和开发出一系列信息产品,(服务对象)通常直接指向政府或官僚,不过有时也服务于媒体、利益集团、商界、国际公民团体和国家大众"。①

安德鲁·里奇(Andrew Rich)在《智库、公共政策和专家治策的政治学》一书中,将智库定义为:"独立的、无利益诉求的非营利组织。其产品是专业知识和思想,也主要依靠这些来获取支持并影响政策制定过程。操作上,智库……对有关公共政策的问题进行研究并传播思想。政治上,智库属于进取型研究机构,积极寻求公共可信度的最大化,尽可能地投身于政治,运用其专业知识和思想来影响政策制定。……为了获取可信度,智库寻求最大限度的独立性。……它们设法使自己的研究在相关政策制定者中引起关注,并接近这些人以影响政治结果。"②

麦甘恩在《全球智库:政策网络与治理》一书中,对智库的界定为:"智库是针对国内外问题,开展政策导向的研究分析以及提供咨询服务的组织,以促进决策者和公众能够在充分了解情况的前提下,对公共政策问题进行决策。智库可以是独立或者附属的常设机构,而不是临时委员会。此类机构通常作为学术和政策制定者之间的桥梁,代表公共利益中的独立声音,将应用和基础研究转化为决策者和公众可理解、可依赖、可使用的语言和形式。政策研究组织扮演着多种角色:进行原创性的研究和分析,生成新的信息,提供政策建议,评估公共政策和项目;招募、培训和培养可造之才;为即将离职或即将担任要职的公众人物提供思想家园;召集政府

---

① Diane Stone, Andrew Denham, *Think Tank Traditions: Policy Research and the Politics of Ideas*, Manchester and New York: Manchester University Press, 2004, pp. 2-3.

② [美] 安德鲁·里奇:《智库、公共政策和专家治策的政治学》,潘羽辉等译,上海社会科学院出版社 2010 年版,第 6—7 页。

内外的专家提出建议，建立共识；对决策者、大众传媒和公众进行培训，并吸引他们的注意力。"①

近年来，随着我国学界对智库关注程度的日益升温，很多学者也基于自己的思考对智库的定义进行了尝试性阐述。其中较有代表性的观点有如下几种。

王莉丽是我国较早从事智库研究的学者之一。在 2009 年的一篇论文中，王莉丽将智库（思想库）定义为："思想库是指从事公共政策研究的非盈利组织，其目标客户是政策制定者和社会大众，思想库力图通过各种传播渠道影响公共政策的制定和社会舆论。思想库不以赢利为目的，而以是否影响了决策为最终目标。"② 在 2015 年出版的专著《智力资本：中国智库核心竞争力》一书中，王莉丽对智库的定义作了进一步完善，指出："智库是指诞生在特定的政治、经济、文化土壤中的，服务于国家利益和公共利益，以影响公共政策和舆论为目的的非营利性政策研究机构，包括官方智库、大学智库和民间智库三种类型。质量、独立性和影响力是智库的核心价值，也是智库成就全球声誉和影响力的基石。"③

李凌在其编著的《智库产业——演化机制与发展趋势》一书中强调："由于各国智库发展状况不同，政治、文化背景相异，因此对于智库概念和定义的诸多解说，其实是对智库多侧面的特征描述。一般认为，智库是指一种专门为公共政策和公共决策服务、生产公共思想和公共知识的社会组织，它的基本特征包括思想创新性、政策影响力和公共关注度。广义的智库概念，把为经济社会服务的各类研究机构、商业咨询公司和智力服务机构也统统纳入其中。国际上一般认为智库应该具有'四大'特性：即独立性、非营利性、现实性和政治性。但是，由于各类智力服务机构的价值取向、资金来源、研究领域、专家构成有所不同，往往代言不同的政党和利益集团，背景和使命也异常复杂，因此，我们认为，智库

---

① [美] 詹姆斯·麦甘恩：《全球智库：政策网络与治理》，韩雪、王小文译校，上海交通大学出版社 2015 年版，第 14—15 页。

② 王莉丽：《美国思想库发展历程及面临挑战》，《红旗文稿》2009 年第 14 期。

③ 王莉丽：《智力资本：中国智库核心竞争力》，中国人民大学出版社 2015 年版，第 6 页。

的本质并不在于营利性、市场化和独立性，而在于能否按照政治或经济社会的需要提供高质量的思想产品。这种思想产品既包括为公共决策服务的政策、建议和分析报告，还包括对经济社会发展具有积极推动作用的公共知识。"①

褚鸣在《美欧智库比较研究》一书中，对国外不同学者关于智库的定义进行了总结："智库作为研究对象时有两个最基本的特征。其一，智库是指一个独立从事公共政策分析研究并提出建议的专家组织；其二，智库应是一个非营利实体组织。第一条从研究内容的角度划分了智库与其他研究类组织的区别，第二条划分了与同类临时组成研究团队的差异。智库可以有多种组织形态（学会、研究所、基金会、研究中心等），其规模、结构、政策研究领域和政治上的重要性也各不相同。"②

上海社会科学院智库研究中心是我国较为权威的智库研究机构，其对智库的界定在国内学界有一定的代表性。该中心认为："智库主要是以公共政策为研究对象，以影响政府决策为研究目标，以公共利益为研究导向，以社会责任为研究准则的专业研究机构。……从组织形式和机构属性上看，智库既可以是具有政府背景的公共政策机构，也可以是不具有政府背景或具有准政府背景的私营研究机构；既可以是营利性机构，也可以是非营利性机构。"判断一个机构是否属于智库的标准包括：第一，智库是一种稳定的社会组织，而不是某些个人……作为一种社会组织，具有相对稳定的组织架构、固定的工作地点和长期运作能力；第二，智库的主要业务内容是政策研究，或者是以学术研究为支撑的决策咨询机构，而不是纯学术研究；第三，智库以影响政府决策为首要目标……为了达到影响政策形成的目的，智库的产品往往既有深度，也有速度，既有历久弥新的学术研究专著，也有短小精到的政策咨询报告，既注重智库产品的质量，更重视智库成果的推广；第四，智库以独立性和专业特色开拓属于自己的生存

① 李凌：《智库产业——演化机制与发展趋势》，生活·读书·新知三联书店 2012 年版，第 2 页。
② 褚鸣：《美欧智库比较研究》，中国社会科学出版社 2013 年版，第 10—11 页。

空间。①

尽管学界对于智库的定义有着不同的主张，但可以明确的是智库的核心职能是开展政策研究，提供决策咨询；从组织形式来看，智库是一种常设性而非临时性机构，它可以独立存在，也可以附属于某一组织；从人员构成来看，智库的核心成员是相关领域的专家学者和实务人才。在考察智库特别是发达国家的智库时，应尽可能采取较为宽松的定义，因为绝大多数智库研究的重点是分析智库产出高影响力政策产品的原因。本书即以此为基本立场和出发点。

第二节　现代智库的起源

尽管智库已经成为一个现代社会各界高度关注的热点现象，但对于智库究竟起源于何时，学术界仍众说纷纭。代表性的观点主要有如下几种。

美国智库研究领域的著名学者保罗·迪克森于 1971 年出版的《智库》②一书，是学界公认的最早专门探讨现代智库的专著之一。在该书中，迪克森提出现代意义上的第一家智库发端于美国费城富兰克林学会（Franklin Institute，或译为"富兰克林研究所"）。富兰克林学会创办于 1824 年，被誉为"美国最古老、最重要的科学教育和发展中心之一"，其宗旨是"激发民众学习科学与技术的热情"；自创办以来，学会在"满足美国科学技术领域的教育需求方面扮演了中心性的角色，且这一角色仍然在持续发展之中"。③基于上述宗旨，富兰克林学会在创办之后即致力于从科技方面解决美国社会不断出现的一系列现实问题。1832 年，为

---

① 上海社会科学院智库研究中心：《2013 年中国智库报告：影响力排名与政策建议》，上海社会科学院出版社 2014 年版，第 4—6 页。

② Paul Dickson, *Think Tanks*, New York: Atheneum, 1971.

③ The Franklin Institute, "Mission and History", 2018-08-04, see https://www.fi.edu/about-us/mission-history.

了解决汽轮上蒸汽锅炉时常爆炸的问题，美国财政部与富兰克林学会签订了委托研究合同，由学会负责提供技术方案。这项委托研究开启了政府利用专门研究机构解决公共问题的先河。迪克森据此认为，富兰克林学会接受政府委托开展公共问题研究，这一现象标志着现代智库的起源。①不过这一观点受到一些学者的质疑，并未被广泛接受，"主要原因是他的观点过于牵强，经不起推敲。批评者认为，如果按照他关于思想库就是政府为解决各种问题所求助的对象的定义，富兰克林研究所显然不是第一个类似机构，一些具有同样职能的教育机构在1832年前早就存在，如著名的哈佛大学（1636年）、耶鲁大学（1701年）、普林斯顿大学（1746年）、哥伦比亚大学（1754年）、布朗大学（1764年）等。可以设想，政府官员早已在求助学者本人或他们所隶属的部门。换句话说，学者与政府官员一起讨论公共政策（有时在大学校园，有时则在国会办公室）的历史已经超过200年。但这种彼此间的交流并不能视为今天意义上的思想库的起源。因为，17和18世纪的学术机构明显没有把自己作为特殊组织或学会中的成员，而是与同事、政府领导人共享其观点及见解。只是它们的运作表现出许多与现代思想库功能相同的特点。"②

美国洛克菲勒档案中心总裁詹姆斯·艾伦·史密斯（James A. Smith）从另一个角度，即政策精英（policy elite）的角度提出了现代智库起源的另一种观点。他在1991年出版的著作《思想的掮客：智库与新政策精英的崛起》③一书中，将智库活动视为一种知识分子和专家群体参与政府公共政策过程的特殊现象，指出所谓智库就是一种"典型的美国式政策规划与顾问机构"。在智库工作的专家群体，"他们的观念优势决定了政策选择，或者被纳入到政府的计划之中。他们的报告和研究界定了政策辩论的

①　褚鸣：《美欧智库比较研究》，中国社会科学出版社2013年版，第11页。
②　袁鹏：《美国思想库：概念与起源》，《国际资料信息》2002年第10期。
③　James A. Smith, *The Idea Brokers: Think Tanks and the Rise of the New Policy Elite*, New York: The Free Press, 1991.

边界，并通过大众传媒的放大镜进一步扩大了影响"①。史密斯认为，智库现象即政策专家"利用自己的学术专长来赢取政治影响"的最早尝试始于19世纪中期，其标志性事件是 1865 年美国社会科学促进联合会(American Association for the Promotion of Social Science，1866 年更名为"美国社会科学协会"）的成立。1865 年 10 月，来自全美各个领域的改革者、作家和记者、高校人士和政府官员们，着眼于解决当时美国城市存在的大量社会经济问题，齐聚波士顿议会大厦召开会议（史称"波士顿会议"），尝试通过社会科学的知识和方法，探索"救济贫民、失业、公共卫生、预防犯罪、监狱及统一于社会科学名下的众多数据和慈善权益问题"。对于这次会议，史密斯给予了高度评价："尽管他们并非是第一个，也不是最具洞察力的思考科学与政治之间关系的团体，但自他们起，人们开始不断努力对社会改革领域进行系统的研究。"② 据此，史密斯将现代智库（至少是美国智库）的源头追溯至 19 世纪中期。但他同时也指出，波士顿会议的与会者只是"业余的社会科学家"，这次会议还不能被称之为第一个现代智库诞生的标志；准确地说，它的历史意义更多地体现在为现代智库的诞生积累了推动因素，这些因素还包括"对社会科学的态度、研究生培养和职业生涯发展的基础体系、组织有序的大型慈善机构以及对国家和国家职能的宽泛认识等"。从这个意义上说，"自 19 世纪后期以来，智库的雏形已经接受了时间的反复检验"③。至于现代智库产生于何时，史密斯的观点是：作为进步主义时代改革和"科学管理"运动的副产品，第一代政策研究机构是在 1910 年前后建立起来的。④

　　加州大学圣克鲁兹分校心理学和社会学教授、美国权力精英领域研究

---

① [美]詹姆斯·艾伦·史密斯：《思想的掮客：智库与新政策精英的崛起》，李刚等译，南京大学出版社 2016 年版，第 3 页。
② [美]詹姆斯·艾伦·史密斯：《思想的掮客：智库与新政策精英的崛起》，李刚等译，南京大学出版社 2016 年版，第 25 页。
③ [美]詹姆斯·艾伦·史密斯：《思想的掮客：智库与新政策精英的崛起》，李刚等译，南京大学出版社 2016 年版，第 24 页。
④ [美]詹姆斯·艾伦·史密斯：《思想的掮客：智库与新政策精英的崛起》，李刚等译，南京大学出版社 2016 年版，第 6 页。

专家威廉·多姆霍夫（William Domhoff）认为，最早的专业智库是 1900 年成立的全美市民联盟（National Civic Federation）。其依据是，尽管专业化机构或专业学会的成立为加强社会学家之间及其与政府官员之间的联系提供了平台，但这种平台还不能称为现代意义上的专业智库，直到 1900 年全美市民联盟成立之后，专业学者才与政府决策体系建立起了正式的联系，并能对其施加影响。多姆霍夫强调，全美市民联盟是一个成员包括金融界、劳工界和学术界精英的团体，在职能上，该联盟经常就当时市民最为关心的市政腐败、竞选欺骗、投票人登记等政治问题进行调查研究，在此基础上撰写报告并提出有针对性和可操作性的政策建议。从所承担的职能和具体的运作方式来看，全美市民联盟已经非常接近现代智库。[①] 在全美市民联盟成立之后，一批类似机构也纷纷效仿，其中包括 1904 年由著名经济学家、威斯康星大学教授理查德·埃利（Richard T. Ely）及其学生约翰·康芒（John R. Commons）创办的工业研究局（Bureau of Industrial Research）。埃利和康芒都曾积极参与威斯康星州政府的相关决策过程，熟稔政府政策需求。他们创办的工业研究局"由于得到许多商人和卡内基集团的帮助……出版了多卷关于劳工和工业的图书，包括名震一时的《美国工业社会历史记录》。1906 年，在自由派商人的赞助之下，埃利和其他经济学家与改革派人士合作，成立了美国劳工立法协会，追求州政府和地方政府法律的一致性，最终与联邦政府在劳工赔偿、最低工资和职业培训建议等方面的立法保持一致"[②]。全美市民联盟、工业研究局、美国劳工立法协会等组织机构在 20 世纪初如雨后春笋般崛起，"它们存在的目的是担任研究和决策之间的桥梁"。诚如康芒所言："我认识到领导队伍需要经济学家，那么经济学家应将自己定位为领导者的顾问……他们是领导者，我只是一名知识分子。"[③] 康芒的这种主张实际上已经点明了现代智库的核心

---

① 袁鹏：《美国思想库：概念与起源》，《国际资料信息》2002 年第 10 期。

② ［美］詹姆斯·艾伦·史密斯：《思想的掮客：智库与新政策精英的崛起》，李刚等译，南京大学出版社 2016 年版，第 36 页。

③ ［美］詹姆斯·艾伦·史密斯：《思想的掮客：智库与新政策精英的崛起》，李刚等译，南京大学出版社 2016 年版，第 37 页。

特征。这也是多姆霍夫将 20 世纪初作为现代智库产生起点的依据来源。

将 20 世纪初视为现代智库起点的代表性人物还包括当代美国智库研究专家、宾夕法尼亚大学教授詹姆斯·麦甘恩，不过他主张第一家现代智库并非 1900 年创办的工业研究局，而是 1916 年建立的布鲁金斯学会。甘恩认为，作为首个专门致力于公共政策研究的独立性机构，布鲁金斯学会的成立可视为现代智库的发端。①

除上述主张外，还有一些学者基于各自的依据提出了关于智库发端的不同见解。例如，有学者认为智库在欧洲最早起源于公元 9 世纪，到 16、17 世纪已经成为一种普遍现象；② 也有学者将 1831 年诞生于英国的皇家联合研究所（Royal United Services Institute）视为第一所现代智库；还有学者认为第一所智库应为 1884 年成立的以推进社会渐进式改革为目标的费边社。此外，被列入最早出现的智库范围的还有 1907 年成立的美国罗素·塞奇基金会（Russell Sage Foundation）、1908 年成立的德国汉堡经济研究所（Hamburg Institute for Economic Research）等。这些观点的提出在很大程度上反映出"智库一词涵盖的组织形式范围不断扩大，使智库的研究者在确定这类组织发展起点的问题上出现了更多的争论"③。不过，尽管学界对最早的智库诞生于何时尚存争议，但一个基本的事实得到普遍认可，即现代智库的真正发展是在二战特别是 20 世纪 70 年代之后。据统计，"现有智库中有三分之二创办于 1970 年以后，约一半左右的智库是 1980 年后才创办的"④。实际上，现代智库在各国公共政策制定过程中影响力的全面体现也是始于 20 世纪中期，因此无论现代智库的起源可追溯到何时，学界对智库的关注点始终集中在 20 世纪中期以来的多半个世纪。

---

① James. G. McGann , "Academics to Ideologues: A Brief History of Public Policy Research Industry", *Political Science & Politics*, No. 4（1992）.

② Jacob Soll, "How Think Tanks Became Engines of Royal Propaganda", 2017-01-31, see https://www.tabletmag.com/jewish-news-and-politics/222421/think-tanks-jacob-soll-propaganda.

③ 褚鸣：《美欧智库比较研究》，中国社会科学出版社 2013 年版，第 10—12 页。

④ James G. McGann, *Comparative Think Tanks, Politics and Public Policy,* Northampton: Edward Elgar, 2005, p. 11.

第三节　现代智库的类型

从关于智库的五花八门的定义就可以看出，学术界总体上认为智库本身是一个含义很宽泛的群体。由于从不同的视角都能够得出相应的关于智库的概念阐释，这就在很大程度上对智库进行准确而全面的类型划分造成了困扰。研究者们基于某个特定侧面考察智库群体，都可以形成一种能自圆其说的智库类型划分结果，由此导致国内外学术界在智库类型的讨论方面热闹非凡，成果多样。

布鲁金斯学会的肯特·韦弗（R. Kent Weaver）是较早探讨智库类型的学者之一。他在1989年发表的《变化中的智库世界》一文中，尝试将智库划分为三种类型。第一种被称作"没有学生的大学"（University without Students），其特征是"依赖于学术研究，主要从私人机构（基金会、公司和私人资助）获取经费，以专著类成果作为主要研究产品。尽管这些机构也经常（向政府）提出具体的立法建议，但其传统上具有长期的视野，聚焦于改变精英的舆论氛围"。[1] 布鲁金斯学会、美国企业研究所等是这类智库的代表。第二种是"契约研究组织"（Contract Research Organization），其研究产品主要是提交给特定政府部门的研究报告而非面向学术群体的专著，对智库中的研究者来说，其研究的内容、主题、议程等取决于向其支付费用的部门。这类智库往往与特定部门有着紧密的联系，如兰德公司主要承担的是美国国防部的委托合同项目。[2] 第三种是20世纪七八十年代得到快速发展的智库类型，被称作"倡导型智库"（Advocacy Tanks）。这是一种"将强烈的政策、党派或意识形态倾向与积极推销并影响当前政策辩论的努力结合在一起"的新型智库，特点是不开展原创性研究，但注重对现有研究成果的综合归纳，进而提

---

[1]　R. Kent Weaver, "The Changing World of Think Tanks", *Political Science & Politics*, No. 3（1989）.

[2]　R. Kent Weaver, "The Changing World of Think Tanks", *Political Science & Politics*, No. 3（1989）.

出特色化的观点，其产品往往是供决策者在短时间内就能够读完的政论简报，著名的遗产基金会在这方面表现突出。①

加州大学圣迭戈分校的托马斯·麦德维茨（Thomas Medvetz）在《美国智库》一书中，按照智库与学术、政治、商业和媒体的关系程度，将智库分为四种类型。第一类智库如胡佛研究所、国际经济研究所等有着明显的学术倾向，与学术机构关系紧密；第二类智库与政府、政党或政治性社会组织存在高依存度，如兰德公司、城市研究所等；第三类智库的存在形式近似于公司实体（如竞争企业协会）或劳工联盟（如经济政策研究所）；第四类智库和媒体关系密切，其典型代表是新美国基金会。②

加拿大西安大略大学政治学教授唐纳德·E. 阿贝尔森在考察美国和加拿大两国智库的基础上，进一步发展了韦弗的智库分类，将两国的智库划分为五种类型，分别是没有学生的大学、政府委托机构、倡导型智库、遗产型智库和政策社团。前三类与韦弗的划分高度重合，第四类遗产型智库"是由渴望成功竞选公职的候选人（或者是他们的支持者）或卸任的政府官员创立的。后者希望离开原来职位之后能够借助该机构继续好好宣传他们原来的政治主张和意识理念"，第五类政策社团是由大学教师、政策分析人士、决策者组成的讨论公共政策问题的团体。③ 不过，阿贝尔森同时也注意到了智库分类的局限性，"因为一些组织拥有两种或两种以上类型智库的共同特点，所以他们很有可能同时被划入不同的类别"，同时，学者和记者怎样划分这些机构媒体对公众认识这些智库具有很大影响。阿贝尔森由此提出，由于这些智库"传递其思想所采取的战略大同小异"，因此，"虽然智库的性质多种多样，但是我们越来越难以锁定他们区别于

① R. Kent Weaver, "The Changing World of Think Tanks", *Political Science & Politics*, No. 3 (1989).

② Thomas Medvetz, *Think Tanks in America*, Chicago: The University of Chicago Press, 2012, p. 38.

③ [美] 唐纳德·E. 埃布尔森：《智库能发挥作用吗？——公共政策研究机构影响力之评估》，扈喜林译，上海社会科学院出版社 2010 年版，第 17—18 页。

其他类型智库的特点"。①

在《全球智库：政策网络与治理》一书中，麦甘恩系统阐述了智库分类的一系列问题。他将智库划分为四个"理想类型"：学术型智库、合同型智库、政策倡议型智库和政党智库。②

关于上述四种理想的智库类型，麦甘恩认为，学术型和合同型两类智库具有很多共性，如两者都倾向于招募学术造诣高的员工，都重视严密的社会科学方法，都致力于使客户群体认识到智库研究成果的客观性和可信度。两者的区别主要体现在资金来源、主题设置和成果产出等方面。在资金来源上，学术型智库主要依赖基金会、公司和个人资助，而合同型智库的资金主要来自政府；在研究主题方面，学术型智库通常自主设定议题，研究者个体在其中起到重要的作用，而合同型智库研究的课题往往是由资助机构设定的；在成果产出上，学术型智库为了展现学术培训和研究方向，其成果经常以专著和期刊论文的形式对外发布，而合同型智库的成果一般是直接提交给项目委托方的研究报告，而非书籍或论文。政策倡议型智库与特定的意识形态集团或利益集团有着较为紧密的关系："在决策过程中，它们倾向于为赢得一场思想战争而发挥作用，而不是无私地寻求最好的政策。"因此，这类智库大多对基础研究不感兴趣。政策倡议型智库从政府、政党和利益集团获取大量研究经费，其研究产品大多是"简明而清晰地阐述政策的含义和观点"的倡议性简报，而不是学术文章。"对于那些因时间有限而不大可能通读这些学术文章的政策制定者而言，这些组织可以更好地辅助决策者和传播信息，从这个意义上说，这就比只依靠学术文章更显优势。"第四种类型即政党智库围绕政党的主张和平台开展工作，其员工由在任或卸任的政党官员、政治家或政党成员构成，其研究课题通常受政党需要的影响。在西方国家，政党智库多出现于欧洲，美国智

① ［美］唐纳德·E.埃布尔森：《智库能发挥作用吗？——公共政策研究机构影响力之评估》，扈喜林译，上海社会科学院出版社2010年版，第18—19页。
② ［美］詹姆斯·麦甘恩：《全球智库：政策网络与治理》，韩雪、王小文译校，上海交通大学出版社2015年版，第22页。

21

库中属于此类型的并不多见。① 麦甘恩认为，这几种理想类型的智库各有优劣。学术型智库更重视学术研究的客观性，合同型智库在研究的政策相关性方面更有优势，政策倡议型智库更侧重于价值定位，政党智库与政策倡议型智库类似，但政党智库的缺点是"在客观性、可靠性和独立性上都有不足。当它们的政党失去权力时，它们在接近政策制定者和影响决策方面将受到很多限制"②。

　　在对智库的理想类型进行分析的基础上，麦甘恩进一步指出："大多数智库并不完全属于某一类型，并且它们之间的差异正在逐渐模糊。一些兼有智库和类似组织（它们与智库有共同之处，但至少不在狭义的智库定义范围内）特点的机构也慢慢变得常见起来……因此，结合结构与功能对智库进行分类，要比死板地套类型好得多。"③ 根据这一主张，麦甘恩建议从智库机构的结构属性和组织特性入手，对智库进行更为宽泛意义上的类型划分，划分结果参见表 1–1 和表 1–2。④

表 1–1　麦甘恩智库分类

智库分类	定义
独立和自主	高度独立于利益集团或捐助者的公共政策研究组织，在运营与资金方面拥有自主权，资金主要来自政府
准独立	独立于政府的公共政策研究组织，但是被那些提供了大部分资助的利益集团、捐助者或合同机构所控制，并对智库运作形成显著的影响
大学附属	坐落于大学中的公共政策研究中心
政党附属	正式隶属于某一政党的公共政策研究组织
政府附属	属于政府机构一部分的公共政策研究组织

① ［美］詹姆斯·麦甘恩：《全球智库：政策网络与治理》，韩雪、王小文译校，上海交通大学出版社 2015 年版，第 22—23 页。
② ［美］詹姆斯·麦甘恩：《全球智库：政策网络与治理》，韩雪、王小文译校，上海交通大学出版社 2015 年版，第 23—24 页。
③ ［美］詹姆斯·麦甘恩：《全球智库：政策网络与治理》，韩雪、王小文译校，上海交通大学出版社 2015 年版，第 25—26 页。
④ ［美］詹姆斯·麦甘恩：《全球智库：政策网络与治理》，韩雪、王小文译校，上海交通大学出版社 2015 年版，第 25—26 页。

续表

智库分类	定义
准政府性质	经费完全来自政府补助及合同的公共政策研究组织，但不是政府机构的一部分
营利性	作为营利性商业机构进行运作的公共政策研究组织

表 1-2 智库特性

智库类型	文化	目标	局限性	服务对象	示例机构
基于大学型	学术	先进知识	首要任务是教育和知识的创造，而非政治或公共政策	学术界	斯坦福大学亚太研究中心
"没有学生的大学"型	学术	为公共政策提供相关知识	为问题的解决提供理论依据，并不总是（实质性地）有助于决策	学者和决策者	布鲁金斯学会
合同/咨询型	技术专家或技术官员	为政府服务	政策分析的系统和定量方法并不适用于所有的政策问题和客户利益	政府机构官僚	兰德公司
倡议型	意识形态	促进意识形态	意识形态限制了研究课题和意见的表达	意识形态的拥护者和狭隘的利益集团	政策研究学院
政策企业型	市场营销	为市场和细分市场而集思广益、发表见解	以市场利益（选定的捐助者和决策者）作为研究方向	个别细分市场	美国遗产基金会
政党型	政治	规划党选举	党纲和党员限制了政策选择的范围	党派	进步政策研究所
政府型	官僚	提供决策信息	官僚文化。议程由政府的分支机构设定	政府的行政和立法部门	美国国会研究服务
营利性型	商业	扩大客户群	客户利益。政策分析的商业方法可能忽略公共政策的政治方面	私人	斯坦福研究所

　　我国学者结合国外学者的研究成果，也提出了一系列关于智库类型的划分依据。李建军等在《世界各国智库研究》一书中对学界常见的智库

分类方法进行了较为翔实的介绍，认为对智库类型的划分，按其依据的不同主要有三种划分结果。第一种是按照智库的性质可分为官方智库和民间智库，第二种是按照智库的研究领域可分为综合性智库和专业性智库，第三种是按照智库的政治立场可分为中立型智库和倾向型智库。① 李凌等在《智库产业——演化机制与发展趋势》一书中提出，智库种类繁多，可以从不同角度加以分类和区别：一是从智库的研究领域，可分为综合型智库和专业型智库，前者研究的问题涉及内政外交等诸多方面，后者则主要是围绕一些特定问题进行咨询与研究；二是从智库的隶属关系，可分为国际型智库、政府官方智库、政府半官方智库、民间智库、大学依附性智库和党派倾向性智库等；三是从职能归类划分，可分为学术性智库、政府合同型智库和政策鼓吹型智库；四是按照性质归类，可分为营利性智库和非营利性智库；五是从智库起源归类，可分为大富豪出资的智库、政府组织资助的智库、社会中"志同道合"集资组合的智库，以及离任政治要人或纪念某政治要人而设立的智库等；六是按照智库规模，分为大、中、小三类。②

客观而言，任何一种智库类型划分方法都有其内在合理性，采取何种划分依据，主要取决于研究者的研究视角和研究需要。一般而言，研究的主题越具体，研究者采取的分类依据就越细致。对于本书的研究而言，由于研究对象是附属于大学的公共政策研究机构（大学智库），因此更侧重于以机构归属作为智库类型的划分依据。基于这种考虑，本书倾向于采取王莉丽对智库的类型划分方式，即按照资金来源和机构归属，智库可分为官方智库、大学智库和独立智库三种类型。所谓官方智库，是指政府体系内部的研究部门，属于政府决策的辅助机构，职能是为政府提供咨询，研究主题由相关政府机构或官员决定；大学智库是由大学或大学在其他机构、团体的协助下创建的，其经费主要来自学校、基金会、企业或个人捐

① 李建军、崔树义：《世界各国智库研究》，人民出版社 2010 年版，第 10—13 页。
② 李凌等：《智库产业——演化机制与发展趋势》，生活·读书·新知三联书店 2012 年版，第 2—3 页。

助等，研究人员多为校内相关学科的教师、校外访问学者及从其他学术机构聘请的研究人员；独立智库又称民间智库，是指在组织架构上独立于政府、大学之外从事政策研究的专门性机构，该类机构的资金来源非常多元，专注于紧迫性和前瞻性的政策研究，致力于服务公共利益并为政府提供政策建议和影响舆论。①

① 王莉丽：《旋转门——美国思想库研究》，国家行政学院出版社2010年版，第33—39页。

第二章　发达国家大学智库的起源与类型

作为现代智库的重要类型，大学智库是在现代智库的发展过程中逐渐形成的。现代智库是从事政策研究和分析的专门机构，智力和学术资源是智库赖以生存的基础，而在占有智力和学术资源方面，现代大学有着其他机构无法比拟的优势。因此，随着现代社会对智库需求的日益旺盛，大学自然而然地成为孕育现代智库的重要场所。20 世纪以来，发达国家一大批知名大学充分发挥自身的学术优势和研究功能，主动参与所在国家和地区的公共决策，为各国政府相关政策的出台提供智力支持，并在这一过程中诞生出众多高水平智库。

第一节　进入学术研究视野的发达国家大学智库

大学智库（在我国一般称作"高校智库"），是近年来国内外智库研究领域特别是我国学界骤然兴起的一个"热门话题"。当然，这并不意味着大学智库是近些年才出现的新生事物，而是说从作为一个特定的研究对象来看，大规模且集中的围绕大学智库展开的学术探讨，较之一般意义上的智库研究在发生时间上相对要晚得多。长久以来，学术界在关于智库的探讨中并没有将大学智库作为单独或者特定的研究对象展开研究，这主要是因为相对于其他类型智库而言，大学智库作为智库的"边界特征"较为模糊。大学智库依托于大学而产生和发展，其作为智库的功能属性并不突出。换言之，其他任何一种类型智库，不论其存在形式和运转机制的差异有多大，但其在功能上的特征是非常显著的，即这些智库开展政策研究、提供决策服务的功能具有唯一性或者主导性。大学智库则显然不同。作为大学的一部分，几乎所有国家和地区的大学智库除承担一般智库的上述职能外，还往往履行着大学赋予的天然职能，如人才培养、科学研究和社会服务等。如果从一般意义上的智库研究维度审视大学智库，那么大学智库的很多"非智库"活动会无形中极大增加研究的复杂度和难度。也正是由于这种原因，智库研究者特别是国外学术界的智库研究者在关于智库的讨论中，经常有意或无意地选择将大学智库摒弃在其研究范围之外。不仅如此，很多大学智库的从业者基于凸显自身独特性的考虑，也常常强调大学智库与一般智库的区别，甚至不乐意用"智库"来形容自己所在的机构。曾任职于美国知名大学智库哈佛大学魏德海国际事务中心（Weatherhead Center for International Affairs）的著名政治学家霍华德·威亚尔达（Howard J. Wiarda）就曾明确表示，在谈及他所供职的机构时，他更倾向于称之为"研究中心"而非"智库"。[①] 上述多方面原因造成在很长一段时期内，学术界关于智库的研究成果中较少出现大学智库的身影。

对国内外主要文献数据库进行主题检索，结果显示，大学智库（高校智库）大规模进入学术界的关注视野的时间很晚，仅有十年左右，而且这其中国内学者的研究成果所占比例远高于国外。从某种意义上看，我国学界实际上扮演了大学智库研究的发起者和引领者的角色。进入 21 世纪以来，我国党和政府从持续提高执政能力、加强治国理政能力建设的高度，不断推进决策科学化、民主化水平。特别是党的十八大以来，以习近平同志为核心的党中央从党和国家长治久安的战略高度，在健全科学民主决策、提升国家治理能力现代化水平、增强国家软实力等领域采取了一系列有力举措，大力发展包括高校智库在内的新型智库。2012 年 11 月，党的十八大报告明确提出："坚持科学决策、民主决策、依法决策，健全决策机制和程序，发挥思想库作用。" 2013 年 4 月，习近平总书记对建设"中国特色新型智库"做出重要批示，明确了建设中国特色新型智库的战略目

---

① Howard J. Wiarda, *Harvard and The Weatherhead Center for International Affairs*, Lanham: Lexington Books, 2010, p. 31.

标，并将智库发展作为国家软实力的重要组成部分。2013年11月，党的十八届三中全会通过的《中共中央关于全面深化改革若干重大问题的决议》明确提出：加强中国特色新型智库建设，建立健全决策咨询制度。这是在中共中央文件中首次提出"智库"的概念，表明加强中国特色新型智库建设已成为推进国家治理体系和治理能力现代化的组成部分。

为了更好地贯彻落实党的十八大和十八届三中全会对智库建设的总体要求，2014年10月，中央全面深化改革领导小组第六次会议审议了《关于加强中国特色新型智库建设的意见》。习近平总书记指出，要从推动科学决策、民主决策，推进国家治理体系和治理能力现代化、增强国家软实力的战略高度，把中国特色新型智库建设作为一项重大而紧迫的任务切实抓好。2015年1月，中共中央办公厅、国务院办公厅联合印发了《关于加强中国特色新型智库建设的意见》，并发出通知要求全国各地各部门贯彻执行。大力推动智库建设，成为新时代我国改革开放事业的重要内容。

作为中国特色新型智库的重要组成部分和支持力量，高校领域的智库建设在这一过程中受到来自社会各界的高度关注。2014年2月，教育部颁布《中国特色新型高校智库建设推进计划》，对高校智库建设提出了明确要求，做出了具体部署。高校智库建设由此步入新的阶段。在探索中国特色新型高校智库建设路径的过程中，关于高校智库的理论探讨也逐渐成为学术界的研究热点，短短几年间关于高校智库建设的学术成果如雨后春笋般不断涌现，甚至在很大程度上带动了国内外高校智库研究热潮的兴起。

在我国学术界，对域外经验的观察、分析、梳理、借鉴历来是重要的研究范式和研究内容，高校智库研究也不例外。作为全球高等教育的排头兵，西方发达国家的大学在智库建设方面起步较早、成就显著，涌现出美国哈佛大学贝尔弗科学与国际事务中心、英国伦敦经济与政治科学学院、德国柏林自由大学全球政治中心、法国巴黎政治学院、日本早稻田大学亚太研究所等众多全球知名的大学智库，在各自国家政府决策领域发挥了重要的影响力。对于上述发达国家大学智库的深入研究，已经成为当前我国学界智库研究的重要内容。然而，当人们将研究视角不断拓展和深入时，却发现尽管发达国家的大学智库在实践领域已取得相当进展，但这些国家的学者们却甚少将大学智库作为一个特定的研究对象而进行系统分析（具体原因前文已有阐释），从而导致我国学者在考察发达国家大学智库时缺少更为可靠的文献史料，对我们全面深入地认识国外大学智库造成了极大障碍。这些障碍也使得我国对发达国家大学智库的研究成果呈现出偏现状呈现、弱历史溯源，偏个案分析、弱宏观考察，偏实践经验、弱理论归纳的特点。实际上，对发达国家大学智库的研究仅仅关注当下、关注案例、关注实践是远远不够的，如果不从历史、宏观和理论层面对发达国家大学智库进行整体把脉，那对其进行的一系列具体研究所得出的结论就很难观照于我国当下如火如荼的高校智库建设。受此影响，近年来我国很多学者开始尝试在这一领域发力，其最终目的是为人们描绘出发达国家大学智库的完整图景。这也是本书研究的重要目标。

第二节　发达国家大学智库的产生

一、对大学智库起源问题的讨论

如前文所述，国内外学者对于智库究竟产生于何时众说纷纭，尚未形成一种得到公认的观点。那么，对于大学智库这一现代智库的特定类型而言，其起源问题是否有较为一致的结论呢？答案是令人沮丧的。令人沮丧的原因不在于学界提出了众多关于大学智库起源的不同观点或主张，而是在这个问题上国内外研究者似乎处于"缄默"的状态。从目前国内外已有的相关文献资料和研究成果中，几乎看不到任何探讨大学智库产生问题的内容。这是一个颇让人困惑和纠结的现象。因为从逻辑上看，相对于其他类型智库而言，大学智库由于依托于大学这种稳定的机构产生和发展，因此具有更强的延续性和稳定性。这样一来，基于现有大学智库，对其机构创办时间进行整理，推断出最早的大学智库出现于何时，应该是一件很容易完成的工作。但因循这一思路考察一个个具体的大学智库时，情况却远非预想的那么简单。这是因为，尽管列入智库名录的那些大学智库作为一种机构的产生时间是确定无疑的，然而在产生之时这些机构是否属于现代意义上的智库却是一个非常令人纠结的问题。

例如，美国斯坦福大学胡佛研究所（全称为"胡佛战争、革命与和平研究所"，英文为 The Hoover Institution on War，Revolution，and Peace，简称"胡佛研究所"）是公认的国际知名大学智库，创办于 1919 年。就机构历史而言，胡佛研究所当属现有大学智库中历史最为悠久的智库之一。那么，是否就由此可以断定胡佛研究所扮演大学智库角色的历史已有一个世纪了呢？答案显然是否定的。因为胡佛研究所在创办之初，仅仅是一个旨在收集与一战的形成和发展有关的历史资料和文件的专门性图书资料机构，最初的机构名称是"胡佛战争图书馆"，1938 年更名为"胡佛战争、革命与和平图书馆"，直到二战结束之际，该机构的核心职能仍是图书文献的收集和整理，并不开展研究活动。20 世纪 40 年代末，胡佛图书馆才开始招募相关领域的专家学者，进行初步的研究工作。1958 年，图书馆正式定名为胡佛研究所之后，大规模的研究工作才开始启动，并从 20 世纪 60 年代起逐步成长为在公共政策研究领域形成广泛影响的专业机构。由此可见，尽管胡佛研究所的历史可以追溯到 1919 年，但至少到 20 世纪中期，它还远未成长为一个现代意义上的智库。或者说，人们很难将胡佛研究所作为大学智库的起点与它的创办时间画上等号。

胡佛研究所的案例充分说明，仅仅从机构创办时间的角度来探讨大学智库的发端问题，在实践中会遇到一系列无法解决的困难，特别是对于那些校史动辄以百年或数百年计的欧洲大学而言，这一问题就更为复杂。那么，在这种情况下，研究者应该从何种角度考察大学智库的起源呢？实际上，胡佛研究所的成长史可以为我们提供分析大学智库起源问题的新思路。对于胡佛研究所而言，如果其作为智库的起点不是创办该机构的时间（1919 年），那么又应该把哪个时间节点视为起点呢？或者说，究竟到什么时期胡佛研究所才扮演了智库的角色呢？从这一角度加以分析，答案就呼之欲出了。即胡佛研究所开始承担智库职能的大致起点是 20 世纪 40 年代末，因为直到此时胡佛研究所才开始摆脱单一的图书馆角色，逐渐主动组织专门的研究活动，而其进一步聚焦到公共政策研究则是其后的 20 世纪五六十年代。这样一来，判断胡佛研究所成为一个现代智库的依据就从机构创办时间转移到智库职能发端时间，也由此能够更为准确地得到令人信服的答案。

如前所述，胡佛研究所的案例为我们研究大学智库的起源问题提供了新的思路，即在开展相关的考察时，不能单纯地拘泥于机构创办时点，而必须从智库职能发生的角度进行分析。那么随之而来的问题是，什么是智库的职能？大学智库的职能体现在哪些方面？对于大学而言，智库职能在性质上属于大学的哪类职能？对这一系列问题的正确解答，是科学考察大学智库起源的关键。

关于智库的职能，学术界已有较为一致的观点，即从根本上讲，智库是致力于公共领域的政策研究、向决策者或决策机构提供咨询与参考的专门机构。由此可见，智库的职能特征是以研究为手段、以服务为导向的。相应的，大学智库的职能也必须符合这一特征。也就是说，只有具备了主动开展公共政策研究并以向决策者或机构提供参考咨询服务为活动目的的职能特征时，现代意义上的大学智库才得以成立。这应该是从历史角度考察大学智库发端问题的逻辑起点和判断依据。进一步来看，在高等教育领域或大学研究的学术语境下，开展公共政策研究、提供决策咨询服务的智库职能，在性质上应该对应的是现代大学的哪些职能呢？或者说，现代大学在承担了哪种职能之后，才具备成为智库的基础呢？在回答这一关键问题之前，有必要对现代大学的职能构成及其变迁历程做一简要回溯。

二、大学智库诞生的逻辑依据：高等教育职能的变迁

学术界通常将现代大学的职能界定为人才培养、科学研究和社会服务三个方面。需要指出的是，现代大学自其前身中世纪大学诞生至今已有近千年的历史，但其人才培养、科学研究和社会服务三大职能并非自其发端

就同时产生，而是经历了一个较为漫长的演变过程。

现代大学的源头是西欧中世纪大学，以博洛尼亚大学、巴黎大学、萨莱诺大学和牛津大学、剑桥大学为代表。中世纪大学的产生与 12、13 世纪西欧社会出现的一系列变化密不可分。当时西欧的经济开始逐渐复苏，曾长时期沉寂的城市得以再现活力，行会开始在城市中大量出现，成为主要的社会组织形式；同时，东西方交流也为西欧带来了先进的文化，提升了西欧的智力水平。西欧社会的一系列变化打破了原有简单的阶层和职业结构，对各领域专业人才的需求开始旺盛。"中世纪后期逐渐错综复杂的社会需要大量受过训练的管理者、律师、文书、医生和牧师，他们需要在某处获得高深的训练。"[1] 中世纪大学正是在这一背景下应运而生的。由此，为社会培养各行业所需的人才也就成为中世纪大学的首要使命。现代大学的人才培养职能便是在中世纪大学诞生之时得以确立的。从这个角度来看，人才培养是现代大学最基础也是最早确立的职能。

作为现代大学的另一主要职能，科学研究职能在大学的确立要远迟于人才培养。中世纪大学自 12 世纪萌生，发展到 17 世纪，始终以人才培养为根本使命，职能方面没有发生质的变化。大学的作用仅限于保存和传授已有的传统文化。无论是赫赫有名的牛津大学、剑桥大学，还是古老的巴黎大学，无一例外。[2] 然而，经过文艺复兴和宗教改革的洗礼，欧洲社会已经发生了剧烈的变化，中世纪大学陈旧的办学模式已无法适应新的社会需求。"由经院哲学把持的大学课堂几乎拒绝一切新知识，大学严重滞后于时代发展的要求。"[3] 在这种情况下，德国大学首先举起了改革大旗，哈勒大学和哥廷根大学在 18 世纪开始了将科学研究活动引入大学的尝试。尤其是哥廷根大学，该校"不同于别校的优点，是该校使真正的科学研究受到大力的鼓励和支持，其中最主要的是它有经济充裕的设备和富丽的图

---

[1] 贺国庆：《中世纪大学和现代大学》，《河北师范大学学报（教育科学版）》2004 年第 2 期。

[2] 贺国庆：《近代德国大学科学研究职能的发展和影响》，《河北大学学报（哲学社会科学版）》1996 年第 4 期。

[3] 贺国庆：《中世纪大学向现代大学的过渡——文艺复兴与宗教改革时期欧洲大学的变迁》，《教育研究》2003 年第 11 期。

书馆，还有专门从事自然科学和医学研究的研究所"①，同时哥廷根大学还设立了德国第一个哲学习明纳尔。到 18 世纪末，几乎所有的德国大学都效仿这两所大学进行了改革。不过，尽管"学术自由、注重科学研究等现代大学所具有的特征都已现端倪。然而从整体上看，德国大学仍远离时代的要求，科学研究充其量只是大学的副业而已，并非对每个教授的要求，更非大学的正式职能"②。

最终完成在大学确立科研职能这一使命的，是 19 世纪初创办的柏林大学。1809 年，当时的普鲁士政府在内忧外患之际决定创办一所全新的大学，并将这所大学定位为扩大和介绍科学认识而非进行职业训练。时任普鲁士王国内务部教育主管的威廉·冯·洪堡（Wihelm von Humboldt）受命具体筹建这所新的柏林大学。作为一名新人文主义者，洪堡对传统大学将传授知识、培养人才作为主要职能的做法不以为然，主张大学的首要任务应该是追求真理，应该把科学研究放到首位。"在教育史上，洪堡是提出大学教学应当与科研相结合的第一人。他认为只有教师在创造性活动中取得的研究成果，才能作为知识加以传授，只有这种教学真正够称大学水平。"③ 在洪堡的努力下，柏林大学确立了新的发展方向，尊重自由的学术研究成为柏林大学的精神主旨，并在实践中将之发扬光大。"柏林大学从最初就把致力专门科学研究作为主要的要求，把授课效能仅作为次要的问题来考虑；更恰当地说，该校认为在科学方面有卓著成效的优秀学者，也总是最好的最有能力的教师。在这种理解下，学术研究的最终目标乃是取得新颖的知识，于是大学不再以博览群书和熟读百家为能事，却要求学生掌握科学真理，提高思考能力和从事创见性的科学研究。"④ 经过柏林大学的改革，科学研

---

① [德] 弗·鲍尔生：《德国教育史》，滕大春、滕大生译，人民教育出版社 1986 年版，第 82 页。
② 贺国庆：《近代德国大学科学研究职能的发展和影响》，《河北大学学报（哲学社会科学版）》1996 年第 4 期。
③ 贺国庆：《近代德国大学科学研究职能的发展和影响》，《河北大学学报（哲学社会科学版）》1996 年第 4 期。
④ [德] 弗·鲍尔生：《德国教育史》，滕大春、滕大生译，人民教育出版社 1986 年版，第 125 页。

究作为现代大学职能之一的角色由此确立，并且迅速传播和影响到欧洲和美国等地的大学，在世界高等教育史上起到了重要的引领作用。

与人才培养和科学研究相比，社会服务职能在现代大学的确立时间要更晚一些。学界通常认为，"（社会）服务职能肇始于美国依据1862年莫雷尔法案而诞生的农工学院，确立于20世纪初以'威斯康星观念'著称于世的威斯康星大学"。① 社会服务职能在现代大学的确立，有其深刻的历史背景和特定的社会动因。在很长一段时期内，欧洲大学都处在游离于社会之外的状态下，对外部世界如火如荼的变化关注甚少；在欧洲大学基础上发展而来的美国大学同样和社会保持了一定的距离，并未因经济社会发展需求的转变而做出及时有效的改革。这种状态招致一些有识之士的批判，如美国赠地学院运动的先驱、曾任伊利诺斯学院教授的乔纳森·特纳（Jonathan B. Turner）"对于传统学院囿居象牙塔内而不问塔外事的迂腐空疏"现象就深恶痛绝。"对于自殖民地时期延续下来的传统科目的实际价值，特纳提出自己的疑虑。他认为教育发展的最终目的在于为社会经济发展提供人才服务……他还认为一些对传统高等教育与社会需要相脱节的质问代表了社会一般民众的呼声，预示了未来美国高等教育改革与发展的方向。"② 在众多人士的积极推动下，美国于1862年正式批准《莫雷尔法案》，以联邦向各州赠地的方式鼓励各州发展服务工农产业的高等教育机构。据此，美国高等教育领域产生了一种被称作"农工学院"或"赠地学院"的院校类型，进而促成美国大学朝着服务社会的方向开始迈进。1865年获准成立的康奈尔大学是赠地学院的典型代表，在办学上秉持了服务社会的精神。该校创始人埃兹拉·康奈尔（Ezra Cornell）曾公开宣称这所大学"将向社会的工业和生产阶级提供最好的设施，以使他们获得实用知识和精神文化，特别是使科学直接服务于农业和其他生产行业"。首任校长安德鲁·怀特（Andrew White）也"极

---

① 贺国庆：《从莫雷尔法案到威斯康星观念——美国大学社会服务职能的确立》，《河北大学学报（哲学社会科学版）》1998年第3期。

② 王保星：《美国现代高等教育制度的确立》，河北教育出版社2005年版，第104、102—103页。

力强调美国大学结构必须适应美国人民和美国的需要，适应当代的需要"①。根据康奈尔和怀特的设想，康奈尔大学在办学过程中提出了著名的"康奈尔计划"，进一步突出了大学在服务社会方面的特殊使命，使大学投身社会服务的观念更加普及和深入人心，并且极大地影响到此后美国众多大学的发展。1904 年，进步主义者查理斯·R. 范海斯（Charles R. Vanhise）就任威斯康星大学校长。在担任威斯康星大学校长的 14 年间（1904—1918 年），范海斯积极致力于推广大学服务社会的主张，在此基础上形成的"威斯康星观念"成为现代大学最终确立社会服务职能的标志。范海斯曾明确表示："州立大学的生命力在于她和州的紧密关系中。州需要大学来服务，大学对于州负有特殊的责任。教育全州男女公民是州立大学的任务，州立大学还应该促成对本州发展有密切关系的知识的迅速增长。州立大学教师应用其学识专长为州作出贡献，并把知识普及于全州人民。"②在范海斯的努力下，"威斯康星观念"贯彻到该校的具体办学实践中，为威斯康星州经济社会发展提供了极大助力。罗斯福总统曾说："在美国的其他州里，没有任何大学为社会做过威斯康星大学在威斯康星州所做的同样工作。"③史家也由此断称："威斯康星大学的成功，使大学的服务职能最终得以确立。"④

　　上述对高等教育职能演进历程的回溯，为我们回答大学智库的产生问题提供了依据和参照。首先，大学智库作为智库机构的职能是开展公共政策研究、提供决策咨询服务，那么这种职能在性质上归属于高等教育的哪类职能呢？答案显而易见，大学智库的职能在根本上属于高等教育社会服务职能的范畴。其次，大学智库履行智库职能的前提是科研职能的确立和

---

① 贺国庆：《从莫雷尔法案到威斯康星观念——美国大学社会服务职能的确立》，《河北大学学报（哲学社会科学版）》1998 年第 3 期。
② 陈学飞：《当代美国高等教育思想研究》，辽宁师范大学出版社 1996 年版，第 31 页。
③ [美] 劳伦斯·阿瑟·克雷明：《学校的变革》，单中惠、马晓明译，上海教育出版社 1994 年版，第 187 页。
④ 贺国庆：《从莫雷尔法案到威斯康星观念——美国大学社会服务职能的确立》，《河北大学学报（哲学社会科学版）》1998 年第 3 期。

科研活动的开展，因为大学智库提供服务的基本手段是公共政策研究。由此，我们可以得出一个基本结论：大学智库产生的职能基础是高等教育科研职能和社会服务职能的确立。换言之，至少在19世纪末、20世纪初高等教育社会服务职能确立之前，大学还不具备孕育和孵化智库这种专门机构的职能基础。因此，就逻辑层面而言，第一批大学智库的产生时间不会早于19世纪末、20世纪初这一时间节点。

那么，是否可以根据上述推断得出大学智库产生于高等教育社会服务职能确立之时，即19世纪末、20世纪初的结论呢？直接得出这样的结论，恐怕稍显草率。原因有二：其一，大学智库开展的科研和服务活动，与大学最初所开展的科研和服务活动之间并不完全一致；其二，大学智库的产生既需要大学母体提供的内在基础，也需要外部社会提供的客观环境。从这个角度来看，高等教育的科学研究和社会服务职能只是为大学智库的产生提供了内在可能性，将这种内在可能性转化为现实必然性，还需要特定因素的催化。

三、大学智库诞生的促成要素

大学的科学研究和社会服务职能发展到足以支撑智库主要活动的程度，是促成大学智库诞生的基本要素。该要素包括两个方面：其一是大学在与政策相关领域的研究活动的兴起，其二是大学社会服务职能从产业经济领域向社会治理领域的拓展。

显而易见的是，公共政策领域的研究虽然是科学研究的一部分，但这类研究有着强烈的应用性和行动导向，[1] 它与大学科研职能确立之初的研究活动有显著区别。科研职能首先在19世纪初的德国大学得以确立，当时德国大学对科学研究的认识更多地指向"纯科学"的研究。根据洪堡的构想，现代科学应该具有如下特征：(1) 科学是某种还没有完全得出结

---

[1] 陈振明：《政策科学研究与现代社会发展——论政策分析的意义》，《岭南学刊》1995年第6期。

论，没有被完全发现、找到的东西，它取决于对真理和知识永无止境的探索过程，取决于研究、创造性以及自我行动原则上的不断反思；(2) 科学是一个整体，每个专业都是对生活现实的反思、对世界的反思、对人行为准则的反思，唯有通过研究、综合和反思，科学才能与苍白的手工业真正区别开来；(3) 科学首先有它的自我目的，至于它的实用性，其重要意义仅仅是第二位的；(4) 科学是与高等学校联系在一起的，唯有通过对学术的研究、与科学的交道、对整体世界的反思，才能培养出最优秀的人才；(5) 高校的生存条件是"孤寂"与"自由"，也就是"坐冷板凳"与"学术自由"。① 洪堡的"科学五原则"与他关于"大学自治""学术自由""教学与研究相统一"的"大学三原则"共同定义了这一时期大学科学研究活动的边界，即这一时期大学所开展的科学研究是一种"自在"的行为，是由人类探索未知世界的本能所驱动的，这种活动的内在目的是发现真理，而不是首先着眼于解决某些现实问题。换言之，这一时期的科学研究所强调的不是研究成果的实用性。当然，这并不意味着洪堡否定科学研究的现实价值。诚如洪堡所言："对真理进行的这种目标自由式的探求，恰恰可能导致最重要的实用性知识，并能服务于社会。"② 洪堡的另一段名言更能体现他的这种观点："国家决不应指望大学同政府的眼前利益直接地联系起来；却应相信大学若能完成它们的真正使命，则不仅能为政府眼前的任务服务而已，还会使大学在学术上不断地提高，从而不断地开创更广阔的事业基地，并且使人力物力得以发挥更大的共用，其成效是远非政府的近前布置所能意料的。"③ 从上述观点可知，在洪堡看来，科学研究作为大学的本质使命，虽然对外部的现实社会有必然的实用价值，但这绝非它的首要目的。通过科研活动直接解决外部世界的现实问题不是洪堡为大学设定的目标，19 世纪德国大学的科学研究活动主要集中在基础理论或"纯科学"领域也证实了这一点。在这种情况下，大学的科研活动没有也不会成为协

---

① 李工真：《德意志现代化进程与德意志知识界》，商务印书馆 2010 年版，第 197 页。

② 李工真：《德意志现代化进程与德意志知识界》，商务印书馆 2010 年版，第 197 页。

③ [德] 弗·鲍尔生：《德国教育史》，滕大春、滕大生译，人民教育出版社 1986 年版，第 126 页。

助政府解决政策问题的手段。也就是说，这一时期大学的科研工作还没有进入更具社会现实性和政策实用性的阶段，也就不可能为大学智库的出现提供活动基础。

大学的科研活动开始关注现实社会的具体问题，这一转变是在 19 世纪中后期的美国实现的。19 世纪中后期，随着社会服务职能在美国大学的萌芽，大学里的学者及其科研活动与外部世界相对隔离的状态逐渐被打破。在政界的政策与立法鼓励和产业界的积极呼吁下，大学开始利用自身的学术资源关注正处于蓄势待发阶段的美国农工产业。在《莫雷尔法案》颁布后创办的一批赠地学院中，就出现了大学主动向社会推广农耕及相关技术的案例，这些大学开展了"加强耕作研究、农作物的新品种改良、农作物施肥、肥料的发明与应用、灌溉排水、温度湿度对农作物生长的影响、轮种模式的推广、谷物贮存等一系列农业生产的科学实验，颇为有效地向农民展示了科学在农业生产中的应用及取得的成果"①。很显然，追求实用已成为这一时期美国高等教育发展的重要趋势，而这又与美国人的民族性格形成了有机对接。史家曾指出，对美国人而言，"一切可以成为发财致富途径的新方法，一切可以节省劳动力的机器，一切可以降低生产成本的工具，一切便于享乐和增加享乐的新发明，才是人类智力的最优秀成果"②。这一民族性格在这一时期的美国一些大学里得到了充分体现，如康奈尔大学就把"致力于将科学直接服务于农业和其他生产行业"作为自身的办学宗旨。③ 在威斯康星大学，随着威斯康星州的经济支柱产业在 19 世纪末已经"由小麦种植业转变为乳品加工业，农业经济更加繁荣，对专门的生产技术及更有效的商业管理知识产生了更大的需求。威斯康星大学意识到这种新的社会需求并尽力予以满足。大学开设短期农学课程，向民众传授农业特别是奶牛养殖及乳品制造技术；大学开展农业生产技术研究，着重提高农业生产效率"④。可以说，社会服务职能的萌生和确立为大

---

① 王保星：《美国现代高等教育制度的确立》，河北教育出版社 2005 年版，第 104、109 页。
② [法] 托克维尔：《论美国的民主（下）》，董果良译，商务印书馆 1988 年版，第 563 页。
③ 王保星：《美国现代高等教育制度的确立》，河北教育出版社 2005 年版，第 104、123 页。
④ 王保星：《美国现代高等教育制度的确立》，河北教育出版社 2005 年版，第 104、127 页。

学科学研究活动的关注点由纯粹科学向实用技术的拓展提供了契机，也为大学关照社会现实问题奠定了实践基础。

在社会服务职能确立之后，大学的科研活动不仅在通过技术推广等方式服务农工产业领域密集展开，而且还逐渐借助社会科学的发展在服务政府公共政策方面进行了积极尝试。这一点在威斯康星大学表现得尤为突出。著名的"威斯康星观念"就包含着"大学与州密切合作"的内涵。"大学欲成功地参与州的各项事务并提供必要的智力及知识扶助，必须与州政府建立起良好的合作伙伴关系。"[①] 当时威斯康星大学与州政府合作的重要途径之一，就是"州政府接纳大学各个学科领域的专家任职于政府各部门，充任顾问及担负相应的领导工作。具体来说，威斯康星大学文理学院院长伯格（E. A. Birge）即同时在州林业委员会、自然资源保护委员会及渔业委员会里担任职务。麦卡锡（Charles McCarthy）既在大学里任教，同时出任威斯康星州立法咨询委员会主席。范海斯在大学与州政府合作工作中更是身体力行，率先垂范，除出任州地理、自然保护委员会主席职务外，还是州政府森林委员会与公共图书馆委员会的成员，并亲自领导地方林产品实验室的工作。大学从自身发展考虑，在派专家教授服务于社会的同时，还热诚邀请州政府的一些官员及专家到校讲学。同时，此类公共服务活动还扩展到在校研究生及一定数量的本科生，根据所学专业分派他们参与政府某些部门的工作。"[②]"截止到1910年，35个大学教授以部分时间参加了威斯康星州非政府机构的分支工作……大学的经济学家参加了州铁路和税收委员会，大学的政治学家帮助起草了法案……"[③]

对于威斯康星大学的上述实践活动，史家给予了高度评价，认为"威斯康星大学已经成为全州公共生活中的'咨询工程师'"[④]。也有学者指出，

---

① 王保星：《美国现代高等教育制度的确立》，河北教育出版社2005年版，第104、129页。

② 王保星：《美国现代高等教育制度的确立》，河北教育出版社2005年版，第104、130页。

③ 贺国庆：《从莫雷尔法案到威斯康星观念——美国大学社会服务职能的确立》，《河北大学学报（哲学社会科学版）》1998年第3期。

④ 王保星：《美国现代高等教育制度的确立》，河北教育出版社2005年版，第104、第134页。

威斯康星大学的实践代表了一种崭新的高等教育理论,是人类基于自我发展所实施的一次伟大的尝试。"大学成为政治、社会和工业立法的实验站,成为科学与高等教育民主化的示范点。在这里,政府以其对公众的反应、对财富的分配及社会福利而备受建言,从而使得大学发挥了全州实验室的作用。"[①] 显而易见的是,尽管这一时期的威斯康星大学并没有成立现代意义上的专门的大学智库机构,但其与州政府的形式多样的合作活动已经在某种程度上带有了智库活动的色彩。可以说,威斯康星大学,以及在威斯康星大学影响下其他美国大学的类似活动,为大学智库的正式出现提供了充分的实践基础。

四、大学智库的孕育

上述关于高等教育职能,特别是与智库相关的大学科研与社会服务职能变迁的探讨,为人们考察现代大学智库的起源提供了新的视角和思路。具体而言,判断最早的大学智库产生于何时,首先,需对大学自身在什么历史时期具备了为智库活动提供基本的职能支撑要有准确的认识;其次,认识到现代智库的活动不是个体性而是群体性的,不是分散性而是聚集性的,不是偶发性而是机制性的。因此,智库在大学里出现,除了需要科研与社会服务职能作为前提之外,还需要有专门和稳定的机构作为依托。换言之,只有当政策研究、决策咨询等智库活动与大学特定机构相结合并形成稳定的有机体后,才能够断定真正意义上的大学智库的诞生。

从高等教育史来看,根据前文的分析,现代大学的科研活动开始关注具体的社会现实问题,起始于19世纪中后期的美国;现代大学的社会服务职能,也是在19世纪中后期的美国开始孕育并在20世纪初最终确立的。从这个角度上说,至少从20世纪初开始,美国大学实际上已经为孕育现代大学智库做好了职能准备。

---

① 王保星:《美国现代高等教育制度的确立》,河北教育出版社 2005 年版,第 104、134 页。

值得注意的是，对于现代智库的发展而言，20 世纪上半期也是一个极为重要的酝酿阶段，尤其是在美国，进步主义运动的兴起为现代智库在美国的出现提供了极为有利的外部环境。"进步时代的一个重要观念是使知识为政府决策所用。"①特定的历史背景和进步主义运动的引领，催生出美国最早的一批现代智库，如罗素·塞奇基金会（1907 年）、卡内基国际和平基金会（1910 年）、布鲁金斯学会（1916 年）等。这些独立的智囊机构在"致力于解决有关政府和经济的各种问题"②领域的作用得以凸显，并日渐为人所认可。出现在大学之外的这一批现代智库的活动很可能对大学涉足智库领域产生了积极的示范作用。之所以作出这一判断，是因为不论在美国还是在欧洲国家，最早出现的现代智库都与大学有着千丝万缕的联系，这些智库开展的很多研究活动本身就有大学学者的参与。如在让罗素·塞奇基金会声名鹊起的"匹斯堡调查"（The Pittsburgh Survey）中，作为重要参与人的约翰·康芒就是一名来自威斯康星大学的经济学家，他的学生约翰·芬奇（John A. Fitch）当时也应邀参加了该项调查工作。在欧洲，1920 年创办的著名智库英国皇家国际事务研究所的早期活动中随处可见大学教授的身影，如历史学家阿诺德·汤因比于 1925 年出任该所研究部主任，同时他的另一身份是伦敦政治经济学院的国际史教授。此外，1934 年成立的伦敦世界事务研究所尽管是一个实行自我管理、独立的研究和教学组织，但该所"依托伦敦大学系统的大学学院（University College），尤其是其从事国际法研究和教学的一批教授"③。大学学者与现代智库之间的紧密联系和频繁互动，使得大学主动开始类似的尝试活动成为水到渠成之事。

从另一个角度来看，大学之外独立的研究机构（包括但不限于智库）的兴起也在一定程度上对大学造成了冲击。这引起了大学的警觉。"在20 世纪 20 年代，学术机构之外的研究繁荣正在威胁大学基础研究的生

---

① 任晓：《第五种权力：论智库》，北京大学出版社 2016 年版，第 37 页。

② 任晓：《第五种权力：论智库》，北京大学出版社 2016 年版，第 37 页。

③ 任晓：《第五种权力：论智库》，北京大学出版社 2016 年版，第 44—45 页。

命力，这日益引起了人们的关注……基金会对独立的社会科学研究所的支持使得这些学科中本已不多的学术人才都被其搜刮而去。"① 很显然，相对于大学而言，独立的研究机构提供的研究环境对研究者而言更具吸引力，"无教学的纯研究似乎提供了大学无法相比的益处：把全部时间献身于研究和写作的机会；有研究助手和书记人员支持；以及从事大规模合作调查的机会。到下一代，这种趋势可能使美国大学取得的一些进步发生倒转，人们对此感到恐惧"②。换言之，大学如果不在此领域有所作为，独立的研究机构的持续壮大将很有可能对大学产生进一步的虹吸效应，削弱大学的研究实力，吸收大学的研究资源，甚至取代大学的研究地位。

在这一背景下，美国的大学中开始出现一批尝试进行政策研究（当时主要是进行国际关系研究）的专门机构。"在两次世界大战期间的美国，哈佛大学在洛克菲勒基金会的资助下于 1924 年成立了国际研究局，以乔治·威尔逊教授为首。更为重要的发展是 1926 年在芝加哥大学成立的以昆西·赖特为首的战争原因研究计划……第三个发展是 1934 年耶鲁大学建立了国际关系系，这是全美各大学中第一个国际关系系，以尼古拉斯·斯拜克曼为首。"③ 这些机构的创建及其相关研究活动的开展，进一步拉近了智库活动与大学之间的距离，为真正意义上的现代大学智库的诞生提供了更为直接和有效的催化剂。

20 世纪早期开始大量涌现的私人或民间基金会对社会科学领域研究的扶持与资助，从另外一个角度为美国大学孕育最早的一批智库提供了有力支持。包括政治学、经济学、社会学、法学、管理学等学科在内的社会科学是智库开展公共政策研究、提供决策咨询的学术基础。尽管在 19 世纪末 20 世纪初，美国大学里的社会科学有所发展（部分学科甚

---

① ［美］罗杰·L. 盖格：《增进知识——美国研究型大学的发展（1900—1940）》，王海芳、魏书亮译，河北大学出版社 2008 年版，第 140 页。

② ［美］罗杰·L. 盖格：《增进知识——美国研究型大学的发展（1900—1940）》，王海芳、魏书亮译，河北大学出版社 2008 年版，第 140 页。

③ 任晓：《第五种权力：论智库》，北京大学出版社 2016 年版，第 47 页。

至发展得很快），但仍然带有明显的"书斋"式学术传统："大多数论文都是在图书馆努力的产品；在田野工作和统计上，对研究生的要求很少，在一些主要的大学中这些技术甚至没有被教过。"很多学者对此不无忧虑："如果社会科学仍不被带进社会现实，这些状况显然不得不做出改变。"①在此问题的解决上，1918 年由洛克菲勒家族发起成立的劳拉·斯贝尔曼·洛克菲勒纪念基金会（Laura Spelman Rockefeller Memorial，1928 年与洛克菲勒基金会合并）贡献良多。纪念基金会负责人比尔兹利·拉姆尔（Beardsley Ruml）高度重视社会科学的发展及其作用，并且"察觉到大学拥有作为研究场所的一些内在优势，大学的传统给了它们极大的稳定性和崇高的目的，这里有着广泛的专业观点，学者的或科学的标准在这里得以很好的确立。而且，对得到充分训练的少量社会学家来说，也只有大学能够提供其所需的新基础结构"。②基于这种认识，拉姆尔将纪念基金会的资助重点放到了大学社会科学领域。从 1922 年拉姆尔执掌纪念基金会到 1928 年该基金会被合并，其共提供了超过 4000 万美元的捐赠，其中一半以上用于资助社会科学研究，受惠于此的大学包括芝加哥大学（340 万美元）、哥伦比亚大学（140 万美元）、伦敦政治经济学院（125 万美元）、哈佛大学（120 万美元）等。③在芝加哥大学，"20 世纪 20 年代获得资助的有查尔斯·梅里安（Charles Merriam）、罗伯特·帕克（Robert Park）和欧内斯特·伯吉斯（Ernest Burgess），他们研究当代城市社区和城市政治制度，其成果反映了政治科学和社会科学的新进展"④。这种进展不仅促成了芝加哥大学在社会科学领域的快速繁荣（其标志是形成了著名的"芝加哥社会学派"），还直接推动了美国大学社会

---

① ［美］罗杰·L. 盖格：《增进知识——美国研究型大学的发展（1900—1940）》，王海芳、魏书亮译，河北大学出版 2008 年版，第 141 页。

② ［美］罗杰·L. 盖格：《增进知识——美国研究型大学的发展（1900—1940）》，王海芳、魏书亮译，河北大学出版 2008 年版，第 141—142 页。

③ The Rockefeller Foundation, "Laura Spelman Rockefeller Memorial", 2018-10-24, see https://rockfound.rockarch.org/laura-spelman-rockefeller-memorial.

④ The Rockefeller Foundation, "Laura Spelman Rockefeller Memorial", 2018-10-24, see https://rockfound.rockarch.org/laura-spelman-rockefeller-memorial.

科学研究与现实社会相结合的进程。很显然，这一点对于大学智库的产生有着明显的示范效应。

在各种因素的共同作用下，20世纪上半期，美国大学里出现了众多开始利用自身学术资源（尤其是社会科学领域的学术资源）研究和探讨社会现实问题的实体机构。随之而来的疑问是，这些机构能不能被视为最早的大学智库呢？答案是否定的。这是因为，美国大学里出现的这些研究社会现实问题的实体机构，其研究的首要目的并不是影响公共政策的制定，而且其研究成果的服务对象（或首要服务对象）也不是决策者（即政府）。众所周知，包括大学智库在内的所有智库的职能属性是开展公共政策研究并向决策者提供决策咨询服务。因此，20世纪上半期在美国大学中出现的开展社会现实问题研究的实体机构，尽管已经具备了成为最早的大学智库的基本条件，但就职能属性而言，还并不能称作现代意义上的大学智库。换言之，只有当政府成为这些实体机构的直接服务对象时，才意味着大学智库这一全新类型的智库的诞生。这一契机在二战期间通过美国政府与大学间的密切合作得以出现，进而为最早的大学智库的诞生提供了最后也是最关键的推动力。

二战标志着美国"联邦研究经济的起源"。[①] 在美国还未正式参战之前，就已经有政界和学界人士察觉到这场战争将对美国政府和大学的关系产生深远影响。1940年6月，华盛顿卡内基研究所（Carnegie Institution of Washington）[②] 所长，同时也兼任美国国家航空咨询委员会（美国航空航天局"NASA"的前身）主席和美国国防研究委员会主席的万尼瓦尔·布什（Vannevar Bush）与时任哈佛大学校长科南特（James Bryant Conant）联系，呼吁哈佛大学协助动员美国的科研力量为国防服务；布什提出"我们将与大学、研究机构和工业实验室签订合同"，"科南特立即明白了这种做法的

---

① ［美］罗杰·L. 盖格：《研究与相关知识——第二次世界大战以来的美国研究型大学》，张斌贤、孙益、王国新译，河北大学出版社2008年版，第1页。

② 华盛顿卡内基研究所是1902年由美国"钢铁大王"安德鲁·卡内基创办的一个致力于推动基础科学研究的独立研究机构，首任所长是曾任约翰·霍普金斯大学校长的丹尼尔·吉尔曼（Daniel Coit Gilman）。

多重含义——它预示着联邦政府与大学新型关系的建立"。① 这种所谓的"新型关系",简单地说,就是由联邦政府基于军事需要委托并资助大学开展军工研究。在这种"新型关系"下,联邦政府正式成为大学的服务对象,大学则开始扮演起"服务提供商"的特殊角色。很显然,大学"服务提供商"的角色确立之后,距离大学孕育出智库机构仅有一步之遥了。

需要指出的是,尽管二战期间大学开始向政府提供服务,但最早的大学智库并不是诞生于这一时期。原因是,二战期间大学向美国政府提供的服务仅仅集中在所谓的"硬科学"(hard science)领域,如哈佛大学、麻省理工学院、加州大学伯克利分校等二战期间承担大量联邦政府研究合同的大学所从事的研究均与军事工业密切相关,以数学、物理学、化学、工程学等为代表的理工学科成为战时军工研究的主体,社会科学并未涉足其中。这一方面是因为战时政府最紧迫的需要是发展军工技术和产业,并没有产生对社会科学擅长的公共政策研究的迫切需求,另一方面也与主导联邦研究经济的万尼瓦尔·布什对社会科学的认识有关。布什不赞成由政府资助大学开展社会科学研究,"认为社会科学不具有充分的科学性,他所最关心的是,社会科学不像硬科学,没有可靠的客观性或价值无涉。因而不可能保证来自政治实体的政府资金对其所资助的社会科学研究的内容和结论不会产生影响。"② 因此,这一时期联邦政府的研究合同和科研经费并没有流向大学的社会科学研究领域。

不过,二战期间大学依托理工学科向政府提供军工技术研发领域的服务,这种做法尽管没有让大学孵化出以社会学科为学术基础的智库机构,却为大学智库的诞生提供了良好的示范。接受联邦政府委托、以研究为手段向政府提供服务并在这一过程中实现自身发展,这种新模式将对二战后美国大学社会科学的研究活动产生重要影响,而该影响最直接的成果就是孕育出了最早的一批大学智库。

---

① [美] 罗杰·L. 盖格:《研究与相关知识——第二次世界大战以来的美国研究型大学》,张斌贤、孙益、王国新译,河北大学出版社 2008 年版,第 1 页。

② [美] 丽贝卡·S. 洛温:《创建冷战大学——斯坦福大学的转型》,叶赋桂、罗燕译,清华大学出版社 2007 年版,第 242 页。

五、大学智库的正式出现

二战时联邦研究经济的兴起塑造了全新的政府—大学关系模式。大学利用自身的学术资源,接受政府委托和资助开展针对性的研究,以满足政府之需,这种活动在战时和战后成为美国大学的"新常态"。而且,"到第二次世界大战结束时,整个美国——在决策圈、国会、科研机构和大学领导者中——已达成一个重要共识(a virtual consensus):联邦政府应在支持战后的科学研究中扮演一个至关重要的角色"①。尽管政府所支持的科学研究主要集中在理工学科领域,但社会学科也从理工学科的发展中得到了新的契机。很多大学特别是顶尖的研究型大学都开始认真考虑开发大学的服务职能,如斯坦福大学时任大学董事会董事长唐纳德·特里希德(Donald Bertrand Tresidder)为了回应校内出现的"斯坦福在战争努力上'没有尽最大的努力','需要立即采取大胆的行动'","组建了一个大学服务委员会来仔细考虑斯坦福怎样才能更全身心投入到与战争有关的研究中去……该委员会建立委派驻华盛顿的代表,强调介入政府的研究项目将给斯坦福带来声誉……与联邦政府的合同还会为斯坦福大学提供'丰富的附加收入'"。②当然,由于在理工学科方面的强大基础,斯坦福大学这一时期争取到的政府资助主要用于与军工相关的自然科学研究,但社会学科也并未完全置身事外。在大学服务委员会委派的驻华盛顿代表的争取下,"战略设施办公室就把价值数千美元研究德国'食品经济'的合同给了他们,国务院的泛美事务协调办公室(Office of Coordinator of Inter-American Affairs)也提供了一份10000多美元修订《拉丁美洲名人录》(Who's Who in Latin America)的合同。此外,陆军部统一通过胡佛研究所向斯坦福大学提供资金,为指定的被占领国的管理阶层进行有关语言、文化和历史的培

---

① [美]丽贝卡·S.洛温:《创建冷战大学——斯坦福大学的转型》,叶赋桂、罗燕译,清华大学出版社2007年版,第116页。

② [美]丽贝卡·S.洛温:《创建冷战大学——斯坦福大学的转型》,叶赋桂、罗燕译,清华大学出版社2007年版,第68—69页。

训"①。很显然，这些研究合同主要是由斯坦福大学的社会学科承接的。

　　二战时形成的联邦研究经济在战后得以延续，这进一步改变了美国大学社会学科在服务型研究方面的滞后局面。"二战后的十五年中，在顶尖大学的物理和工程学科正在或已经被军工复合体塑造成形之时，社会科学也正经历着变化。在战后的顶尖大学中，新的研究项目、领域和系——其中包括国际关系、苏联研究、东亚经济、文化人类学、传播学和统计学——变得制度化了，新的重点放在了交叉学科和团队研究上。"② 新的研究需求对研究机构也提出了改革要求，呼唤大学成立能够与新的形势相适应、进一步体现专业化的研究机构。实际上，早在二战期间，就已经有学者提出了这种主张。斯坦福大学教授弗里德里克·特曼（Frederick Terman）在1943年写给同事的一封信中曾谈道："战后数年将是斯坦福非常重要也是非常关键的时期。"他认为："倘若斯坦福能很好地把握美国尤其是西部正在发生的政治经济体制变革的机会，那么斯坦福将会拥有一个灿烂的未来。"但同时，他也敦促学校的管理者对斯坦福的办学模式和办学理念"进行必要的改革"，否则斯坦福将失去这次取得"在西部类似哈佛在东部的地位"的历史契机。在办学模式改革上，特曼"希望能围绕实际问题的解决而产生一种新的组织形式"。③ 这种新的组织形式反映到社会学科领域，实际上就成为大学智库的机构雏形。

　　作为美国顶尖大学的代表，哈佛大学在为社会学科创建新的组织形式方面走在了美国大学乃至发达国家大学的前列。1947年由卡内基基金会提供资助、1948年正式创办的哈佛大学俄国研究中心成为这一时期美国大学为社会学科开展有组织研究而进行机构改革的积极尝试。在二战后美国大学的学术研究领域，中心（也包括各种研究所、项目或办公室）

---

①　[美] 丽贝卡·S.洛温：《创建冷战大学——斯坦福大学的转型》，叶赋桂、罗燕译，清华大学出版社2007年版，第70页。

②　[美] 丽贝卡·S.洛温：《创建冷战大学——斯坦福大学的转型》，叶赋桂、罗燕译，清华大学出版社2007年版，第236页。

③　[美] 丽贝卡·S.洛温：《创建冷战大学——斯坦福大学的转型》，叶赋桂、罗燕译，清华大学出版社2007年版，第89页。

"将大学教师的雄心和资助者的功利主义的兴趣相结合",中心这一专业术语"将被用于大大地推动了学系外部的学术研究的单位。有点更加远离学系,被提供研究(资助)的'研究所'将更坚定地导向赞助者的利益"。①

哈佛大学俄国研究中心的创办,标志着最早的大学智库正式出现在发达国家的高等教育和智库舞台上。除俄国研究中心外,哈佛大学还相继创办了一系列类似的机构,如中东研究中心(1954)、东亚研究中心(1955)、国际事务中心(1958)、国际发展研究所(1962)、贝尔弗科学与国际事务研究中心(1973)、日本研究所(1973)等。这些机构成为哈佛大学的最早一批大学智库。几乎是在同一时期,美国其他一些大学也在这一领域开展了积极的实践尝试。如密歇根大学于1949年创办了社会研究所,这个研究所"依靠为工业、基金会,特别是联邦政府进行定量社会研究而生存";②麻省理工学院于1951年创办了国际研究中心,这个中心与美国中央情报局有着密切的联系,后者为中心提供了"核心支持";斯坦福大学于1951年组建了社会科学研究委员会,委员会的成员是来自斯坦福大学各系的社会科学家,其中很多人在二战期间都曾有过为政府服务的经历,这种经历"对促使他们继续直接或间接地为联邦政府出谋划策产生了重要影响",实际上,"社会科学研究委员会的明确目标之一就是鼓励有助于形成'开明外交政策'的研究"。③这使得社会科学委员会作为大学智库的职能属性更加明显。

大学科研职能和社会服务职能的完善与丰富、联邦研究经济的兴起、政府—大学新型关系的确立,这一系列因素的出现为美国大学孕育出最早的大学智库提供了充分且必要的外部条件。在这些因素的共同作用下,以

---

① [美] 罗杰·L. 盖格:《研究与相关知识——第二次世界大战以来的美国研究型大学》,张斌贤、孙益、王国新译,河北大学出版社2008年版,第53页。

② [美] 罗杰·L. 盖格:《研究与相关知识——第二次世界大战以来的美国研究型大学》,张斌贤、孙益、王国新译,河北大学出版社2008年版,第55页。

③ [美] 丽贝卡·S. 洛温:《创建冷战大学——斯坦福大学的转型》,叶赋桂、罗燕译,清华大学出版社2007年版,第252、253页。

哈佛大学俄国研究中心为代表的最早一批大学智库在二战结束之初的美国终于走上了历史舞台。尽管这一时期的大学智库由于刚刚起步，体制、机制还远未达到更加理想的状态，其智库职能也尚未得到充分施展，但不可否认的是，这批大学智库的出现和早期活动为 20 世纪中后期美国其他大学智库乃至全球范围内大学智库的进一步发展奠定了坚实的实践基础。由此我们认定，二战后这批智库的出现，可被视为发达国家大学智库发展历程的重要开端。

第三节　发达国家大学智库的主要类型

大学智库自 20 世纪中期走上历史舞台以来，这种新的智库类型在全球范围内开始得到普遍、快速发展，与官方智库、民间（独立）智库形成了智库领域"三驾马车"并行的局面。大学智库的繁荣有着特定的历史背景。一方面，大学智库依托的大学母体拥有丰富的学术和智力资源，这为大学智库相关职能行为的开展与实施提供了重要的学术支撑；另一方面，20 世纪下半叶以来主要发达国家经济的起伏转折、社会的多元化发展以及民众民主意识的充分觉醒等，都对各国政府的科学决策、执政能力和社会治理能力提出了更高的要求。因此，各国政府对决策咨询服务的需求比以往任何一个历史时期都更为迫切，这为包括大学智库在内的所有类型智库的快速发展提供了重要的外部契机。受上述两方面因素的促动，20 世纪后半期以来大学智库在主要发达国家得到长足发展，其在参与公共事务、提供决策咨询等智库领域的角色作用也得到充分发挥。

大学智库在世界各国特别是主要发达国家的蓬勃发展，为人们考察分析大学智库这一特殊类型的智库群体提供了丰富的素材，但同时也增加了研究的难度。首要的问题是，如何对各国形形色色的大学智库进行类型划分。由于大学智库所依托的主要是那些有着深厚历史积淀、极富个性张力的研究型大学，同时各国智库的制度传统和生长环境存在很大差异，因此目前活跃在各国智库领域的大学智库在机构体制、运行机制、治理架构、人员组成、职能范畴、履职方式、影响渠道等方面的发展样态各有不同，从不同角度都可以提出若干种大学智库的类型划分标准。从研究的实际需要来看，事无巨细地对各种标准下的大学智库进行类型分析既不可能，也无必要。较为现实的做法应该是，基于研究的特定视角，设定一种尽可能涵盖所有大学智库的类型标准（即每所大学智库均能找到所对应的类型，且尽量避免类型交叉或重叠的情况）。本书旨在对发达国家大学智库的组织结构、治理方式、服务职能、人员组成等进行综合考察，因此从机构角度设定分类标准更符合本书的研究目的。

关于从机构角度对国外大学智库进行类型划分，中国科学院大学教授初景利等人在《国外高水平高校智库运行机制特征剖析》一文中提出的观点较有代表性。该文将国外大学智库分为如下四种：智库即高校——高校与智库融为一体，智库即学院——智库与高校下属的其他学院级别相同，智库即系——智库附属于高校学院，具备图书馆功能的智库——图书馆资源优势与智库功能有机融合。① 本书以此为依据，对发达国家大学智库的主要类型作简要介绍。

一、大学即智库

单就数量而言，与大学融为一体的智库并不多见，主要原因是这种类型的智库对大学有特定要求，一般规模不大，且多属单科大学，专业和学科较为聚合，往往集中在政治、国际关系、法律、商科或经济管理等领域。就学校样态而言，法国的大学校，以及目前在俄罗斯存在的一批由苏联时期政经、管理等社会科学专业的单科性院校演变而来的高校，具备融大学和智库为一体的特征基础。初景利在《国外高水平高校智库运行机制特征剖析》一文中，将国立莫斯科国际关系学院列为此类智库的典型代表。现以该校为例，对此类智库进行具体解析。

莫斯科国际关系学院（Moscow State Institute of International Rela-

---

① 初景利等：《国外高水平高校智库运行机制特征剖析》，《图书馆论坛》2018 年第 4 期。

tions），是 1944 年在莫斯科大学国际关系系基础上组建的一所致力于为苏联政府培养外交与国际关系领域专家和实务人才的专门性学府，行政关系隶属于苏联外交部。20 世纪 50 年代初，设有历史与国际关系学院、国际法学院和国际经济关系学院三个学院。1955 年，莫斯科东方研究所并入该校，中国、印度、伊朗、土耳其、阿富汗等国成为该校的区域研究对象，相关语言的教学和人才培养范围不断扩大。1967 年，该校增设新闻学院。20 世纪八九十年代，苏联（俄罗斯）经历了深刻的社会变革，该校由此成为一个更为开放的机构。1989 年，学院开始招收来自西方国家的学生。1992 年，增设国际工商管理学院，以服务于俄罗斯经济领域的剧烈变化。1994 年，设立国际行政学院，开始提供国际和公共行政领域的培训服务。同年，组建政治学系，并于 1998 年发展成为政治学院。2000 年以后，学校改革进程加速，与海外院校的合作也进一步加强。学校在 2000 年成立了能源政策研究所和应用经济与商业学院，公共政策领域的研究活动和人才培养职能更加凸显。2005 年，根据俄罗斯—欧盟领导人峰会的决议，该校成立了欧洲研究所，旨在为俄罗斯和欧盟输送具有丰富的政治、经济、法律等专业知识的政府官员，以此推动双方的关系。2006 年，学院成立了由俄罗斯外交部长谢尔盖·拉夫罗夫（Sergey Lavrov）任主席的校董会，翌年董事会设立了俄罗斯首个大学基金，以此确保学校能得到长期和稳定的经费资助。2013 年，学校新建政府治理与全球事务学院，这是俄罗斯国内首个开展英语学士层次国际人才培养的机构。根据学校 2014—2020 年战略发展规划，该校于 2016 年成立了国立莫斯科国际关系学院奥金佐沃分校（Odintsovo Branch）。① 在七十余年的办学历程中，国立莫斯科国际关系学院不仅为苏联和俄罗斯政府外交系统培养输送了大部分官员和专业人士，同时本身也发展成为该国外交系统的重要智库。

国立莫斯科国际关系学院的治理体系由监事会（Supervisory Board）、董事会（Board of Trustees）和校长领导的行政团队组成。监事会现有 11

---

① 参见 MGIMO, "History", 2018-11-26, see http://english.mgimo.ru/basic-facts/history。

名成员,主席为俄罗斯外交部长谢尔盖·拉夫罗夫,其他成员中除 2 人是该校教授外,另 8 人均为俄罗斯政、商、学界的知名人士。包括:塔斯社第一副总干事米哈伊尔·古斯曼(Mikhail Gusman),俄罗斯第二大铜生产企业乌拉尔矿冶集团公司(UMMC)首席执行官安德烈·科兹茨宁(Andrei Kozitsin),莫斯科主管社会发展的副市长列昂尼德·贝查尼科夫(Leonid Pechatnikov),俄罗斯副总理谢尔盖·普里霍季科(Sergey Prik-hodko),俄罗斯国家石油公司总裁尼古拉·托卡雷夫(Nikolay Tokarev),俄罗斯联邦委员会(议会上院)副主席伊利亚斯·乌马哈诺夫(Iliyas Umakhanov),俄罗斯国家工业和科技集团首席执行官谢尔盖·切梅佐夫(Sergey Chemezov),以及俄罗斯科学院历史研究所主管、俄罗斯历史学会联合主席亚历山大·著巴日炎(Alexander Chubariyan)等。① 学院董事会的成员规模更大,来源也更广泛。董事会共有 52 名成员,主席仍由俄罗斯外交部长谢尔盖·拉夫罗夫担任,成员包括俄联邦政府和州政府高级官员以及工业、商业、金融业、文化传媒业领域的知名人士。② 监事会和董事会广泛的人员构成,为莫斯科国际关系学院充分发挥智库职能提供了重要支撑,同时也在很大程度上密切了学院与社会各界的联系,为学院募集更充裕的经费支持奠定了基石。

学院的行政领导层由 1 名院长和 8 名副院长组成。现任院长阿纳托利·托克诺夫(Anatoly Torkunov)教授 1972 年毕业于莫斯科国际关系学院。毕业后曾在苏联外交系统任职,并先后在苏联驻朝鲜大使馆和驻美国大使馆工作。1986 年被选任为莫斯科国际关系学院下属的国际关系学院院长,1989 年被任命为莫斯科国际关系学院第一副院长,自 1992 年至今担任院长。托克诺夫被认为是带领莫斯科国际关系学院摆脱 20 世纪 90 年代苏联解体和社会动荡造成的发展困境,进而成长为在俄罗斯外交和国际关系领域具有巨大决策影响力的高水平大学智库的核心人

---

① 参见 MGIMO, "Supervisory Board", 2018-11-26, see http://english.mgimo.ru/supervisory-board。

② 参见 MGIMO, "Supervisory Board", 2018-11-26, see http://english.mgimo.ru/supervisory-board。

物。托克诺夫在俄罗斯外交领域和学术领域都具有广泛影响，是俄罗斯科学院院士、特命全权大使，兼任俄罗斯国际研究协会主席、俄罗斯历史学会联合主席、国际关系专业高等院校联合会主席、《国际生活》期刊编委，同时还担任美国、韩国和德国等国多所大学的客座教授，"不仅在国际研究界有很高威望，而且在政界、外交界也有广泛的人脉……研究领域包括：朝鲜历史、朝鲜内政外交和亚太地区国际关系，尤其在精通的朝鲜问题以及东北亚问题上具有很大的影响力"①。在托克诺夫担任院长的 20 余年里，莫斯科国际关系学院得到俄罗斯联邦政府的大力支持和充分倚重，积极致力于所擅长的外交与国际关系领域的理论探讨和政策研究，取得了一批具有巨大影响力的成果。如托克诺夫在 2001年出版的《当代俄罗斯的对外政治与安全（1999—2002）》一书，运用现实主义研究范式，从冲突与矛盾视角对俄罗斯的对外关系和国家安全进行了系统分析；该院现实主义流派的另一代表人物 M. M. 列别捷娃在继承俄罗斯政治心理研究传统的基础上，通过分析冲突主体的行为特点、心理特征、群体意识来研究国际冲突，相关成果也在俄罗斯国际研究界取得了良好反响。②

　　莫斯科国际关系学院现有约 1200 名教师，其中包括 20 名俄罗斯科学院院士。学院下设 12 个院（系、所），每年招收约 6000 名各类学生（其中包括约 1000 名留学生）。学院与 57 个国家的 170 余所大学和学术机构达成合作协议，开展广泛的学术交流。高水平的人才培养和科学研究让莫斯科国际关系学院不仅成为俄罗斯乃至世界范围内享有盛誉的知名学府，同时还成为世所公认的一流智库。在美国宾夕法尼亚大学智库与公民社会项目组（TTCSP）发布的年度性《全球智库报告》中，莫斯科国际关系学院连续多年入选多个专项最佳智库排行榜。以 2017 年《全球智库报告》为例，莫斯科国际关系学院在"全球最佳智库""中东欧地区最

① 冯绍雷：《智库——国外高校国际研究院比较研究》，上海人民出版社 2011 年版，第 249 页。

② 冯绍雷：《智库——国外高校国际研究院比较研究》，上海人民出版社 2011 年版，第 250 页。

佳智库""最佳国防与国家安全智库""最佳国民经济政策智库""最佳外交政策和国际事务智库""最佳国际发展智库""最佳国际经济智库""最佳科学和技术智库""最佳智库管理""最佳大学附属智库""最具公共政策影响力智库"等排行榜中均榜上有名。其中，作为一所大学智库，莫斯科国际关系学院在"最佳大学附属智库"排行榜中位居第 13（共 90 所智库入榜），这从一个侧面说明了该校在智库建设方面所取得的显著成就。[1]

关于以莫斯科国际关系学院为代表的"大学即智库"这种特定类型的大学智库，初景利在《国外高水平高校智库运行机制特征剖析》一文中指出："这类高校与智库融为一体的高校智库最大优势是在组织管理、人才配置、资金管理等方面拥有较大的自主权和决策权，可以相对自由地根据智库的特点、使命和高校的优势配置人、财、物，为高校智库进行长期战略研究提供稳定的资金支持和智力支撑。同时，智库的管理层与高校管理层高度一致，一方面节约了管理运营成本，另一方面将高校的任务与智库的使命相融合，在运营智库的同时践行高校培养人才的使命，为学生提供理论联系实际的机会和平台。"[2]就莫斯科国际关系学院的智库建设实践来看，上述评价是有其客观依据的。

二、学院即智库

根据初景利等人的界定，所谓学院即智库，是指"高校智库与该高校的其他学院级别相同，在人力资源、资金使用、项目管理等方面相对独立，高校的主要领导通常还直接负责智库的管理工作，智库也参与其他相关学院的教学工作"[3]。初景利等人认为这类智库的代表有美国哥伦比亚大学下设的地球研究所（Earth Institute），法国巴黎政治大学和国家

[1]　James G. McGann, "2017 Global Go To Think Tank Index Report", 2018-01-31, see https://repository.upenn.edu/think_tanks/13.

[2]　初景利等：《国外高水平高校智库运行机制特征剖析》，《图书馆论坛》2018 年第 4 期。

[3]　初景利等：《国外高水平高校智库运行机制特征剖析》，《图书馆论坛》2018 年第 4 期。

科学研究中心联合监管的国际研究中心（Center for International Studies and Research），基于英国萨塞克斯大学组建的发展研究所（Institute of Development Studies）等。这里有两点需要进一步厘清。第一，"学院即智库"的范围不应仅限于大学内设立的与学院同等级别或水平的机构（主要以独立设置的"中心""研究所"等形式存在）。实际上，很多大学中的学院（包括独立设置的系）作为一个整体在实践中主动承担了智库职能、扮演了智库角色，这些学院（系）也应划归到"学院即智库"的范畴，如美国普林斯顿大学威尔逊公共与国际事务学院、英国伦敦政治经济学院国际关系系、德国特里尔大学政治学系和汉学系等。第二，初景利文中列举的英国萨赛克斯大学发展研究所并不是萨塞克斯大学的下属机构，在某种意义上，发展研究所与萨塞克斯大学是"伙伴关系"。据发展研究所官方网站提供的信息，该所是"1966年基于萨塞克斯大学成立的一个独立的研究所，与萨塞克斯大学关系密切，但财务和体制上均独立于后者"①，就此而言，将发展研究所归于此类智库似有不妥。

在"学院即智库"的智库类型中，哥伦比亚大学地球研究所较有代表性。地球研究所组建于1995年。据该所官方网站介绍，成立地球研究所的目的，其一是推进对地球科学的基本认识，其二是将研究所有关地球科学的研究成果和理论知识"运用到世界各国政府和企业的决策之中"。②从这一表述中可以明显看出，地球研究所在成立之初即明确了自身所承担的智库职能——决策研究和政策服务。依托哥伦比亚大学强大的学术资源，地球研究所很快就在所专注的领域声名鹊起，成为美国乃至国际颇具影响的智库性机构。根据宾夕法尼亚大学智库与公民社会项目组2018发布的《2017年度全球智库报告》，地球研究所在90所"全美最佳智库"排行榜中位居第44，在全球95所"最佳环境政策智库"排

---

① IDS, "Governance", 2018-12-07, see https://www.ids.ac.uk/about/governance/.

② The Earth Institute, Columbia University, "About Us", 2018-12-10, see http://www.earth.columbia.edu/articles/view/3341.

行榜中位居第 31，在全球 90 所"最佳大学附属智库"排行榜中位居第 21。[①] 这说明地球研究所作为全球顶尖的环境研究智库和大学智库，是得到业界充分认可的。

在治理架构上，地球研究所采取的是主任负责制，现任主任是阿列克斯·哈利迪（Alex N. Halliday）。哈利迪是一位全球知名的地球化学专家，到哥伦比亚大学任职之前，长期任教于牛津大学，同时兼任英国皇家学会副会长、地球化学学会会长，还是英国自然环境研究委员会、伦敦自然历史博物馆、德国马克斯-普朗克学会、美国地球物理学联盟等机构的董事会成员。在宣布哈利迪担任地球研究所所长的任命时，哥伦比亚大学校长李·布林格（Lee C. Bollinger）指出，地球研究所的工作，尤其是全球气候变化和可持续解决方法领域的工作，至关重要且尤为紧迫；在这一背景下，哈利迪作为一名著名的科学家和经验丰富的学术领袖，应邀担任地球研究所的主任，可谓恰逢其时、恰逢其人；"哈利迪是绘就地球研究所未来蓝图、发挥其在哥伦比亚大学至关重要的跨学科作用的不二人选"[②]。实际上，对哈利迪的聘任在很大程度上反映出哥伦比亚大学对地球研究所的发展定位。地球研究所不是一个纯粹的学术机构，它与政府、社会机构建立起紧密而频繁的合作与互动关系。作为这样一个机构的领导者，不仅需要具有渊博的学术积淀，还需要有丰富的管理经验，而哈利迪本人就是一位杰出的学术领袖和管理者。在担任牛津大学的数学、物理学和生命科学学部主管期间（2007—2015 年），哈利迪启动了众多建设项目，大量增加博士后数量，聚焦于发展学部的多样性，同时大大加强牛津大学与政府、私营机构的联系。通过在制定战略规划、教师聘任和大学募款等方面的卓越工作，哈利迪"帮助牛津大学发展成为欧洲

---

① James G. McGann, "2017 Global Go To Think Tank Index Report", 2018-01-31, see https://repository.upenn.edu/think_tanks/13.

② The Earth Institute, Columbia University, "Pioneering Oxford Geoscientist Alex Halliday to Head Columbia University's Earth Institute", 2017-12-14, see https://blogs.ei.columbia.edu/2017/12/14/pioneering-oxford-geoscientist-alex-halliday-head-columbia-universitys-earth-institute/.

最大的研究型大学之一"①。很明显，哥伦比亚大学聘任哈利迪，正是看中了他在领导机构组织建设和发展方面，特别是在带领学术机构加强与外界沟通和联系方面的才能。

地球研究所还设有咨询委员会（Advisory Board），咨询委员会的职能是"向地球研究所提供咨询、专业意见、洞察力、战略思维、创新主张和人际关系网，同时积极致力于提高研究所的知名度，并提供资源支撑"②。咨询委员会由 12 名成员组成，这些成员分别来自政、经、商、学等多个领域。从研究所发挥智库职能的角度来看，咨询委员会多元化的成员构成为研究所确定政策研究的方向、领域进而开展有针对性的研究提供了智力支持，有助于研究所社会声誉和政策影响力的提升。

表 2-1　地球研究所咨询委员会成员简况③

咨询委员姓名	简况	咨询委员姓名	简况
戴维·埃米尔 David Emily	咨询委员会发起人，主席。下曼哈顿区开发公司总裁	史蒂芬·博肯菲尔德 Steven Berkenfeld	巴克莱（Barclays）银行董事、总经理
霍华德·巴菲特 Howard W. Buffett	哥伦比亚大学国际与公共事务学院教师，曾任职于美国国防部	丹尼尔·丁 Daniel Ding	特拉宾（Terrapin）资产管理公司成员，I&F 房产开发公司咨询委员会成员
威廉·艾米克 William B. Eimicke	哥伦比达大学国际与公共事务学院教授	史蒂芬·弗洛普 Steven Fulop	美国泽西市市长

---

① The Earth Institute, Columbia University, "Pioneering Oxford Geoscientist Alex Halliday to Head Columbia University's Earth Institute", 2017-12-14, see https://blogs.ei.columbia.edu/2017/12/14/pioneering-oxford-geoscientist-alex-halliday-head-columbia-universitys-earth-institute/.

② The Earth Institute, Columbia University, "Earth Institute Advisory Board", 2018-12-12, see http://www.earth.columbia.edu/articles/view/3149.

③ The Earth Institute, Columbia University, "Earth Institute Advisory Board", 2018-12-12, see http://www.earth.columbia.edu/articles/view/3149.

续表

咨询委员姓名	简况	咨询委员姓名	简况
凯瑟琳·休伊思 Catherine M. Hughes	曼哈顿第一社区委员会主席	妮娜·孙 Nina Sun	上海申尼邦德管理咨询公司创始人、总裁
柯蒂斯·普罗普斯特 Curtis S. Probst	哥伦比亚大学专业研究学院教师，曾任职于著名能源智库美国洛基山研究所	唐娜·雷德尔 Donna Redel	全球性咨询公司"战略@50"创始人、CEO
伯顿·斯坦尼尔 Burton B. Staniar	家具、纺织品设计与制造商诺尔公司（Knoll）董事会主席	克里斯蒂娜·托德 Kristian D. Todd	哥伦比亚大学国际与公共事务学院副教授，曾创办战略咨询公司

  作为哥伦比亚大学下设的最大的研究中心，地球研究所吸引了来自全球的优秀学者，目前共有850余名专职学者、兼职研究员、访问学者、研究生和博士后，分别服务于研究所设立的20余个研究中心和项目组。得益于强大的学术团队和雄厚的资金支持，地球研究所在所专注的气候、水资源、能源、全球健康、生态系统、农业、风险减控、城市化、和平与安全等领域取得了丰硕的研究成果，同时在学术成果的现实应用方面做出了显著成绩。实际上，寻求将理论成果应用于应对现实社会面临的一系列挑战，始终是地球研究所秉持的宗旨。"地球研究所的科学家们探寻关于地球系统及所维持生物的基本问题的答案，该系统包括气候与地质、大洋与大气、食物、水、公共健康、能源、灾害、生态系统等。这些研究源于实验室，但却延伸到世界各地，在这些地方，知识得以应用，新的研究课题也不断涌现。"[①]由于所探讨的问题大都涉及多个学科领域，因此地球研究所充分借重哥伦比亚大学综合性的学术资源，积极开展跨学科的研究。"因此，该研究所横跨整个大学，在从气候学到

---

① The Earth Institute, Columbia University, "Research: the Foundation of the Earth Institute", 2018-12-12, see http://www.earth.columbia.edu/articles/view/1788.

法律、从工程学到经济学和公共政策等各个学科的科学家、教师和专家之间建立了合作关系。"① 这也是地球研究所成长为顶级大学智库的重要原因。

关于学院即智库的大学智库类型，初景利等人认为，这类智库"通过设立董事会、理事会等维护智库的日常行政管理，促进智库战略目标的实现。它们通过董事会成员、理事会成员的资源和影响力以及所附属高校的人力资源和资金支持，不断完善智库的人才队伍建设，确保充足、多元化的资金来源，进而保障智库内部项目正常运营、知识顺畅流动、议题设置与时俱进"②。

三、系、所即智库

系、所即智库，是指在大学各学院内设立的学系、研究所、研究中心等机构，主动承担智库职能、扮演智库角色，在此基础上发展而成的具有较强专业色彩的大学智库。这类智库是大学智库中最常见的一种类型，数量也最多。

在各发达国家的顶尖大学中，几乎每个大学的二级学院都根据自身的学术专长成立了众多的研究所或研究中心。通常情况下，如果研究所的研究领域与公共政策存在交叉，那么公共政策研究及相关活动很自然地就会成为研究所重要的工作内容，研究所也进而与政府机构或社会团体发生经常性的联系，由此逐渐成长为典型的大学智库。

从组织结构来看，作为大学智库的研究所形态多样，治理体系也不尽相同。有的研究所规模很大，成员动辄以百计；有的研究所以人员精干见长，专职学者仅有十几人甚至几人。根据机构职能履行的需要，不同的研究所采取了不同的治理方式和行政架构，但其共同特点是都能够充分借重

---

① The Earth Institute, Columbia University, "Research: the Foundation of the Earth Institute", 2018-12-12, see http://www.earth.columbia.edu/articles/view/1788.

② 初景利等：《国外高水平高校智库运行机制特征剖析》，《图书馆论坛》2018点第4期。

大学母体多学科交叉的优势和富集的智力资源，围绕特定的公共政策领域，依托大学智库的理论基础，在长周期、战略性的政策研究领域进行协同攻关，由此能够取得较好的智库建设成效。

在系、所即智库的这一智库类型中，英国牛津大学的非洲经济研究中心（Centre for the Study of African Economies）在发挥大学母体的学科综合优势、突出大学智库的国际性方面较有代表性。非洲经济研究中心作为大学智库的历史可追溯到 1986 年，最初的研究领域集中在非洲的经济社会发展方面，目前已经拓展到全球的发展中国家和地区。非洲经济研究中心是牛津大学社会科学学部所属的经济学系的下设机构，同时该中心还与社会科学学部所属的布拉瓦尼克政府学院（Blavatnik School of Government）以及国际发展系建立了密切的合作关系。

非洲经济研究中心致力于发展中国家的经济发展研究，其宗旨是"应用现代研究方法改善世界上最贫困国家和地区的经济和社会状况"。经过 30 余年的发展，非洲经济研究中心已经成为享誉世界的发展中国家经济研究的权威机构。[1] 根据宾夕法尼亚大学智库与公民社会项目组 2018 年发布的《2017 年度全球智库报告》，非洲经济研究中心在全球 90 所"最佳大学附属智库"排行榜中位居第 26，在 42 所"最佳区域研究中心"排行榜中位居第 13，在 35 所"最佳大学附属区域研究中心"排行榜中位居第 12，在 132 所"最佳国际发展智库"排行榜中位居第 40。[2] 这在一定程度上反映了该中心在智库建设领域所取得的突出成就。

非洲经济研究中心实行主任负责制。现任主任斯特凡·德尔康（Stefan Dercan）是英国当代著名经济学家，牛津大学经济学系和布拉瓦尼克政府学院经济政策学教授，曾于 2011—2017 年在英国政府国际发展部任

---

[1] Department of Economics, Oxford University, "Centre for the Study of African Economies", 2018-12-24, see https://www.economics.ox.ac.uk/research-centre/centre-for-the-study-of-african-economies-csae.

[2] James G. McGann, "2017 Global Go To Think Tank Index Report", 2018-01-31, see https://repository.upenn.edu/think_tanks/13.

首席经济学家。中心现有研究人员 33 人，研究人员的学术背景、研究领域具有明显的多元性。除主任德尔康外，中心团队中较有代表性的研究人员基本情况见表 2–2。

表 2–2　非洲经济研究中心代表性研究人员简况 ①

姓名	简况	姓名	简况
克里斯·亚当 Chirs Adam	牛津大学经济学系教授、坦桑尼亚国际发展中心首席专家，主要致力于低收入国家的宏观经济学研究	珍妮·安荣 Janine Aron	牛津大学马丁学院新经济思维研究所高级研究员、南非储备银行（中央银行）研究员
道格·格林 Doug Gollin	牛津大学经济学系教授、《非洲经济》杂志执行编辑，主要致力于经济发展与增长领域的研究	普拉米拉·克里希南 Pramila Krishnan	牛津大学国际发展系发展经济学教授
阿南迪·玛尼 Anandi Mani	牛津大学布拉瓦尼克政府学院行为经济学和公共政策学教授，主要从事发展经济学领域的研究	奥利弗·斯德克 Olivier Sterck	牛津大学国际发展系高级研究员，主要从事发展和健康经济学研究
克里斯托弗·伍德拉夫 Christorpher Wood-ruff	牛津大学国际发展系发展经济学教授，主要从事低收入国家公司企业研究	西蒙·奎因 Simon Quinn	牛津大学经济学系副教授、非洲经济研究中心副主任，主要研究领域为发展经济学和应用微观计量经济学

依靠牛津大学经济学系和相关院系强大的学术资源，非洲经济研究中心在所专注的发展中国家和地区经济政策等领域取得了丰硕的研究成果，产生了深远的学术影响，由此产生的研究声誉"为它更多地参与政策辩论

---

① Centre for the Study of African Economies, Oxford University, "People", 2018-12-25, see ht-tps://www.csae.ox.ac.uk/people?search=people&task=search&teamid=17.

和向非洲政府和国际组织提供其他援助奠定了基础"①。

在具体的研究操作层面，目前非洲经济研究中心结合自身学术条件和现实政策需求，确立了6个较为稳定和集中的研究项目组，包括：公司、农场和劳工，宏观经济与增长，政治和制度，福利和行为，非洲治理等。项目组实行首席研究员负责制，即每个项目组均由1名（或多名）学者担任召集人，带领团队成员集中在该领域开展研究。团队成员既包括中心内部成员，也可根据情况邀请校内其他院系的专家参与。实际上，强调校内资源共享和多元合作是非洲经济研究中心的内在特征和重要传统。作为一种以大学最基层单位（系、所）为基础的智库类型，非洲经济研究中心仅靠自身力量是远远无法完成众多复杂的研究项目的，它必须充分借重大学母体的学术资源和智力支持。以非洲治理项目组为例，该项目就是非洲经济研究中心与牛津马丁学院（Oxford Martin School）联合设立的，其合作机构包括牛津大学的经济学系、布拉瓦尼克政府学院、政治和国际关系学系、国际发展系、地理和环境学院。中心主任斯特凡·德尔康、政治和国际关系学系教授里卡多·德奥利维拉（Ricardo Soares de Oliveira）共同担任项目组的首席研究员，来自牛津大学各系部的近20名学者构成了项目组的研究团队。② 这充分体现出中心作为大学智库所具有的多元交叉特征。

作为全球知名的大学智库，非洲经济研究中心开辟了多样化的成果产出渠道和影响力实现途径，主要包括：通过长周期调研建立扎实的数据库，发布工作报告（每年12份），编辑出版专门期刊《非洲经济》（*Journal of African Economies*，该刊被SSCI收录），举办非洲经济研究中心年会（CSAE Conference）。其中，非洲经济研究中心年会目前已成为一个国际知名的经济学家年度盛会，每年大约吸引来自全球各地的400余名代表参会，约三

---

① Department of Economics, Oxford University, "Centre for the Study of African Economies", 2018-12-24, see https://www.economics.ox.ac.uk/research-centre/centre-for-the-study-of-african-economies-csae.
② Centre for the Study of African Economies, Oxford University, "The Oxford Martin Programme onAfrican Governance", 2018-12-25, see https://www.csae.ox.ac.uk/research-areas/governing-the-african-transitions.

分之一的代表是来自非洲国家的学者。《非洲经济》杂志不仅面向全球公开发行，还设立了专项经费，用于资助非洲学者到牛津大学访学并在中心进行研究工作。① 另外，值得注意的是，中心除在上述传统领域开展扎实有效的工作外，还积极开发新的影响力实现途径。较为典型的案例是，非洲治理项目组成员马丁·威廉姆斯（Martin Williams）与加纳政府在 2018 年合作拍摄了一部纪录短片，名为《加纳的基础设施：浪费的秘密》。纪录片对加纳地方政府的基础设施建设状况进行了深刻剖析，并提出了有针对性的解决策略。② 纪录片制作完成后被上传至著名视频网站"YouTube"，供大众免费观看，在一定范围内形成了较大的影响力。由此可看出作为智库的非洲经济研究中心在开拓成果展示方式和影响力实现渠道方面所做的创新性尝试。

对于非洲经济研究中心这种类型的大学智库，初景利等人认为，此类智库"相当于高校学院中的一个系，不仅受到所在学院管理层的监督，同时受到来自高校管理层的监管，这决定了它们必须依靠创新的管理架构和经营理念在双重监督下实现相对自主的人力配置权、资源使用权"。换句话说，由于机构层级所限，这类智库的相对独立性较小，如何在拥有较小独立性的前提下发挥智库的灵活度、提高智库的建设水平和影响力，有赖于管理体制和经营理念的创新。实际上，从非洲经济研究中心的发展状况来看，创新性的智库治理理念正是中心建成知名智库的重要要素之一。③

除上述三类智库外，初景利等人还将以斯坦福大学胡佛研究所为代表的具有图书馆功能的智库单列为一种大学智库类型。关于胡佛研究所，本书后面章节将辟专章进行探讨，此处不再赘述。

---

① Department of Economics, Oxford University, "Centre for the Study of African Economies", 2018-12-24, see https://www.economics.ox.ac.uk/research-centre/centre-for-the-study-of-african-economies-csae.

② Centre for the Study of African Economies, Oxford University, "The Oxford Martin Programme onAfrican Governance", 2018-12-25, see https://www.csae.ox.ac.uk/research-areas/governing-the-african-transitions.

③ 初景利等：《国外高水平高校智库运行机制特征剖析》，《图书馆论坛》2018 年第 4 期。

第三章　发达国家大学智库的历史变迁

　　自二战后初期正式步入历史舞台起，发达国家的大学智库至今已经走过了 70 余年的历程。按照通常的标准，在现代智库史上，大学智库是一个后来者，其历史较官方智库和独立智库要晚至少约半个世纪。尽管是一个后来者，但是凭借大学母体提供的得天独厚的学术、智力和机构优势，大学智库的发展速度丝毫不弱于其他类型智库，建设水平特别是智库在公共决策领域的影响力日益提高，很快就发展成为与官方智库和独立智库并驾齐驱的主要智库类型，直至今日仍保持着强大的政策辐射能力，普遍在各国公共政策制定过程中体现出极强的存在感。有鉴于发达国家大学智库的建设成就，从智库史的角度对其自二战以来的发展历程进行学术性梳理，对人们全面和准确认识大学智库是极为必要的。

　　值得注意的是，在回溯发达国家大学智库 70 余年的发展历程时，作为研究者，面临的第一个挑战是如何对其发展阶段进行准确划分。一个客观存在的问题是，尽管本书将发达国家大学智库作为一个整体性的研究对象，但由于不同发达国家有着极为不同的大学智库生长土壤，同时大学智库作为具有多重属性的特定机构，其发展也受到各国政治传统、经济发展水平、文化观念以及高等教育自身的多方面影响，因此，从整体上准确划分发达国家大学智库的发展阶段是异常困难的。为了提高研究的科学性，本书采取以美国大学智库的发展历程为主线、在不同阶段适当增加其他发达国家大学智库发展状况的研究方式，以更好地呈现发达国家大学智库的历史变迁轨迹。

　　之所以选择美国大学智库作为主要参照物，是因为美国是业界公认的智库大国和智库强国。2018 年发布的《2017 年度全球智库报告》显

示，美国拥有 1872 家智库，位居世界第一，智库数量甚至超过其后第二
至第七名国家智库数量的总和（共 1817 家）。在"全球最佳智库"排行榜
上，前十名最佳智库中就有 5 家来自美国。具体到大学智库领域，美国也
占据了绝对优势地位：在"最佳大学附属智库"排行榜里，前十名最佳大
学附属智库中美国独占 5 家，在全部 90 家入围大学智库中，有 27 家来自
美国。[①] 如果从这一组数据来看，可以说美国在某种程度上代表了当今大
学智库的最高水平。另外，作为高等教育的"超级大国"，美国汇聚了全
球数量最多的著名研究型大学，这些大学也是孕育一流大学智库的重要母
体。还需要指出的一点是，美国独特的政治生态也为大学智库的发展提供
了较为特定的空间，如国际智库领域普遍存在的人员"旋转门"现象在美
国表现得尤为突出，这与美国的政治环境密不可分。综合而言，在发达国
家大学智库领域，美国是一个极具代表性的研究对象。以美国为案例，梳
理其大学智库的发展历程，能够在很大程度上折射出发达国家大学智库的
一般性发展轨迹。当然，在具体研究过程中，为体现研究的全面性和完整
性，本书还会适当增加对其他发达国家大学智库发展样态的阐述。

从影响大学智库发展的主要因素的变化，以及由此导致的大学智库的
变化，并综合现代智库的整体发展脉络，本书将以美国为代表的发达国家
大学智库 70 余年的演进历程划分为二战后到 20 世纪 60 年代的初步兴起、
20 世纪七八十年代的全面繁荣、20 世纪 90 年代以来的多样化发展三个历
史阶段。

第一节　二战后到 20 世纪 60 年代发达国家
大学智库的初步兴起

二战结束后，以美国哈佛大学俄国研究中心及同期欧美大学同类型国

---

① James G. McGann, "2017 Global Go To Think Tank Index Report", 2018-01-31, see https://repository.upenn.edu/think_tanks/13.

别或区域研究机构的创办为标志，大学智库作为一种新式的现代智库类型开始出现在历史舞台上。自那时起到 20 世纪 60 年代，受同一时期西方国家所面临的政治、经济等方面的挑战的影响，同时在发达国家大学内部发展诸要素的推动下，大学智库重点在外交与国际关系、国别和区域研究、经济政策研究等领域取得较大进展。但这一时期发达国家大学智库在组织机构、治理方式、专注领域、人员流转等方面仍处于探索阶段，成熟程度有待进一步提高。

一、发达国家大学智库初步兴起的背景

二战后，发达国家出现了最早的一批大学智库。这批智库的出现和早期发展，既受到战后冷战格局的特定政治需要的影响，同时也与大学内部社会服务职能的深化与拓展密切相关。此外，社会力量对公共政策研究的关注特别是经费支持也为大学智库的发展提供了重要助力。本书以美国大学智库为对象，从上述几方面重点分析战后美国大学智库兴起的历史背景和内在动因，以此折射发达国家大学智库在这一阶段的兴起历程。

二战后，美国大学智库的兴起有其特定的历史背景和内在动因，主要表现在如下三个方面。

第一，二战结束以后冷战格局的形成为大学智库的发展提供了适宜的土壤。冷战成为美国对外政策的重要拐点。随着美国全球战略的实施，"不论什么地方，不论直接或间接的侵略威胁了和平，都与美国的安全有关"（杜鲁门语），这就意味着美国要比以往更加全面、深入而且更有针对性地了解外部世界，特别是了解那些站在其对立面的国家和地区。如哈佛大学组建俄国研究中心的重要目的就是满足"国家认识冷战对手的紧迫需要"①。按照为其提供初始经费的卡内基基金会的说法，该中心的研究应

---

① Davis Center for Russian and Eurasian Studies, "History", 2014-04-17, see http://daviscenter.fas.harvard.edu/about-us/history.

"为那些必须与苏联人进行日常谈判的官员提供专业知识的援助"①，这也进一步明确了此类机构的政策服务价值。实际上，冷战时期美国大学智库主要的研究活动大都集中在对外政策以及与特定国家有关的领域，这也在一定程度上反映了冷战这一特殊历史背景对大学智库的影响。

第二，从大学内部来看，二战后大学智库的繁荣也是大学服务职能向人文社会领域不断拓展的结果。19世纪中后期，美国大学将社会服务确立为自身的三大职能之一，当时的服务职能主要体现在那些和工农业生产密切相关的学科领域。19世纪末20世纪初，一些大学对社会现实问题关注和研究的程度逐步加深，如1892年创办的芝加哥大学社会学系"从实用主义出发，促使社会学研究进入城市问题、种族关系、集体行为模式等实际领域"，在它的示范作用下，美国很多大学陆续"建立社会学系，由工业化、城市化和移民所导致的一系列实际问题是这些高校社会学教学与研究的焦点所在"。② 尽管这并不意味着大学的人文社会学科开始出现服务社会的自觉，但却为大学服务职能向人文社会科学领域的拓展提供了实践准备。二战期间，来自政府特别是军方的科研合同加速了美国研究型大学理工学科的发展，这种订单式研究模式对二战后美国大学人文社会学科的研究活动产生了重要影响。大学管理者和人文社会领域的研究者们发现，借助大学的学术优势，他们同样可以吸收到大量研究经费，进而为社会特别是政府决策机构提供专业、有效且直接的服务。作为"社会所呼唤的专家建议的宝贵资源"，美国的大学"比以往更愿意把他们的专家知识输出给外部的团体"。③ 受这种理念的影响，大学中的人文社会科学研究不再仅仅是基于研究者学术兴趣的纯粹性学理活动，而开始向具有强烈的现实价值和入世色彩的政策服务领域拓展，这一趋势成为二战后加速美国

---

① ［美］罗杰·L.盖格：《研究与相关知识——第二次世界大战以来的美国研究型大学》，张斌贤、孙益、王国新译，河北大学出版社2008年版，第55页。

② Walter Rüegg, *A History of the University in Europe: Volume IV*, Cambridge: Cambridge University Press, 2011, pp. 375-376.

③ ［美］罗杰·L.盖格：《研究与相关知识——第二次世界大战以来的美国研究型大学》，张斌贤、孙益、王国新译，河北大学出版社2008年版，第369页。

大学智库蓬勃发展的重要动因。

第三，来自卡内基、福特、洛克菲勒等私人基金会的经费资助，为二战后美国大学智库的快速发展提供了直接支撑。值得注意的是，尽管大学智库的首要职能是为政府决策提供学术服务，但在二战后初期，美国政府并没有成为支持大学智库发展的经费来源主体。这在很大程度上与主导美国战后科研资助政策的万尼瓦尔·布什的观念有关。"布什认为社会科学不具有充分的科学性，他所最关心的是，社会科学不像硬科学，没有可靠的客观性或价值无涉。因而不可能保证来自政治实体的政府资金对其所资助的社会科学研究的内容和结论不会产生影响。"[1] 不过，布什并不是要否定社会科学的价值，他担心的是，来自政府的经费资助会影响社会科学研究的中立立场和客观性。在这种情况下，与政府资助相比，来自私人基金会的经费支持就有着明显的优势。按照斯坦福大学胡佛研究所的创办人、前美国总统的胡佛（Herbert C. Hoover）的理解，"私人基金会可能很好地显示了政治动机的无涉……因为他们不被联邦政府所控制"[2]。受此影响，私人基金会便在二战后美国大学智库的发展过程中扮演了关键角色。据统计，卡内基、福特和洛克菲勒三大基金会对美国主要大学社会科学研究的经费资助从 1946—1949 年的 450 万美元增加到 1955—1958 年的 4360 万美元。[3]"在战后的头 12 年中，仅福特基金会就为哈佛大学提供了近 1400 万美元，为芝加哥大学提供了近 1000 万美元，为斯坦福大学提供了 300 多万美元。"[4] 这些私人基金会与众多赫赫有名的大学智库的产生与发展有着密切的关系。可以说，私人基金会的经费资助为大学智库在二战后的腾飞提供了最为直接和有效的支持。此外，这种经费来源也在很大程度上使

---

① [美] 丽贝卡·S. 洛温：《创建冷战大学——斯坦福大学的转型》，叶赋桂、罗燕译，清华大学出版社 2007 年版，第 242 页。

② [美] 丽贝卡·S. 洛温：《创建冷战大学——斯坦福大学的转型》，叶赋桂、罗燕译，清华大学出版社 2007 年版，第 242 页。

③ [美] 罗杰·L. 盖格：《研究与相关知识——第二次世界大战以来的美国研究型大学》，张斌贤、孙益、王国新译，河北大学出版社 2008 年版，第 115 页。

④ [美] 丽贝卡·S. 洛温：《创建冷战大学——斯坦福大学的转型》，叶赋桂、罗燕译，清华大学出版社 2007 年版，第 239 页。

大学智库具有了相对于政府的独立性，为大学智库的政策研究打上了相对中立的色彩。

二、初步兴起阶段发达国家大学智库的发展状况

作为一种新生的智库类型，大学智库在二战后到20世纪60年代的20余年里经历了涉足智库领域、开发智库职能、探索履职路径的发展尝试，在寻求大学与智库的有机结合方面取得了较为显著的成效。

如前所述，二战后初期，受特定国际格局和国家战略的需要，发达国家的一批大学都开始承担起发挥自身学术优势、开展公共政策研究尤其是与国际关系和区域问题相关的政策研究职能。很显然，仅靠大学原有的组织体制是无法很好地适应这种综合性、跨学科政策研究之需的，因此涉足此领域的大学开始探索在大学体制框架内设立新的研究机构。这也是大学智库得以产生的重要原因。在这些新型机构及大学智库的组建过程中，以及组建后初期，采用什么样的治理机制成为新生的大学智库面临的另一课题。在此方面，发达国家大学智库进行了一系列探索。下文以美国大学智库在这一时期的发展情况为例加以说明。

美国大学在现代大学智库领域扮演了"先行军"的角色，二战后初期即在众多研究型大学中诞生出最早的一批大学智库。从历史上看，这一时期美国的大学智库还处于初步探索阶段，其作为智库的职能性质虽已明确，但这种职能具体包括哪些内容、如何更好地履行这些职能、为履行智库职能需要怎样的智库组织和治理机制等，都是美国大学智库在这一时期的发展实践中逐渐解决的现实问题。对这些问题的探索也构成这一时期美国大学智库的发展主线。

作为最早出现的大学智库之一，创办于1948年的哈佛大学俄国研究中心在创立后到20世纪60年代走过了一段曲折但不平凡的历程。俄国研究中心是在卡内基基金会的倡导和资助下成立的，具有现代大学智库的几乎所有标志性特征。资助俄国研究中心创办的卡内基基金会对俄国研究中心的工作任务有明确的认识："研究苏联大学和苏联行为以便努力去确定

苏联的国际行为和政策的主要动力。"① 俄国研究中心的最早成员来自哈佛大学的社会学系、政治学系、历史系、经济学系、法律系和斯拉夫语言系。这些成员具有双重身份：在各系，他们继续承担教学职责；在中心，他们则是专门的研究人员。"中心的主要目标是增强对苏联的理性理解……为那些必须与苏联人进行日常谈判的官员提供专业知识的援助。"② 俄国研究中心成立之后，随即承担了由美国空军人力资源研究中心委托的难民访谈项目，这个项目为中心带来了 45 万美元的研究经费。接受政府委托和资助，为政府提供决策所需的学术支持——俄国研究中心开展的这种活动使其成为当之无愧的大学智库。而且，俄国研究中心开展的"战后调查研究与大学的结合提供了研究所动力学的良好范例。主要的研究单位都有超出学术的起源，并在某种程度上是新的联邦利益的成果"③。1952 年，哈佛大学委托专门的委员会对俄国研究中心成立五年来的工作进行了评估。评估结果显示，尽管中心的工作存在这样或那样的问题，但确定无疑的是，俄国研究中心这种机构确实是"一个适合哈佛大学的事业"，"来自不同领域的众多学者聚集在一起，研究一个地域，只有在一所规模巨大的大学里才能实现"。从哈佛大学的角度来看，虽然区域研究中心的体制和实际运转还远谈不上完美，但"仍然会成为 20 世纪末哈佛大学更为重要的一部分。这些中心对已经创立的院系和学科的重要影响将会不断展现出来"④。在此之后的 20 世纪五六十年代，俄国研究中心在外部资助特别是政府资助大幅提高的背景下得到了"令人惊叹的发展"，其中一个重要的变化是俄国研究中心与苏联之间的学术交流开始启动并日渐频繁，这为加深对苏

① [美] 罗杰·L. 盖格：《研究与相关知识——第二次世界大战以来的美国研究型大学》，张斌贤、孙益、王国新译，河北大学出版社 2008 年版，第 55 页。
② [美] 罗杰·L. 盖格：《研究与相关知识——第二次世界大战以来的美国研究型大学》，张斌贤、孙益、王国新译，河北大学出版社 2008 年版，第 55 页。
③ [美] 罗杰·L. 盖格：《研究与相关知识——第二次世界大战以来的美国研究型大学》，张斌贤、孙益、王国新译，河北大学出版社 2008 年版，第 57 页。
④ [美] 莫顿·凯勒、菲利斯·凯勒：《哈佛走向现代：美国大学的崛起》，史静寰、钟周、赵琳译，清华大学出版社 2007 年版，第 135—136 页。

联的认识和了解进而提升其学术水平和政策研究能力提供了助力。①

俄国研究中心在这一时期的发展经历在很大程度上反映了同期大学智库的发展状况。作为新生事物，这一时期大学智库在运行方式和机制领域仍处于探索之中，不同利益方基于各自的考虑对大学智库的职能也有不同的认识。例如，作为智库母体的大学，在很大程度上将大学智库视为一种新的科研组织形式，如时任哈佛大学校长内森·普西（Nathan Pussy）将俄国研究中心这种以"中心"命名的机构描述成"围绕共同的兴趣，用于从不同学科和学系聚集学者的管理策略。中心是推动符合领域研究的跨学科攻关的手段"。也就是说，大学对这种中心式的新式机构的定位仍是学术性或研究性的，更加强调知识的探索，并且认为探索新知识"就是从现在日益从事那些超越了早先划定了研究边界领域（即学科）的传统界限的领域的研究……本质上各种中心引导被资助的学术研究是为了未来的目的"。但是，中心的主要资助者卡内基基金会"意在将更大的学术注意集中在苏联方面。鉴于苏联在二战后世界格局中的重要性，研究中心详细论述迫切需要更多更好的有关苏联的信息。卡内基基金会特别有兴趣使哈佛承担这样的任务，因为哈佛的卓越地位将给予这个领域以合法性"②。这样一来，俄国研究中心的工作目标就被划分为两个方面："中心的主要目标是增强对苏联的理性理解……中心还有对多学科的持久任务——通过沟通学科边界提供新的阐释和新的方法论。这样的任务沿着两个独立的轴产生了张力：在学术知识和未来目的之间，在多科性和部门联系之间。"而且，这些张力并非俄国研究中心所独有，而是那些超越学术目的的跨部门机构本身固有的。这些张力在俄国研究中心的演变方式，在其他中心也同样存在。③

---

① Davis Center for Russian and Eurasian Studies, "History", 2019-01-16, see https://daviscenter.fas.harvard.edu/about-us/history.

② ［美］罗杰·L. 盖格：《研究与相关知识——第二次世界大战以来的美国研究型大学》，张斌贤、孙益、王国新译，河北大学出版社 2008 年版，第 54 页。

③ 参见［美］罗杰·L. 盖格：《研究与相关知识——第二次世界大战以来的美国研究型大学》，张斌贤、孙益、王国新译，河北大学出版社 2008 年版，第 55 页。

作为以政策研究为主要职能的机构，大学智库和其他智库同样面临着如何处理智库研究活动与外部特定需求、智库成员的政治倾向和学术研究所要求的客观性等一系列双向关系问题。在大学智库产生初期，很多大学智库基于学术角度的考虑，尤其强调智库研究的中立性，如俄国研究中心就曾明确表示"不参加定向研究，不雇佣适合指定研究的专业职员，同时强调严格坚持'公认学科的学术成就标准'"①。这实际上反映出俄国研究中心在寻求和保持自身独立性、避免在受资助研究项目和开展和成果产出上出现不适宜的"强功利色彩"方面的立场，因为学者们往往"关注保留研究选择的自由，避免必须'选择'迅速和确定的'实验'"。但实际上，即便是这些学者也认识到，"一个人接受外部研究资助意味着'特定类型的研究输出，指定的具体可见的成果'"。②

除研究的导向性外，这一时期大学智库对如何把握成员的政治倾向、政治行为与其学者身份的关系，也处于探索阶段。俄国研究中心就有这样一则案例。俄国研究中心的主任助理、历史系兼职助教休斯（H. Stuart Hughes）在 1948 年的美国总统大选中，积极支持候选人亨利·华莱士（Henry A. Wallace）。一般情况下，学者公开表明对某一位候选人的支持或反对立场是非常常见的，并不会引起所在院校的关注，但很棘手的问题是，华莱士，这位罗斯福政府时期的副总统在 1946 年脱离了民主党，组建了左翼政党进步党，并在 1948 年竞选中提出了与苏联开展更紧密合作的政见。作为俄国研究中心主任助理的休斯，在大选中选择支持对苏联表示友好的候选人华莱士，这两点的结合很快引起了俄国研究中心及其资助者卡内基基金会的关注，尤其是后者对此"局促不安"。时任哈佛大学教务长的保罗·巴克（Paul Buck）为此曾建议休斯"先做自己历史研究，创建一个好的学术声誉，然后再投入政治活动"，但显然休斯没有接受这一建议。最终，卡内基基金会收回了原计划供休斯成为历史系全职助教的

---

① ［美］罗杰·L. 盖格：《研究与相关知识——第二次世界大战以来的美国研究型大学》，张斌贤、孙益、王国新译，河北大学出版社 2008 年版，第 55 页。

② ［美］罗杰·L. 盖格：《研究与相关知识——第二次世界大战以来的美国研究型大学》，张斌贤、孙益、王国新译，河北大学出版社 2008 年版，第 54—55 页。

经费，休斯后来也离开了俄国研究中心。①

　　经过最初十余年的摸索后，自 20 世纪 50 年代末起，美国大学智库的发展开始加速。这在很大程度上受到国际格局变化的影响。1957 年 10 月，苏联成功地将第一颗人造地球卫星送上太空。这一事件震惊美国朝野，政府和民众都感到了强烈的危机意识，呼吁要全面检讨对外政策，以确保美国在国际竞争特别是对苏竞争中的优势地位。1958 年，美国参议院外交委员会根据美国第 85 届国会参议院第 336 号决议，决定"对美国的外交政策进行一次充分而全面的研究"。参议院授权外交委员会在指导这项研究时"得利用私人组织、学校、研究所以及个人的经验、知识以及建议"，同时"得为达到此目的而签订合同"。外交委员会据此于 1958 年 10 月拟定了 15 个研究课题，委托相关机构进行研究并提出报告。在这 15 个研究课题中，大学智库承担的课题有：（1）锡拉丘兹大学马克斯威尔公民与公共事务学院承担"美国外交政策执行"；（2）哈佛大学国际事务研究中心承担"意识形态领域的冲突及其变化，冲突的表现及其目前与将来可能对美国外交政策发生的影响"；（3）麻省理工学院国际研究中心承担"比较不发达和不承担义务国家的经济和社会情况，及其对美国外交政策的意义"；（4）约翰·霍普金斯大学华盛顿对外政策研究中心承担"军事技术发展及其对美国战略和外交政策的影响"；（5）宾夕法尼亚大学外交政策研究所承担"美国对西欧的外交政策"；（6）哥伦比亚大学俄罗斯研究所承担"美国对苏联和东欧的外交政策"；（7）西北大学非洲研究处承担"美国对非洲的外交政策"。②15 项研究课题中，委托给大学机构承担的有 7 项，约占一半。"可见，在（20 世纪）50 年代末 60 年代初，置身大学之内的智库占有举足轻重的地位。其后，大大小小的新型智库又不断建立，但大学作为最稳定的一种组织，其相关研究机构……依然是极重要的一支'方面军'。"③

---

① ［美］莫顿·凯勒、菲利斯·凯勒：《哈佛走向现代：美国大学的崛起》，史静寰、钟周、赵琳译，清华大学出版社 2007 年版，第 135 页。

② 任晓：《第五种权力：论智库》，北京大学出版社 2016 年版，第 53—54 页。

③ 任晓：《第五种权力：论智库》，北京大学出版社 2016 年版，第 54 页。

1958 年，美国参议院外交委员会的研究资助计划对这一时期及此后大学智库的发展起到了重要的示范和推动作用。在此之前，大学智库的主要资助者是基金会，从这时起，政府开始加入资助大学智库的行列中来，从而进一步强化了这些机构的智库属性和智库职能。

哈佛大学国际事务研究中心就是这一时期兴起的一个著名的大学智库。推动该中心成立和发展的一系列内外部因素，实际上在很大程度上也代表了影响这一时期发达国家大学智库发展的主要因素。哈佛大学国际事务研究中心的成立酝酿于 20 世纪 50 年代。从大学内部因素来看，20世纪 50 年代，哈佛大学对加强跨学科研究、国际关系及相关领域研究的需求日益旺盛，哈佛大学文理学院在 1954 年、1956 年和 1958 年先后形成了 3 份与此相关的内部报告。时任文理学院院长的麦克乔治·邦迪（McGeorge Bundy）为此做了大量的工作。从外部因素来看，福特基金会的推动、冷战格局对美国国际关系与外交政策需求的提高、国际上去殖民化趋势和新兴国家的出现、政府与学术机构关系的日益密切、学术界对艾森豪威尔政府外交政策的不满等，也对大学组建新的、更为专业的国际关系和外交事务政策研究机构产生了重要的驱动作用。① 在一系列内外因素的影响下，1958 年，哈佛大学国际事务研究中心正式成立。首任主任罗伯特·鲍伊（Robert R. Bowie）早年毕业于哈佛大学法学院，1958 年接受邦迪院长聘请，先后任哈佛大学法学院教授和美国国务院政策规划部门主管，具有政、学两个领域的丰富经历。首任副主任是后来广为人知的亨利·基辛格（Henry A. Kissinger）。在鲍伊和基辛格的领导下，中心的治理架构逐渐完善（陆续组建了顾问委员会和行政委员会等），研究领域得以明确（确立了 5 个政策研究领域，包括：欧洲关系、经济与政治发展、军备控制、国际组织、远东），还从校内外聘请相关领域的学者组成了最初的学术团队。这支团队的阵容堪称"豪华"，包括爱德华·梅森（Edward

---

① Howard J. Wiarda, *Harvard and The Weatherhead Center for International Affairs: Foreign Policy Research Center and Incubator of Presidential Advisors*, Lanham: Lexington Books, 2010, pp. 32-33.

Mason）、托马斯·谢林（Thomas Schelling）、雷蒙德·弗农（Raymond Vernon）、布热津斯基（Zbigniew Brzezinski）、萨缪尔·亨廷顿（Samuel P. Huntington）、约瑟夫·奈（Joseph Nye）等。鲍伊和基辛格对中心的设立目标、职能、研究领域的明确，以及高水平学术队伍的组建，使得国际事务研究中心在 20 世纪 60 年代大放异彩，推出了一系列重量级的学术和政策研究成果，并在此后始终走在发达国家大学智库的发展前列。

除美国外，欧洲各国和日本等发达国家的大学智库也在这一时期逐渐兴起。英国伦敦政治经济学院的国际关系系成立于 1927 年，20 世纪 30 年代，在菲利普·贝克（Philip N. Baker）的领导下创立了国际关系学科。20 世纪 60 年代，伴随着冷战格局的升温，英国政府和社会对国际关系和外交事务领域的政策研究需求日益旺盛，伦敦政治经济学院的国际关系研究由此步入新阶段。这一时期领导该学院国际关系研究的学者是杰弗里·古德温（Geoffrey Goodwin）和弗雷德·诺斯奇（Fred Northedge），以他们为核心的学术团队将伦敦政治经济学院的国际关系研究推向了新高度；1967 年，国际研究中心的设立标志着伦敦政治经济学院在智库建设领域步入了新的历史阶段。[①] 德国的柏林自由大学、法国的巴黎政治学院等欧洲著名大学也都在二战后开始尝试智库建设。

在日本，北海道大学是二战后较早涉足智库发展的高校之一。该校在 1947 年设立俄罗斯语言文学讲座，由此成为日本国立大学中最先设立此类讲座并开展斯拉夫语言文化和相关领域教学、研究活动的大学。斯拉夫语言学者木村彰一成为北海道大学斯拉夫研究的奠基人。20 世纪 50 年代，北海道大学校长衫野木晴贞和法学部教授尾行典男倡议成立一个集研究人文社会科学各领域为议题的综合性斯拉夫地区研究机构，同时美国洛克菲勒基金会也表达了资助北海道大学设立苏联和东欧国家研究机构的愿望，这些因素共同促成了 1953 年北海道大学斯拉夫研究室的成立，这也是后来北海道大学斯拉夫研究中心的前身。洛克菲勒基金会向北海道大学捐赠了价值约 500 万日元的图书和文献资料，为研究室相关工作的开展提供了

---

① 冯绍雷：《国外高校国际研究院——比较研究》，上海人民出版社 2011 年版，第 108 页。

文献基础。成立之初的斯拉夫研究室地位尚不稳定，其成员主要是北海道大学内外的兼职研究员，活动经费主要依靠文部省拨付的科研经费。1955年改制之后，斯拉夫研究室有了正式的人员编制，包括1名副教授和1名助理。这些专、兼职研究人员合作开展了一系列关于苏联内政、外交的研究，其成果在日本乃至国际社会开始产生影响，斯拉夫研究室也由此被更多的人所关注。在各方力量的共同努力下，斯拉夫研究室逐渐从虚体化机构向实体化机构转变，研究方向也逐渐扩展。1957年，斯拉夫研究室设立了经济研究方向，1964年设立了历史研究方向。与此同时，斯拉夫研究室还创办了自己的学术刊物《斯拉夫研究》。除北海道大学外，东京外国语大学于1964年设立了亚非语言文化研究所，京都大学于1965年设立了东南亚研究中心。这些机构在此后的发展中也陆续承担起政策研究职能，具有了大学智库的性质。

从二战结束到20世纪60年代，大学智库在发达国家的智库领域已经占据了重要地位并且取得了引人注目的成绩。尽管在发展过程中，大学智库还面临着这样那样的困难与挑战，智库的机构完善程度仍有待提高，智库的职能和大学职能的关系也有待进一步捋顺，但其发展的迅猛势头已展露无遗。

第二节　20世纪七八十年代发达国家大学智库的繁荣

进入20世纪70年代后，随着国际局势和各国内政、外交方面出现的深刻变化，智库群体在发达国家决策过程中的作用日益凸显，政府和社会对智库的依赖程度进一步加深，现代智库由此在发达国家经历了约20年的快速繁荣阶段。有学者将这一时期美国智库的发展特征界定为"爆炸式"[1]，其他发达国家的情况也与此大致类似。具体到大学智库，经过二战后20余年的探索，发达国家的大学智库逐渐确立了自身在智库领域的地

---

[1]　王莉丽：《旋转门——美国思想库研究》，国家行政学院出版社2010年版，第46页。

位，其影响力也日益得到政府和社会各界的重视。在此基础上，20 世纪七八十年代，发达国家的大学智库进入快速繁荣的发展阶段，众多智库性机构在大学里纷纷涌现，智库职能更加明确，运行和治理方式更趋完善，智库成果也更加具有竞争力。

一、20 世纪七八十年代发达国家大学智库的发展背景

20 世纪七八十年代，冷战持续蔓延，国际局势变化万千，各发达国家也在内政、外交领域出现了一些新的挑战和机遇。同时，这一时期也是各国高等教育的重要转折期，高等教育的人才培养、科学研究和社会服务职能均处于深刻的变革进程中。这些因素均对同时期发达国家大学智库的发展产生了重要影响。

作为发达国家和西方世界的"领头羊"，美国在这一时期经历的一系列变化或许更有代表性。20 世纪七八十年代是美国政治、经济、文化的重要转折期，尽管总体上发展较为平稳，但也面临着巨大的内外部压力。从国际格局来看，一方面，美苏两大阵营之间的对抗形势出现了转折式变化。20 世纪 70 年代，美苏两国的对抗格局有所缓和，两国高级首脑在这一时期进行了多次会晤，签署了 100 余项条约、协定。当然，这是美国政府为应对其他领域的挑战而选择的"收缩"性决策，而苏联则在 20 世纪 70 年代采取了"扩张"性策略。这种情况在 20 世纪 80 年代出现了急剧变化，随着里根主义的提出和实施，两国对抗的情势再度加剧。在激烈对抗的情况下，苏联在 80 年代开始衰落，经济情况每况愈下，甚至跌入谷底。这一过程中，两国关系反而从紧张再度走向缓和。1989 年，美苏两国领导人"马耳他会晤"的举行标志着两国关系进入全面和解的新时期，冷战终结的曙光已经到来。美国政府的对外政策特别是对苏政策在这 20 年间处于不断调整变化之中，无疑也更加倚重包括智库在内的各方智力支持。另一方面，在应对苏联的同时，美国的对华政策在这一阶段也出现了较大调整。以 1972 年尼克松访华为标志，中美两国关系迅速缓和，各领域的合作交流开始变得频繁起来。在这一过程中，美国对华政策的酝酿、

制定、调整、实施等也需要来自智库的支持。除了对苏、对华这两大关系外，美国在这一时期还必须应对西方国家阵营内部特别是日本、欧洲各国经济和社会快速发展的挑战。

从美国国内形势看，20世纪70年代的美元危机、粮食危机尤其是能源危机等，触发了美国经济长期高速发展过程中被掩盖的不利因素，造成美国经济在70年代进入一段延续时间相对较长的"滞涨"时期。国内需求下降，生产制造业优势被德国、日本赶超，民众对政府政策的不满情绪升温。在政治领域，"由于两大政党选举中状况频出，而导致美国民众对国家的政治热情低落。两大政党为了谋求竞选中的胜利，同时处理好纷繁复杂的国际、国内问题，都非常希望有专业的政策研究组织来为之排忧解难，使得政党可以借助这些智库组织来美化自我形象，同时促进政党与民众的良好沟通，引导舆论，争取民心"[1]。这一系列因素对智库发展来说起到了重要的推动作用，造成了20世纪70年代后智库的迅速繁盛，而且为以政策倡导型为代表的智库群体的发展提供了重要契机。有学者曾评论说："20世纪70年代早期政策倡导型思想库（即智库）的增长，不仅为政策专业知识的政治化做出了贡献，而且改变了智囊机构和政府之间的关系。当更多的智囊机构开始参与决策圈的时候，它们为增加可见度所采取的战略发生了戏剧性的变化。现在智囊机构在政治舞台中不得不进行思想竞争的环境里，它们优先考虑的事情开始发生变化。为决策者提供及时的和政策相关的建议，而不是从事长期的学术研究成为这一代智囊机构的主要任务。"[2]这一转变对大学智库的影响更为直接，大学智库此前的纯粹学术倾向在这一时期由此开始发生变化——为了赢得智库领域的竞争优势，从政府和社会获得更大的发展支持和生长空间，一部分大学智库调整了研究活动的关注点，向着为政府决策提供更为现实和直接的服务的方向进行积极尝试。

20世纪七八十年代，美国大学的生存环境也发生了剧烈变化。在经

---

① 李建军、崔树义：《世界各国智库研究》，人民出版社2010年版，第34页。

② 王莉丽：《旋转门——美国思想库研究》，国家行政学院出版社2010年版，第47页。

过二战后特别是 20 世纪 60 年代的黄金时代后，20 世纪 70 年代，美国经济"滞涨"给高等教育带来了严峻的经费问题，克拉克·克尔（Clark Kerr）甚至断言"高等教育已经度过它的黄金时代而过渡到幸存的时代"，而"忧虑的主要源泉来自政府不断的干扰和持续的财政压力"。① 即使是拥有巨大声望的研究型大学，也出现了非常严重的资金问题。如哈佛大学 1970 年发布的一份报告中就提醒说："新校长可能会面临一些严重的财务困难。与广泛的需求相比，资金一直都是稀缺的，这问题还可能变得更为紧张。在未来 10 年，哈佛的管理机构将要面临艰难的抉择，以确定哪些活动会维持原状，哪些活动减少，甚至取消。"② 这一提醒也确实符合后来的发展形势。实际上，"20 世纪 70 年代，股票市场萧条、持续的高通货膨胀率、紧缩的联邦政府支持以及骤减的校友捐赠，都使哈佛的财务状况恶化"③。财务状况的恶化迫使大学必须做出反应。作为应对的可行策略之一，很多大学开始更加重视自身的社会服务职能，利用自身雄厚的学术和智力资源，和大学以外的机构（包括政府和经济部门）开展广泛的合作，以此获得更多的经费支持，从而为缓解自身的财务危机提供助力。很显然，大学智库在这一过程中能够（事实上也的确如此）扮演重要的角色。这也在一定程度上解释了 20 世纪七八十年代发达国家大学智库日趋繁荣的原因。当然，发展大学智库不仅仅是大学一厢情愿的结果，也符合社会的期许。在内政、外交问题频生的时代，"国家对于已经发生的研究展望"出现了"决定性变化"，"人们已经从对创造知识的关注迅速转移到理论与实践相结合的问题，以及把它用于现在困惑美国社会的难以处理的问题。这种刺激产生了各种各样的反应。尼克松当局，通过国家卫生研究所，对癌症进行宣战，然后迫使国家科学基金会建立国家自然科学基金会应用于

---

① ［美］罗杰·L. 盖格：《研究与相关知识——第二次世界大战以来的美国研究型大学》，张斌贤、孙益、王国新译，河北大学出版社 2008 年版，第 297 页。

② ［美］莫顿·凯勒、菲利斯·凯勒：《哈佛走向现代：美国大学的崛起》，史静寰、钟周、赵琳译，清华大学出版社 2007 年版，第 527 页。

③ ［美］莫顿·凯勒、菲利斯·凯勒：《哈佛走向现代：美国大学的崛起》，史静寰、钟周、赵琳译，清华大学出版社 2007 年版，第 528 页。

国家需要的研究计划项目。在大学里，要求纯粹（研究）和（现实）关联的潜在的冲突通过集中在当前标准主题目录上——贫困、种族、城市问题和环境保护而得到和解。社会责任的拥护者不再辩护认为进行企业研究将会服务于一个有益的社会目的，也不认为新产品的开发或生产技术的改进与公共福利有什么关系。学校和企业之间的裂痕是如此宽阔以至于《高等教育编年史》随便地用冷战的语言描述：'学术界和商业开发的道路趋于缓和'"。①

综上所述，来自大学外部和内部影响种种因素，为20世纪七八十年代发达国家大学智库的发展带来了挑战，但也提供了机遇。在挑战与机遇面前，已经从智库的发展中获益的大学开始以更坚定的立场为智库的壮大提供环境、政策和制度支持，而附属于大学的智库机构在经过二战后到20世纪60年代的探索后，也进一步建立和强化了身份认同和职能自信。在这种背景下，发达国家大学智库进入20世纪七八十年代的快速繁荣时期。

二、20世纪七八十年代发达国家大学智库的发展状况

20世纪七八十年代，发达国家大学智库进入快速繁荣阶段，具体表现为：新的大学智库不断涌现，规模日益壮大，尤其是国际关系、外交事务、区域研究等性质的智库机构在各国政策需求旺盛的大背景下突飞猛进，成为这一时期大学智库发展的一大亮点，同时从大学智库中产出了一大批具有深远影响的标志性成果，进一步提高了大学智库的地位和影响力。

在大学内部和外部诸多因素的共同作用下，很多大学将发展智库作为20世纪七八十年代提高学校竞争力的重要手段，因此带动了一大批智库机构的出现。哈佛大学是其中的典型代表。1971—1991年担任哈佛大学校长的德里克·博克（Derek Bok）是世俗化的坚定支持者，在他担任校

---

① ［美］罗杰·L.盖格：《研究与相关知识——第二次世界大战以来的美国研究型大学》，张斌贤、孙益、王国新译，河北大学出版社2008年版，第330页。

长的 20 年里，哈佛大学参与公共事务的广度和深度都大大提升，而智库作为大学参与公共事务的重要平台，也在博克任内的哈佛大学得到了迅猛发展。实际上，这也是二战以来哈佛大学趋向世俗化的体现。尽管向世俗化的转变"并不意味着哈佛大学抛弃了其根深蒂固的精英化特性，及其贵族化大学的传统"，但"二战之后，哈佛大学的教职人员确实投身于公共事务之中，这是明显的事实……在 20 世纪末世俗化已然成为文化界的主流，哈佛大学不仅是广阔社会的观察者，而且还是社会事务的参与者。此时，对于充斥着精英主义论调和强调贵族气质的哈佛大学，其投身社会的世俗化倾向也在迅速扩张"。①

作为世俗化的支持者，博克对当时一些传统主义者批判大学里专门的研究性机构的论调并不认可。这些传统主义者认为："尽管这些研究机构的目的是要解决社会问题，或是为了提高人类对世界其他领域的认识，但是这种鱼目混珠的机构，打着堂而皇之的招牌，配备的人员都是些才智非常平庸的学者，因此人们很容易持怀疑的看法。"博克对此并不以为然，他指出："这种指责很大程度上应该是针对那些建立此种机构的草率的做法，而不应针对研究机构的性质。事实上，在研究机构以及其他类似的组织中，许多工作都做得很好。如果管理得当，此类活动能够使教授们摆脱诸多涉及研究经费寻求和管理方面烦琐拖拉的官僚主义束缚。更为重要的是，研究所能够发挥有益的作用，能把不同学科的优秀学者集中起来，否则他们可能会在陷入困境的专业系科中挣扎。"博克进一步强调："诚然，此类机构几乎是现代大学中有助于建立当代不同知识和学术领域之间联系的唯一组织模式。研究所如果必须存在于大学之外，那么它就不可能再发挥这种综合性功能；再者，研究所会比专业学院更难以吸引富有创造力的人才，更难以提供必要的科研工作条件，如图书馆设施和研究生配备等。在这种情况下，一些有价值的东西会再度丧失。"②

① [美] 莫顿·凯勒、菲利斯·凯勒：《哈佛走向现代：美国大学的崛起》，史静寰、钟周、赵琳译，清华大学出版社 2007 年版，第 493 页。

② [美] 德里克·博克：《走出象牙塔——现代大学的社会责任》，徐小洲、陈军译，浙江教育出版社 2001 年版，第 82—83 页。

作为一名大学校长，博克深刻认识到大学及其成员绝不能置身于公共事务之外。在博克看来，参与公共事务是现代大学的责任和义务，大学里的学者也应该承担起利用自己的学识服务于外部世界的使命。博克曾说："我们对教师们就一些当务之急的具体问题所提出的社会性批评和专家意见有何看法呢？此类任务同样可以留给专业研究所、咨询公司，甚至有创见的新闻记者和作家去完成。但是，这种办法是要付出代价的。有些重要的技术建议只能是由从事新领域科学研究的科学家们提出。例如，一名杰出的生化学家能够就 DNA 重组研究的长远意义向一家制药公司提出建议，而其他的一些咨询性建议和社会性批评则需要经过几年的研究和探讨，这是一种脱离大学环境所不易实现的研究活动。由此看来，最有资格向政府提供有效的世界边远国家政治、经济发展趋势中期研究成果的经常是大学里的学者。"[①] 博克的这番论述，不啻为支持大学智库发展的宣言书。

事实证明，博克主政的 20 年的确是哈佛大学智库发展史上的一个黄金年代。这一时期，哈佛大学在智库建设领域表现最为突出的当属肯尼迪政府学院（John F. Kennedy School of Government，简称"肯尼迪学院"）。肯尼迪学院的前身是哈佛大学于 1936 年组建的"公共管理研究生院"（Graduate School of Public Administration）。1966 年，为纪念遇刺身亡的肯尼迪总统，公共管理研究生院正式更为现名。同年，学院首个公共政策研究机构——政治研究所宣告成立。政治研究所的创建不但拉开了肯尼迪学院智库建设的帷幕，而且以其在公共政策研究领域迅速提升的影响力成为学院智库建设的良好范本。20 世纪六七十年代，政治研究所在纽斯达特的领导下，很快成长为声名远播的哈佛大学乃至全美的公共政策和政治事务研究重镇。

在政治研究所的示范作用下，肯尼迪学院在这一时期加快了智库建设的步伐。1979 年，"科学与国际事务中心"以常设机构的形式并入肯尼迪学院。该中心迅速在美国国家安全战略研究领域产生广泛影响，并深度介

---

① ［美］德里克·博克：《走出象牙塔——现代大学的社会责任》，徐小洲、陈军译，浙江教育出版社 2001 年版，第 83 页。

入很多重大安全事务的决策过程中。直至今日，该中心仍然是肯尼迪学院乃至哈佛大学最著名的智库，在近年来的全球大学智库排行榜中始终居于首位，继续在美国乃至全球安全政策和军控等研究领域保持着巨大的影响力。进入 20 世纪 80 年代后，肯尼迪学院的智库建设进一步加速，10 年间又陆续成立了 6 个智库机构，包括：1982 年成立的穆萨瓦-拉赫马尼商业与政府中心（Mossavar-Rahmani Center for Business and Government），1985 年成立的住宅联合研究中心（Joint Center for Housing Studies），1986 年成立的埃德蒙·J.萨夫拉伦理中心（Edmond J. Safra Foundation Center for Ethics），1988 年成立的塔伯曼国家与地方政府中心（Taubman Center for State and Local Government）和马尔科姆·维纳社会政策中心（Malcolm Wiener Center for Social Policy）等。学院的智库力量更加充实，研究领域覆盖范围更加广泛，影响力也与日俱增。

哈佛大学肯尼迪学院在 20 世纪七八十年代的智库建设经历，在一定程度上折射出这一时期发达国家大学智库的发展轨迹。对美国的其他大学，以及欧洲和日本等发达国家或地区的大学来说，这一时期的智库建设均呈现出蓬勃发展的态势。概言之，20 世纪七八十年代，发达国家大学智库充分利用各国政府越发重视智囊机构的历史机遇，直面大学内部的挑战，走出了一条以智库建设支持大学母体发展的成功道路，为其在 20 世纪 90 年代冷战格局结束后的多样化和深入发展奠定了良好的基础。

第三节　20 世纪 90 年代以来发达国家大学智库的多样化发展

20 世纪 90 年代以来，发达国家大学智库呈现出明显的多样化发展态势。这一方面与冷战结束后国际形势的变化有关，另一方面是因为世界各国面临的发展问题特别是全球性问题日益突出，逐渐上升为各国需应对的主要挑战。与此同时，发达国家大学在 20 世纪 90 年代以来自身的一些发展也对这一时期大学智库多样化特征的凸显产生了影响。

受上述因素驱动，20 世纪 90 年代以来，发达国家大学智库公共政策研究领域由原来的以国际事务和外交关系为主，逐渐拓展到几乎所有的公共事务方面。尤其是与经济发展、环境保护、教育改革、社会治理等相关的智库，从无到有、由弱至强，成为这一时期发达国家大学智库的重要组成部分。

一、20 世纪 90 年代以来发达国家大学智库的发展背景

20 世纪 80 年代后期，自二战结束以来形成的以美苏争霸为表征的冷战格局逐渐松动；1989 年，美苏领导人在马耳他举行的峰会上宣告冷战结束；1991 年 12 月 25 日，苏联解体，国际社会由此正式告别了冷战时代。冷战结束的影响是世界性的、全局性的。首先，随着苏联的解体，美国成为世界上唯一的超级大国，其谋求全球霸主地位的决心更加强烈，其对外政策的关注点也由原来的以苏联阵营为主转移到更广阔的国际范畴；其次，美苏对抗格局终结后，无论是西方发达国家，还是新型工业国家，抑或第三世界国家，都普遍将发展经济摆在了更加重要的地位，而新技术革命的兴起也助推了全球经济发展；再次，在国际政治和国际关系方面，后冷战时代原来被美苏对抗所压制和掩盖的问题开始浮出水面；最后，全球化进程开始加速，尽管各国在各个层面的竞争依然存在，但国际交流与合作已经成为新的时代主题。"随着全球化脚步的不断加快，各国之间形成了既存在竞争、又存在合作的微妙局面，而谋求经济的进步已经成为各国之间的共识。经济上的往来极大地推动了国际间的文化交流。智库作为各国政府的头脑先遣军，其研究的视野与范围也不断拓宽，逐步形成了面向国际事务、区域事务和国内事务的多层次体系。"[1]

实际上，这只是智库领域发生变化的一个方面，除了层次体系走向多样化以外，智库关注的议题领域也空前广泛起来，从原有的政治、外交、国家安全等传统领域，逐步扩展到经济、社会、环境、教育、人口、健康

---

[1] 李建军、崔树义：《世界各国智库研究》，人民出版社 2010 年版，第 73 页。

等诸多领域，而且视野也不局限于一国、一地，有了非常明显的全球化特征。在这一方面，美国的智库表现得尤为明显。"20世纪90年代至今，美国思想库的发展进入全球拓展时期。美国人向来以上帝的选民自居，认为自己的天赋使命就是领导世界。冷战结束后，整个世界在政治、经济、文化和社会各个领域出现了结构性变化，全球化趋势日益加深，世界各国相互依存程度日益提高，美国的国家利益也在不断延伸。在这种全球化的国际大背景下，美国思想库开始拓展全球市场，并且极为注重网络媒体的影响力。"①

在全球化的国际大背景下，智库面临着新的历史机遇和挑战。"全球化发展使得整个世界更加融合，越来越多的经济、社会和政治问题成为国际上重要的问题，导致经济社会研究、政策建议和倡导分析必须越来越多地考虑超国家范围。这意味着智库需要转型，不是只重视国内政策制定议程和国内思想市场竞争。这种转型会影响智库的许多方面，包括：议程设置、资金筹集、竞争、外部联盟、内部组织和管理、沟通、宣传推广等。"② 可以说，在全球化背景下，国际化已经成为20世纪90年代以来各国智库最主要的发展方向和典型特征。这一时期，贸易、科技、金融和媒体都可能不再是地方性事务，世界逐渐联结成了一个相互影响、不可分割的"地球村"。在这个大"村庄"里，影响国家利益的许多因素来自国门之外，国际智库也往往会将视野投向所在国家和地区之外的广阔的国际场域。国际智库的全球化趋势很显然会对这一时期发达国家大学智库的整体走向产生重要影响。

20世纪90年代以来，国际智库领域的另一个突出变化是，除美国智库继续保持良好的发展态势外，世界各国智库都普遍呈现出繁荣之势。原本就拥有众多智库的美国又相继产生了一些新的智库，如美国进步中心（Center for American Progress）、新美国安全中心（Center for a New American Security）等。随着欧洲一体化进程的加速和欧盟范围的扩大，欧洲也

---

① 王莉丽：《旋转门——美国思想库研究》，国家行政学院出版社2010年版，第139页。

② 赖先进：《国际智库发展模式》，中共中央党校出版社2017年版，第248页。

涌现出一批着重研究欧洲地区范围事务的新智库，这些智库主要集中在布鲁塞尔，包括欧洲政策研究中心（Center for European Policy Studies）、欧洲政策中心（European Policy Center）等。英国的智库也在这一时期继续向前推进，成立了外交政策中心（Foreign Policy Center）、欧洲改革中心（Center for European Reform）等。在亚洲，日本、韩国的智库产业也突飞猛进。20世纪90年代以来，日本相继创办了环日本海经济研究所、东京财团、国际公共政策中心、宫本亚洲研究所等智库，韩国则组建了东亚研究院、峨山政策研究院等智库。可以说，智库产业在全球范围内都得到了相当程度的发展，这无疑对发达国家大学智库的进一步提升起到了引导和激励作用。

20世纪90年代以来，主要发达国家的高等教育自身的变迁同样是影响这一时期大学智库发展的重要因素。这一时期，世界高等教育发展出现了许多新动向，包括高等教育的信息化、国际化，以及创业型大学的飞速发展等。高等教育的信息化是信息技术在高等教育领域广泛应用的具体体现。"20世纪90年代，随着信息技术的发展，世界进入信息化时代。以国际互联网为标志的信息革命席卷全世界，深刻地改变着人类社会的生产、生活和思维方式。现代信息技术彻底改变了知识的创造、收集、储存、传播的方式。信息技术和互联网的发展对教育产生了深刻的影响。使教育的观念、内容、方法、结构发生着革命性的变化。"[1]信息化为各国高等教育之间的广泛交流和密切合作提供了技术平台，资源共享成为这一时期高等教育发展的一个重要特征。高等教育国际化是教育全球化的主要表现形式，其要点是开放性；各国"通过人员的国际交往、信息交流、国际技术援助和合作，吸收、借鉴世界各国高等教育办学理念和办学模式，从而达到提高人才培养质量，推动本国高等教育现代化进程，实现人类相互理解和尊重的目的"[2]。

---

[1]　顾明远：《世界高等教育发展的基本趋势和经验》，《北京师范大学学报（社会科学版）》2006年第5期。

[2]　顾明远：《世界高等教育发展的基本趋势和经验》，《北京师范大学学报（社会科学版）》2006年第5期。

　　创业型大学的兴起是各国加强大学与社会的联系、进一步凸显大学社会服务职能的产物。"这个概念还带有'事业'的含义——即在需要很多特殊活动和精力的建校工作中的执着的努力。在创建新的事业而结果还拿不准的时候敢于冒风险是一个重要的因素。一所创业型的大学，凭它自己的力量，积极地探索在如何干好它的事业中创新。"①创业型大学的重要特点在于：它尝试改革院校的行为方式，增强灵活反应的机制；它努力在市场上寻找有利的机会，以寻求院校特有的身份，并且试图进行组织特征上的实质性变革。就大学组织构成要素的创新而言，创业型大学意味着为院校改革提供多种可选择的途径和手段。大学组织的创新有利于增加组织机制上的灵活性，其可供选择的组织变革的途径趋于多样，包括争取更多资助、拓展院校边界、推广分化自治的财政制度、增强基层单位自治权等。从知识管理方式变革的角度来看，信息社会中知识的选择和参与程度都有着显著增长，因此只有变革知识管理的方式和探索工具，才能充分满足和应对知识经济提出的新的时代要求。此外，知识的全球化趋势也迫使大学走向其最基本的功能特征，现代大学的科研工作日益成为创业型大学的驱动力量。②

　　要求大学与社会关系的更加紧密，呼吁大学近距离地服务社会，在20世纪90年代以来带来的另一个颇具争议的现象是商业化趋势在高等教育领域的增强。伯顿·克拉克（Burton R. Clark）认为："传统大学面临日益增长的知识总量和社会需求的巨大压力，必须通过转型来扭转大学的不利局面"，而这种转型实质上就是要实现大学更广阔的社会化和更深入的商业化。③学术界普遍认为，对于有着自身学术使命的大学而言，商业化显然是不可取的。但大学是否就必须与商业保持严格的距离和界限呢？对此，博克有着自己的认识："如果商业真与理想大学格格不入，我们理

① ［美］伯顿·克拉克：《建立创业型大学：组织上转型的途径》，王承绪译，人民教育出版社 2003 年版，第 2 页。

② 张丽：《伯顿·克拉克的高等教育思想研究》，华中师范大学出版社 2008 年版，第 237—238 页。

③ 李颖：《慎终如始，防范学术沉沦》，《高校教育管理》2015 年第 2 期。

当全力阻止大学商业化的现象，但商业的概念及做法真如许多教授所想，和学术机构完全沾不上边吗？在排斥商业之前，关心高等教育的人应该扪心自问，企业界的某些优点是否值得大学效法？"①至少在鼓励大学学者开展学术研究方面，某些商业做法是值得大学吸收和借鉴的。美国大学在 20 世纪 90 年代以来尤其重视激发科研人员的学术积极性，加速科研成果的现实转化，其中某些做法就带有商业气息。如美国大学加速科技成果转化的措施，包括：成立专门的科技成果转让办公室，工作人员由学者、经理人和律师等具有丰富的专业知识、营销知识和法律知识的人组成，以充分体现和实现科技成果的价值；在进行科技成果转化时，充分考虑到科研人员的利益，以激发和保护他们的积极性，如哥伦比亚大学规定，凡技术转让收入在 10 万美元以下的，技术发明者可以获得 50%，超过 10 万美元的部分由学校、院、系和技术发明者各得 25%；此外，还有一些大学采取了允许和鼓励大学学者以技术入股开办公司的措施，促进科技成果的转化。②从这些理念和具体举措可以看出，创业型大学的兴起和快速发展，在某种程度上与大学智库的发展理念是有异曲同工之妙的。这些都为 20 世纪 90 年代以来发达国家大学智库的多样化发展提供了鲜明的时代背景。

二、20 世纪 90 年代以来发达国家大学智库的发展状况

20 世纪 90 年代以来，发达国家大学智库最突出的发展特征是"多样化"。这种多样化集中体现在智库的研究领域由原来的以国际事务、对外关系等为主，拓展到几乎所有的公共事务政策研究领域。此外，原来开展智库建设的大学主要是那些有着悠久历史和卓越声望的综合性、研究型大学，这一时期一些区域性大学也开始涉足智库建设，并取得了值

---

① [美] 德里克·博克：《大学何价：高等教育商业化?》，杨振富译，天下远见出版股份有限公司 2004 年版，第 43 页。
② 皮江红：《20 世纪 90 年代以来美国高等教育改革趋势分析——兼论对我国高等教育改革的启示》，《煤炭高等教育》2002 年第 7 期。

得称道的成就。

在智库研究领域的多样化方面，大学智库的表现形式有两种：一种是原来专注于某一领域政策研究的智库，在新的时代背景和社会需求影响下，主动拓展自身的研究领域；另一种则是在这一时期新成立的智库，在设立之初就确定了不同于以往智库传统研究领域的新的研究方向。

哈佛大学肯尼迪学院的贝尔弗科学与国际事务中心是不断拓展自身研究领域，寻求在更广阔领域内提升自身作为智库的影响力水平的典型智库之一。贝尔弗科学与国际事务中心初创于1973年，最初附设于哈佛大学文理学院，1979年并入肯尼迪学院。作为贝尔弗中心的前身，1973年哈佛大学文理学院设立的"科学与国际事务项目"的主要宗旨和工作任务是开展有关核武器和军备控制领域的研究，目的是从理论和实践层面分析冷战时期美苏两国的核威慑和军备竞赛带来的全球性危险，并尝试提出降低危险的策略。该项目的发起人保罗·多蒂（Paul M. Doty）是哥伦比亚大学化学博士、美国国家科学院院士。到贝尔弗中心任职前，多蒂曾任哈佛大学化学系教授，还曾以美国总统国家安全事务特别助理的身份参与核武器控制方面的决策活动。在多蒂的领导下，科学与国际事务项目得以顺利开展，逐渐赢得了外界的关注。1976年，多蒂领导的这个团队设立了"国际安全项目"（International Security Program），并且新增了"科学、技术与公共政策项目"（Science, Technology, and Public Policy Program），研究主题开始拓展到更广泛的领域。1978年，鉴于科学与国际事务项目取得的显著成就，福特基金会向项目提供了资金支持，使其得以由文理学院一个非建制性的项目机构转向肯尼迪学院，成为该学院第一个永久性的研究中心——科学与国际事务中心。1990年，科学与国际事务中心增设"环境与自然资源项目"（Environment and Natural Resources Program）。该项目的设立标志着科学与国际事务中心作为智库机构在研究视野上的高瞻远瞩。从最初的军事安全到广义上的安全，科学与国际事务中心实现了研究领域的极大拓展。科学与国际事务中心充分认识到安全的深刻含义："安全不仅意味着防止军事侵略，还意味着维持足够的食物和水供应，以及公共卫生的保护。这些问题不能从一个学科、一个问题或一个国家的角度来解决，而要求跨越学科和地理边界，整合多种需求和价值观。"① 实际上，也正是在这样的理念驱动下，20世纪90年代以来贝尔弗中心得以不断扩大自身的研究领域，并且充分利用哈佛大学的学术资源提升其政策研究水平，进而确立了在全球大学智库领域的卓越地位。目前，贝尔弗中心已形成了四个较为稳定的研究领域，分别是：外交与国际政治，环境与自然资源，国际安全，科学、技术与公共政策，开展的研究项目涉及能源技术政策创新、气候协议、网络项目、原子能管理、科技与全球化、能源的地缘政治等多个方面。从研究领域的覆盖程度来看，贝尔弗中心已经成为一个"准综合性"的大学智库。

除已有大学智库结合新的外部需求逐渐扩大自身的政策研究和服务领域外，20世纪90年代以来发达国家大学智库的多样化发展，更多地体现在新创办大学智库研究领域的不断丰富方面。尤其是伴随着全球化趋势的加强，这一时期在发达国家出现了一大批致力于运用大学综合学术资源、从多学科交叉和融合角度致力于分析和应对全球化挑战等一系列政策问题的新生智库，这些智库很快就成为大学智库领域的一支重要力量。在这些智库中，耶鲁大学全球化研究中心（Yale Center for the Study of Globalization）较有代表性。

耶鲁大学全球化研究中心成立于2001年，其宗旨是"加强耶鲁大学关于全球化问题的讨论，推动耶鲁大学和政府政策领域的观点交流"。② 在全球化趋势日益明显，全世界几乎所有人、所有国家都无法置身其外的情况下，作为一所具有全球性影响、致力于在国际高等教育领域扮演引领者角色的耶鲁大学深刻认识到全球化对大学内外的重要影响。面对全球化带来的挑战和机遇，耶鲁大学创办全球化研究中心，目的就是要

---

① Belfer Center for Science and International Affairs, "Environment and Natural Resources", 2019-01-23, see https://www.belfercenter.org/program/environment-and-natural-resources#about.

② Yale Center for the Study of Globalization, "About the Center", 2019-01-27, see https://ycsg.yale.edu/about-center-1.

支持那些能够紧抓机遇、克服挑战的思想和观点的产出与传播。该中心的关注点不再是某个国家或某个地区的单个问题，而是将目光投向了世界上最贫困、最弱势的群体，希望通过对现实政策的研究与分析，让这一群体能够分享全球化的红利。当然，耶鲁大学和全球化研究中心都充分认识到，要提出应对上述问题的可行方案，一个观念前提是，这些问题产生的根源往往是世界性的，因此解决方案的提出也必须凝聚全球智慧，只有通过耶鲁大学自身丰富的学术资源，以及来自其他大学和其他国家的专家学者的通力协作，才能够形成更有针对性和更有效地解决这些全球性问题的可行方案。

基于上述认识，自 2001 年成立以来，耶鲁大学全球化研究中心秉持任务宗旨，积极开展与全球发展、金融全球化、多边贸易等问题有关的形势与政策研究，致力于围绕全球公共核心利益提供解决方案。尤其是在与全球公共核心利益相关的问题上，该中心对包括减缓气候变化、维护全球和平与安全等需要全球协调与合作的事项给予了优先考虑。该中心对其涉及的四大支柱战略所做的介绍充分体现了上述工作内容和特点："首先，我们将研究重心放在了全球化真正的核心问题上；其次，中心依靠多种手段——从高度专业化的思想家的头脑风暴，到大规模多学科学术会议，从公开讲座和专题讨论，到邀请最杰出的访问学者——中心作为耶鲁大学学术辩论和前沿思想的催化剂，产出了政策相关的一系列建议；再次，除了将在耶鲁大学校内进行广泛互动作为优先任务外，中心还积极寻求与世界各地的机构、学者进行合作，以此充分利用我们的资源、强化中心工作的政策针对性，同时支持耶鲁大学在国际化方面的努力；最后，中心通过自己或合作发表出版物的方式，在学术界和政策领域宣传分析观点、激发建设性的辩论。"[①]

目前，耶鲁大学全球化研究中心重点开展了六大领域的研究工作，包括：全球发展、全球贸易、金融全球化、和平与安全、核裁军、气候变

---

① Yale Center for the Study of Globalization, "About the Center", 2019-01-27, see https://ycsg. yale.edu/about-center-1.

化。显而易见的是，任何一个领域涉及的学科都是非常多元的；或者说，仅凭某一个学科甚至某几个学科，都无法完成上述任何一个领域的研究工作。这也是耶鲁大学全球化研究中心作为多样化大学智库典型代表的集中体现。

如果说耶鲁大学全球化研究中心代表了 20 世纪 90 年代以来大学智库研究视野更加宏观和综合性的发展趋势，那么斯坦福大学教育政策分析中心（The Stanford Center for Education Policy Analysis）是大学智库愈加关注与公共利益相关的公共政策领域研究的另一典型。斯坦福大学教育政策分析中心成立于 2009 年，前身是 2006 年组建的斯坦福大学教育政策和实践研究所（Institute for Research on Education Policy and Practice），2009 年更为现名，目前已发展成美国乃至全球都颇具影响力的教育类大学智库。

在美国和其他发达国家，教育类智库是 20 世纪 90 年代以来发展速度较为迅猛的一种大学智库，这源于各国政府和大学对教育作为一种公共事务的重视程度的不断提高。从国际层面来看，随着新技术革命的兴起，科技与人才在国际竞争中的决定性作用越发明显；从各国内部来看，教育也面临着公平、质量、效率、技术革新等带来的一系列挑战，政府教育决策与各国教育事业发展之间的关系也更紧密，更加需要在决策环节考虑和关照不同阶层和群体的多样化诉求。在这种情况下，专门开展教育政策分析与研究的智库开始蓬勃发展。在美国智库领域，一些传统民营智库，如兰德公司、布鲁金斯学会等都纷纷将教育政策研究纳入自己的职能范畴，而大学本身作为教育活动的承担者和实践者也开始致力于从自身角度出发、利用自身在教育事业方面的独特优势开展教育政策研究，积极参与各级政府的教育决策。斯坦福大学教育政策分析中心就是在这一过程中涌现出的大学教育智库的杰出代表。

斯坦福大学教育政策分析中心尽管依托斯坦福大学而建，但中心的设立初衷"旨在联合来自全国各地跨学科的杰出学者，为满足以一种有意义的方式影响教育实践和教育政策之需而提供具有深度和广度的研究"。该中心的优势在于它对教育背景的社会科学理解，对数据资料的创新性使用和严谨分析，这为中心能够提出真正解决教育问题的方案奠定了坚实的基础。合作是中心工作方式的一大特征，自成立以来，中心与联邦和州教育管理和决策机构、各级各类学校教育工作者和与教育事业相关的社会机构形成并保持了密切的合作关系，从而为确保中心政策研究的科学性提供了重要支撑。

斯坦福大学教育政策分析中心实行指导委员会（Steering Committee）领导下的主任负责制。指导委员会现有成员 6 人（见表 3-1），均是在美国教育研究领域有较大学术影响的学者，另有专职研究人员 13 人。该中心每年还接受十余名来自全球各地的访问学者、博士后等，这些学者和中心专职成员共同开展合作研究。

自创立以来，斯坦福大学教育政策分析中心在教育政策研究领域形成了较大的影响力。其主要的研究领域包括贫困与不平等、联邦与州政府的教育政策、教学与领导力有效性、教育技术创新等，探讨的主题包括教育问责、儿童发展、课程与指导、教育管理、教育公平、教师教育、教育经济、领导素质等，涉及的教育范围涵盖了从学前教育到高等教育的各个层次。"随着时间的推移，中心关注教育的领域和层次逐渐扩大提升。教育政策分析中心竭力解决在教育政策上最持久和紧迫的问题，如种族、民族和社会的经济差距部分缩小；联邦和各州对学生学习各国的影响；培训、招聘和留任优秀教师及行政人员。中心对加利福尼亚地区的教育状况，特别是对学生成就、教师绩效、教育贫困与公平问题尤为关注。自 2010 年开始，中心每年春、秋、冬季都会召开研讨会，邀请某一领域专家，包括政治、经济、公共政策等方面的专家学者就某一主题展开研讨。"该中心已经进行了多次有影响的研究，培养了无数教育政策方面的专家和学者，与各个学区、州教育机构和非营利组织形成了强有力的伙伴关系。"①这是确保中心持续开展高水平政策研究的重要支撑。

---

① 徐平：《重创新、助决策、促实践——美国斯坦福教育政策分析中心》，《外国中小学教育》2017 年第 1 期。

表 3-1 斯坦福大学教育政策分析中心指导委员会成员简况 ①

姓名	简介
埃里克·贝廷格 ERIC Bettinger	斯坦福大学教育学院教授,教育政策分析中心主任,主要研究领域为教育经济学,系美国国家经济研究局研究助理
米歇尔·赖宁格 Michelle Reininger	斯坦福大学教育政策分析中心执行主任、副教授,主要研究领域为教育经济学
托马斯·迪 Thomas Dee	斯坦福大学教育学院教授,曾任教育政策分析中心主任、教育学院副院长,主要研究领域为教育测量与教育政策,系美国国家经济研究局研究助理
本·多明格 Ben Domingue	斯坦福大学教育学院副教授,主要研究领域为学习与教学
伊莲娜·奥布拉多维奇 Jelena Obradović	斯坦福大学教育学院副教授,主要研究领域为儿童发展问题
肖恩·里尔顿 Sean Reardon	斯坦福大学教育学院教授,主要研究领域为教育贫困和不平等问题,美国教育科学院和文理科学院院士

　　作为一个旨在产生广泛影响的教育类大学智库,斯坦福大学教育政策分析中心开辟了多种成果发布渠道,包括出版图书、向新闻媒体和期刊报纸投稿、主办学术论坛、举行学术讲座和官员培训等。借助斯坦福大学丰富的学术资源,中心在短短的十年间就已经发展成在美国教育智库领域颇具影响力的重点研究机构。

　　总的来说,20 世纪 90 年代以来,发达国家大学智库的发展态势呈现明显的多样化趋势。大学智库涉足的研究领域几乎覆盖了所有的公共事务政策范畴,并且依托大学雄厚的学术资源产出了一大批具有广泛、深远影响的政策研究成果,开辟出形式多样的影响力实现渠道,确保了大学在发达国家智库领域占据不可动摇的位置。

　　回顾发达国家大学智库自二战后以来的发展历程,还有一点应该值得人们深思,即与官方智库和民间独立智库相比,大学智库有自身的特点和优势。从参与智库竞争的角度来看,大学智库必须深刻把握自身优势,寻

---

① 根据斯坦福大学教育政策分析中心官方网站的相关信息整理,https://cepa.stanford.edu/projects。

求特色化发展的路径。这种优势集中体现在大学这种有着悠久历史的社会机构在回应社会诉求方面的特殊地位。诚如有学者所言："大学应以其独特优势、自身的内在逻辑对社会需求（这里所指的是社会的根本需求，而不是所有的外部需求）做出反应，不为外部的即时需求所困，不被眼前利益所蒙蔽，在发展自身的同时满足社会根本需求。当然，大学可能无法直接提供治愈社会顽疾的灵丹妙药，但是相对于其他社会机构而言，它却能开出解决这些顽疾的良方，或许这正是大学的核心使命所在。"①

---

① 李颖：《慎终如始，防范学术沉沦》，《高校教育管理》2015 年第 2 期。

第四章　发达国家大学智库的
职能及其实现渠道

　　职能问题是大学智库理论研究与现实建设的基础性课题。大学智库究竟应该扮演什么角色、承担什么职能，既是厘清大学智库本质属性的关键，也是把握大学智库现实走向和建设路径的前提。从现实层面来看，发达国家的大学智库自二战后开始兴起，至今已走过半个多世纪的历程，其职能从模糊走向清晰，从单一走向多元，基本形成了较为成熟的职能体系。从比较的角度探讨发达国家大学智库的主要职能，既是全面认识发达国家大学智库的必然要求，也是加快我国高校智库建设的现实需要。

　　任何职能都需要适当的实现渠道，缺乏实现渠道的职能只能沦为"纸上谈兵"式的"笑谈"。发达国家大学智库在半个多世纪的发展进程中，随着职能体系的渐趋成熟，各种职能也在发展演进过程中逐步探索出与之相适应的实现渠道。分析发达国家大学智库职能的实现渠道，探讨各种渠道与职能的契合程度，对我国建设一流的高校智库同样具有极为现实的参照意义。

第一节　发达国家大学智库的主要职能

　　探讨发达国家大学智库的主要职能，应从大学智库的独特属性角度加以分析。大学智库兼具现代智库和高等教育的双重属性，这两种属性也就规约了大学智库的主要职能。一方面，大学智库作为现代智库的类型之一，扮演着现代智库的基础角色，也在实践中发挥着现代智库的基础职能。现代智库通常被称作"政府外脑"，其职能和角色首先聚焦于政府决策。可以说，智库因由现代政府的政策研究需要而诞生，也因由政策研究需要的不断扩展而发展。政策研究和咨询作为现代智库的最基础也是最核心的职能，理所当然成为大学智库的基础职能之一。另一方面，大学智库依托大学产生和发展，是现代大学的内在组成部分之一，因此它也在实践中承担了作为高等教育分支机构的基本职能。尤其值得注意的是，在分析大学智库的职能时，绝不能将大学智库作为高等教育机构所承担的职能简单地摒弃在智库职能之外，因为大学智库是一种特殊类型的智库机构，这种特殊性恰恰植根于它所依托的大学母体。在分析大学智库的职能时，实行简单的"二分法"从根本上无助于深入解读大学智库的实际职能。而且，大学智库在其既有的生存环境下，即便是其作为现代智库的核心与基础职能（即政策研究、咨询等），也无法与其所承担的高等教育职能相剥离。实际上，大学智库能够承担起政策研究、咨询等所谓的"单纯智库职能"，并在这一领域发挥出独特作用，恰恰与其作为高等教育机构的属性和承担的职能有着不可分割的内在关系。

以上述逻辑为起点，综合对二战以来发达国家大学智库主要活动的历史考察，可以发现大学智库所承担的主要职能大致可分为战略研究、政策建言、人才培养、舆论引导、公共外交五个方面。战略研究是指大学智库发挥基础研究实力雄厚的优势，着重开展攸关国家长远发展的基础理论研究，从而为政府的科学决策提供坚实的理论支撑。政策建言是指大学智库发挥学科门类齐全的优势，围绕重大现实问题，开展多学科的综合研究，进而提出具有针对性和可操作性的政策建议。人才培养是大学智库与其他类型智库在职能上的最大区别，是指大学智库发挥作为高等教育机构的教育教学优势，为相关政策领域培养理论性、实践型或复合型人才，这其中既包括对学生的培养，也包括对青年学者和政务人才的培养。舆论引导是指大学智库发挥学术影响力，开辟或依托专门或大众媒介，针对社会热点问题积极释疑解惑，引导社会舆论，为公共决策的形成提供舆论导向或氛围。公共外交是指大学智库发挥大学国际化和对外交流广泛的优势，积极开展相关领域的对外交流，以民间和学术交流的方式拓展和丰富国家间的交流渠道。①

一、战略研究

战略研究职能是指以国家战略、全球视野、决策咨询、舆论引导为目标,通过机制和体制创新,整合大学优质智库研究资源,着眼于思想创新和全球未来,服务于国家发展战略与社会进步。在这一方面,普林斯顿大学的威尔逊公共与国际事务学院较为典型。该学院依托母体大学基础研究的雄厚实力,长期专注于美国国际战略、对外关系和公共政策等重大政策领域的研究,着重开展攸关国家长远发展的基础理论研究,从而为政府的科学决策提供坚实的理论支撑。威尔逊公共与国际事务学院产出过一系列深具影响的成果,尤其是 2006 年 9 月底发表的《铸造法治之下的自由世界——21 世纪美国国家安全战略》(即著名的"普林斯顿计划")国家安全报告,引起了国际社会的极大关注,该报告在很大程度上成为奥巴马政府的美国重返亚太战略的核心理论依据。

随着中国的崛起、日本的正常化以及朝鲜半岛核危机的持续,东亚正经历着巨大的变化。在这一背景下,由五所大学共同发起的东亚安全合作研究协作组织,成为威尔逊公共与国际事务学院国际安全研究中心的一个核心部分。该组织旨在支持普林斯顿大学及其机构伙伴东京大学、北京大学、高丽大学和新加坡国立大学的学者和学生就东亚安全合作和区域治理问题进行持续的讨论。这是美国大学建立的第一个与东亚大学之间的研究网络,它将学者们聚集在一起,开展攸关东亚国家长远发展的基础理论研究,讨论新形势下区域治理不断演变的制约因素和机遇对美国以及世界的影响。该组织的第一次年度研讨会于 2009 年在普林斯顿大学召开,由普林斯顿大学国际教学与研究理事会和国际安全研究中心的全球合作研究基金资助。自 2009 年以后,其他每一个合作伙伴都在各自的大学轮流举办年会。例如,2016 年在日本东京大学举办的年会中就当下美国和东亚

---

① 王珩:《高校智库建设的理论范式和实践创新》,世界知识出版社 2017 年版,第 29 页。

国家之间的发展形势进行探讨，提出了以下几个问题：（1）美国最近的大选，以及英国脱欧公投提醒人们，国际关系不是一个只有政府和外交官才能占据的空间。（2）当在外交政策上具有不同优先次序的国内舆论进入这一领域时，美国政府社会的稳定将受到重大挑战。那么，如何处理国内政治与国际关系之间的这种微妙关系呢？（3）朝鲜最近进行的导弹和核武器试验对东亚地区的稳定以及国际核不扩散制度构成了挑战，朝鲜周边的国家都是如此，但这种共同的反对意见在改变朝鲜政府所采取的行动方面收效甚微。那么，美国应如何才能迎接挑战呢？朝鲜半岛的未来应该是怎样的？与会的专家学者们就这些问题共商研讨，以期能为各国的未来发展出谋划策，提出具有战略性的建设意见。

学院设立的发展研究计划（Research Program in Development Studies，RPDS）旨在从理论和实证两个层面进行经济学和相关领域的研究。发展研究计划迄今已开展三十余年，近年来的研究一直以经济学为中心，特别是在微观经济发展的基础上，目前的研究项目包括政治和社会机构如何塑造个人行为，人力资本、性别暴力和犯罪，健康与经济发展之间的关系，收入不平等和健康状况之间的联系，艾滋病对撒哈拉以南非洲个人和家庭的影响，全球福祉，学校教育、学校质量和教育回报等。以上的研究项目都是攸关国家长远发展的核心议题，该中心期待能为其具体实施时提供坚实的理论基础。

通过对普林斯顿大学威尔逊公共与国际事务学院上述智库活动的分析，可以明确感知战略研究作为大学智库核心职能的重要地位，及其在大学智库建设中所发挥的独特作用。从大学智库生存与发展的内外部环境来看，战略研究职能在大学智库中发挥着天然的优势。一方面，战略研究往往需要多学科、跨领域的专家学者协同开展和实施，而大学特别是那些有着深厚学术积淀和学科交叉特色的综合性、研究型大学在这方面有着其他机构无法比拟的人才与学科优势。另一方面，战略研究尤其是有关国家经济社会发展和国际格局消长的战略研究通常具有周期长、产出慢的特点，需要长时间、多人力的支持和连续性的经费投入，普通的专门智库基于生存需要往往不轻易涉足此类研究，但这恰恰是大学所擅长的领域。因此，无论从外部的研究需求还是内部的要素优势来看，战略研究都应该而且必然成为大学智库优先发展的重要职能。

二、政策建言

政策建言是指大学智库发挥学科门类齐全的优势，围绕重大现实问题，开展多学科的综合研究，进而提出具有针对性和可操作性的政策建议。约翰·霍普金斯大学高级国际研究院（The School of Advanced International Studies）由保罗·尼采（Paul H. Nitze）和克里斯蒂安·赫脱（Christina A. Herter）于 1943 年创立，是享誉世界的国际问题高等教育研究机构，是国际关系领域的学术中心，在众多学术研究中尤为注重以政策为导向的研究。这种政策取向型的研究充分体现在研究院的 14 个研究中心中，围绕重大现实问题，将学术严谨和政策相关性结合起来，采用跨学科和多学科的方法进行综合研究，进而提出具有针对性和可操作性的政策建议。下文将列举几个典型的政策取向型研究中心。

国际商务和公共政策中心（Center for International Business and Public Policy），重点关注国际商业、金融和公共政策之间的利益与责任关系。从历史上看，私营部门和公共部门之间的关系往往不那么理想。只有当国家利益直接受到威胁时，私营部门的利益以及企业与政府之间的关系才被认为与决策者密切相关。近年来，市场已经开放，管制框架已经自由化，私有化交易已经司空见惯，世界各国政府适时地调整了政策。该中心的成立是为了应对影响深远的全球变化，就一系列国际商业和金融问题进行应用研究，重点放在私营部门和公共部门之间的交集上，使得来自公共和私营部门的从业者加深对同行相关问题的理解，促进来自国际商业、金融和公共政策领域的从业者在活动范围内彼此密切地进行建设性的合作，鼓励国内和国外私营部门活动达到更高的水平。

外交政策研究所（The Foreign Policy Institute）旨在把学术界和政界联合起来，为美国和世界面临的国际问题寻求现实的答案。为实现这一使命，研究所的工作重点是组织成立政策相关问题的研究计划和研究小组，并邀请来自世界各地的领导人作为国际政策、商业、新闻和学术界等领域的研究员。凝聚了一批拥有政府背景的专家学者，也是该研究中心的政策建言能有较大影响力与渗透力的重要因素之一。例如，表4–1中提到的乔杜里曾在美国国务院政策规划部门工作，为前国务卿克林顿和已故大使理查德·霍尔布鲁克（Richard Holbrooke）就阿富汗和巴基斯坦问题提供咨询意见；2000—2004年在美国国际发展署（U.S. Agency for International Development）处理民主和治理问题，曾两次担任世界经济论坛巴基斯坦问题全球议程委员会成员。这样的例子不胜枚举，表4–1只是粗略列举了该所其中几位专家学者的政府背景，这种"旋转门"机制的人员安排对SAIS发挥政策建言的作用提供了极为有利的条件。

表4–1　外交政策研究所人员的政府背景介绍

姓名	政府背景
哈发德·阿尔·科威尔 Hafed Al Ghwell	美国高级军官，中东和北非地区副总统办公室顾问，联合国和外交事务副总统办公室协调员
沙米拉·乔杜里 Shamila Chaudhary	2010—2011年在白宫担任国家安全委员会巴基斯坦和阿富汗事务主任，在国务院巴基斯坦、印度尼西亚事务处任职
迈克尔·哈尔泽尔 Michael Haltzel	担任民主党欧洲事务小组委员会、参议院外交关系委员会主任，以及美国前副总统（时任参议员）拜登的高级顾问
丹尼尔·S.汉密尔顿 Daniel S. Hamilton	负责欧洲事务的副助理国务卿，两名美国国务卿的政策规划助理主任，欧洲事务局政策主任，美国驻德国大使馆高级政策顾问，德国总理默克尔的"期货咨询小组"成员

数据来源：根据外交政策研究所官网相关资料进行整理概括。

除此之外，博洛尼亚政策研究所（The Bologna Institute for Policy Research）作为高级国际研究院的欧洲研究部门，旨在促进以问题为导向、跨学科的国际政策研究，为国际公共政策的思考和辩论提供了一个关键论坛。中非研究倡议（China Africa Research Initiative）旨在促进研究，开展基于证据的分析，促进合作，培养未来领导人更好地理解中非关系的经济和政治层面及其对人类安全和全球发展的影响。可持续能源政策倡议(Initiative for Sustainable Energy Policy）是一个跨学科的研究项目，使用前沿

的社会和行为科学来设计、测试和实施新兴经济体的能源政策。该倡议的
目标是确定政策改革的机会，使新兴经济体以最低的经济和环境成本实现
人类发展。该倡议通过不断的政策创新和大胆的想法，以及在持续参与和
对话中响应政策制定者的要求和需要，积极地追求这些机会。

三、人才培养

人才培养是大学智库与其他类型智库在职能上的最大区别，是指大学
智库发挥作为高等教育机构的教育教学优势，为相关政策领域培养理论
型、实践型或复合型人才。这其中既包括对学生的培养，也包括对青年学
者和政务人才的培养。日本早稻田大学设立的亚太研究所是一所专门研究
亚太地区问题的独立研究机构，是典型的同时开展区域研究和人才培养活
动的大学智库。其从事教学工作时，对外称为亚太研究所；在从事研究工
作时，对外称为亚太研究中心。其宗旨在于培养通晓亚太地区事务、承担
亚太地区未来事务的专家型人才。

亚太研究所教学工作的基本理念是"从全球与地区视角，对亚太地区
的历史、政治、经济、产业、经营、社会、文化与国际问题等展开跨学科
研究"，培养具有高度的专业知识、能够将研究成果广泛应用于社会的专
家和学者，为人类社会发展做出贡献。[①] 该所教师团队主体是该所各研究
领域的一流专职教师，并且他们各自都承担着研究项目；其余的是拥有国
际事务、外交、大众传媒等方面工作经验的外聘教师，这些人有政府工作
人员，有民间人士，还有其他学校的客座教授等。

亚太研究所的人才培养对象是硕士和博士，有三个专业方向，分别为
区域研究、国际关系、政策研究。以区域研究专业为例，该专业的硕士培
养目标是"在亚太地区及国际社会施展一技之长的专业人才"。[②] 此专业

---

① 冯绍雷：《智库——国外高校国际研究院比较研究》，上海人民出版社 2011 年版，第
185 页。

② 冯绍雷：《智库——国外高校国际研究院比较研究》，上海人民出版社 2011 年版，第
187 页。

招生范围广泛，不仅招收有志向从事东亚研究的本科生，也面向其他国家有工作经验且有志在该领域大展宏图的社会人士。硕士阶段，学生的主要任务是根据自身兴趣和专业选择一个研究方向，有能力者可能同时辅修其他方向；教师在传输学生基础知识的同时，启发他掌握多种新颖的学习路径，让学生不仅能够系统熟练地掌握专业知识，还能学会多角度地观察与分析相关问题。博士的培养目标较硕士而言更有指向性，旨在培养"国际型学者或高级专家，在亚太地区、国际关系、国际政策及国际经营等研究领域大显身手"[①]，其招生范围同硕士一样，面向世界各国招生。

在培养模式方面，博士与硕士是不同的、硕士以"学分＋科研"为主。从表4–4可知，硕士研究生要从学校所提供的必修课、专业课、科研项目等课时中共修满30个学分方可毕业。表4–2罗列出的是"区域研究"方向的必修课和专业课，课程门类相当齐全，可谓应有尽有，充分满足了为学生打基础和提升专业的需求。这些课程的时间设置大多都是一个学期，少有的几门课也会在寒假或暑假进行集中授课，课程学分都是2分制。无论是硕士研究生还是博士研究生都要开展一项科研项目训练，内容则需契合当下导师的课题研究内容（如表4–3所示），在春季和秋季两个学期内完成；这项内容高达8个学分，所占比例相当之高，充分体现了研究所对学生科研实践能力的高要求。除此之外，研究所对于能力较高的学生，还提供"高阶专业课程""特别讲座""无学分的自由选修课"，以期尽可能地开阔学生的视野、拓宽学生的研究思路。博士的培养与硕士不太一样。博士阶段，课程学习要求相对宽松，科研能力的提升是关键，主要任务是按部就班、高质量、高要求地完成博士论文。

表4–2　2017年度亚太研究所区域研究方向必修课与专业课

必修公共课课程（2学分制）	专业课课程（2学分制）
写作与研究技能	区域研究的方法论问题
写作与研究技能Ⅲ	亚太地区国际合作

① 冯绍雷：《智库——国外高校国际研究院比较研究》，上海人民出版社2011年版，第188页。

必修公共课课程（2学分制）	专业课课程（2学分制）
定量数据分析	国际政治理论
定量数据分析Ⅱ	国际安全
社会调查方法	国际组织理论
定性研究方法	国际关系范式
定性研究方法Ⅱ	国际经济
实地考察邀请	社会人类学
实地研究计划	性别研究
国际关系基础	近代中日关系史
经济学分析基础	第二次世界大战后中国近现代史理论
亚洲一体化的定性和定量方法论	东亚区域主义的政治经济学
亚洲区域治理与合作	非洲和亚洲
	欧洲和亚洲
	国际历史
	种族学
	全球社会学
	东亚经济和工业发展
	军事冲突进程
	亚洲语言与文化
	中国外交政策：国际关系与战略
	东南亚比较政治
	亚洲人文地理
	亚洲实地考察概论

数据来源：根据亚太研究所官网2017年度课程安排的相关数据进行整理。

表4-3　区域研究方向的硕士与博士科研项目（8学分制）

硕士	博士
中国政治与国际关系	当代中国政治与国际关系
中国和亚洲的治理	现代中国论
亚太地区的日常生活	当代亚洲创意产业的发展与展望
亚洲流行文化	近代史上的亚日关系
亚洲的日本	全球化下的自我、文化、社会

续表

硕士	博士
全球化与社会文化变迁	当代东南亚的宗教与政治
东南亚的政治	当代韩国研究，东北亚国际关系
东南亚政治社会与文化	当代日本社会
韩国的政治和外交，东北亚国际关系	
中国近代史与二战后史	

数据来源：根据亚太研究所官网 2017 年度课程安排的相关数据进行整理。

表 4-4 亚太研究所硕士毕业学分要求

课程 / 项目	学分要求
公共必修课	
基础课	22
高级提升课	
其他机构提供的课程	
科研项目	8
共计	30

数据来源：根据亚太研究所官网相关数据进行整理。

除此之外，大学智库也致力于扩大自身的学术力量，培育学术精英和优质人才，以提高自身影响力，这里尤以哈佛大学费正清东亚研究中心最为典型。早在首任中心主任费正清（John King Fairbank）任职期间（1955—1973 年），东亚研究中心就有着招贤纳士的传统。每逢周四下午五点，费正清会在家中举行茶话会，一边吃着英式黄瓜三明治，一边进行着学术交流，而且费正清还会鼓励参会的所有研究生都能与当天来访的教授进行当面交谈，这一传统直到 1977 年费正清退休也未中断。正是费正清对学生们无微不至的关心与照顾，令更多的优秀学者愿意投入中国学研究中，并成为中心的一员。史华慈（Benjamin Schwartz）是第一批加入该中心执委会的成员。他思想深刻，喜好哲学，对学术问题必须经过深入的讨论和理性的辩论，所以他办公室的门总是开着的，只要经过那里的人想要进来讨论思想，他都十分欢迎。费正清正是欣赏他的这一特点，尽可能地给他一切支持，让他潜心进行学术研究。因此，他很快在哈佛大学谋得了一个职位，并同时挂在历史学和政治学两个专业下。费正清之所以如此重用他，是因为他知识渊博，不仅知晓西方文学和哲学领域，而且精通 10 种语言，包括俄语、德语、法语、日语和中文。费维恺由于有过经济史的学习背景，且年轻有为，故担任中心第一届执委会委员，主要研究领域是清代中晚期历史。师从费正清和史华慈的汉学家柯文（Paul A. Cohen）1965年到卫斯理女子学院任教。该学院离哈佛大学并不远，又因柯文深得费正清的喜欢和赏识，因此尽管没在哈佛任教，但柯文毕业后依然同中心保持着密切的联系，并被特聘为该中心的研究员和执委会成员。戈德曼（Merle Goldman）也是史华慈和费正清培养的博士，她同样未在哈佛任职，但长期受聘于东亚研究中心。在东亚研究中心，戈德曼负责为新来的学术联系人、即将离开的博士后以及短期到访的从事中国研究的学者举办晚餐聚会，开展学术交流。为中心献身了四十多年的戈德曼，不仅是中心的特聘研究员，也是中心非正式的"女主人"，为中心的发展做出了不小的贡献。

四、舆论引导

舆论引导是指大学智库发挥学术影响力，开辟或依托专门或大众媒介，针对社会热点问题积极释疑解惑，引导社会舆论，为公共决策的形成提供舆论导向或氛围。贝尔弗科学与国际事务研究中心关注和研究国际安全问题，旨在加强哈佛大学对国家发展的使命感和责任感，发挥大学智库的学术影响力，依托专门或大众媒介，引导社会舆论，为公共决策的形成提供舆论导向或氛围。

贝尔弗科学与国际事务研究中心之前的管理原子（MTA）项目的开展，汇集了对核技术相关问题进行政策研究的学者和实践者，解决了核领域的一系列问题，从核武器到核电的未来，特别是核能与核武器之间的交叉点，如管理和保护裂变材料以及处理乏核燃料。MTA 的大部分工作都是国际性的，接待来自不同国家的研究人员，其成员与其他国家的同事开展合作项目。虽然 MTA 的利益是全球性的，但有五个国家是 MTA 的力量集中国家：美国、俄罗斯、中国、日本、印度。这些国家在核能和核武器问题上都发挥着关键作用。因此，该项目的受众群体与其他项目有所不同。第一类受众由政策制定者组成：行政部门和机构、国会议员及其工作人员、白宫、国际组织和其他负责决定和实施核政策的机构。第二类同样重要的受众是学者群体。MTA 聘请了来自世界各地的学者，一些是刚开始写论文的研究生，一些是希望开始职业生涯的博士后研究员，而另一些则是终身成就的高级学者。第三类则是社会各界与其相关的广大群众。

　　MTA 项目的影响力在学术界和科学界都是有目共睹的。鉴于如此之广的受众群体，该项目从确立之后的每一次成果都是以各种专门或大众传媒进行传播的，包括文章、书籍、数据库、网络内容、国会证词、简报，甚至是纪录片。表 4–5 展示了 MTA 项目亮相的部分大众媒体，包括美国的国家广播公司、有线电视新闻网、《纽约时报》、《新闻周刊》，英国的 BBC、《伦敦时报》、《英国卫报》，法国的法新社，加拿大的《多伦多星报》、《蒙特利尔公报》等。世界多个国家、多种类型的电台、新闻、报刊都在争相报道，在社会各界掀起了一阵浪潮，引发了极大的关注与讨论。正因为前期所形成的舆论导向和良好的氛围，MTA 学者还就核材料等问题向政策制定者做了 15 次有关《全面禁止核试验条约》的简报，这一系列简报引起了众多重量级公共决策者的关注，以期能制定出更准确、更有利的公共决策。

表 4–5　MTA 项目亮相的大众媒体

美国国家广播公司 (NBC)	《纽约时报》 (*New York Times*)	纽约新闻日英国广播公司 (New York News Day BBC)	英国广播公司 (BBC)
美国有线电视新闻网 (CNN)	《华盛顿邮报》 (*Washington Post*)	美联社 (Associated Press)	《金融时报》 (*Financial Times*)

哥伦比亚广播公司 (CBS)	《洛杉矶时报》 (*Los Angeles Times*)	《迈阿密先锋报》 (*Miami Herald*)	《伦敦时报》 (*Times of London*)
微软全国有线广播电视公司 (MSNBC)	《今日美国》 (*USA Today*)	《亚特兰大日报》 (*Atlanta Journal*)	《英国卫报》 (*Guardian*)
美国全国广播公司财经频道 (CNBC)	《基督教科学箴言报》 (*Christian Science Monitor*)	《波士顿环球报》 (*Boston Globe*)	《国际先驱论坛报》 (*Internat. Herald Tribune*)
福克斯广播公司 (Fox)	《华盛顿时报》 (*Washington Times*)	《洛基山新闻报》 (*Rocky Mountain News*)	澳大利亚广播公司 (Australia Broadcast Corp.)
国内公用无线电台 (NPR)	美国明星论坛报新闻网 (Minneapolis Star Tribune)	《纽约人》 (*New Yorker*)	《悉尼先驱晨报》 (*Sydney Morning Herald*)
美国之音 (VOA)	《费城调查者报》 (*Philadelphia Inquirer*)	《新科学家周刊》 (*New Scientist*)	加拿大广播公司 (CBC)
《新闻周刊》 (*Newsweek*)	《旧金山纪事报》 (*San Francisco Chronicle*)	《简氏防务周刊》 (*Jane's Defense Weekly*)	《多伦多星报》 (*Toronto Star*)
《科学》 (*Science*)	《匹兹堡邮报》 (*Pittsburgh Post-Gazette*)	法新社 (Agence France Presse)	《蒙特利尔公报》 (*Montreal Gazette*)

数据来源：根据贝尔弗科学与国际事务研究中心官网 2003 年度报告相关资料整理。

五、公共外交

公共外交是指大学智库发挥大学的国际化和对外交流广泛的优势，积极开展相关领域的对外交流，以民间和学术交流的方式拓展和丰富国家间的交流渠道。哈佛大学费正清东亚研究中心"是美国最早成立的现代中国研究机构之一，如今已经成为美国乃至国际上现代中国研究的领军机构"[1]。该

---

① ［美］薛龙：《哈佛大学费正清中心 50 年史（1995—2005）》，路克利译，新星出版社 2005 年版，第 17 页。

中心自 20 世纪 70 年代起充分利用哈佛大学的国际化和对外交流广泛的优势,以及费正清自身的人格魅力和国际地位,陆续开展了多个系列、多种形式的学术活动,并尽可能将这些活动通知更多的人,以拓展和丰富国家间交流渠道。下文将从该机构众多的研讨会中,列举出三种不同形式且历史较长、影响力较大的案例。

（一）新英格兰中国研讨会

新英格兰地区中国研讨会是其中持续时间最长的一种研讨会,起始于 1971 年,由东亚研究中心第二任主任、著名汉学家傅高义（Ezra. F. Vogel）发起,每学年举办五六次。20 世纪 70 年代初的研讨会主要安排在哈佛教师俱乐部的房间里庄重举行,与会当天的傍晚,受邀的演讲人发表演讲,然后演讲人与同行们一边讨论演讲内容一边享用晚餐,晚餐结束后另一位受邀的演讲者会再次进行演讲。来参会的专家学者们都很喜欢这个研讨会,因为这给他们提供了一个有效追踪最新学术进展的机会。1977年以后,该研讨会转由戈德曼负责组织。戈德曼任职期间,延续了早前的传统,下午晚些时候开始第一场演讲,晚餐后再进行第二场。安排在当天的傍晚才进行演讲,是为了鼓励新英格兰各地的学者和有兴趣的市民能有时间赶来参加。这个研讨会总是能吸引大量听众,主要是因为它的主题通常比较宽泛,涉猎面较广,符合很多领域的专家学者前来参会讨论。该系列研讨会不仅有费正清东亚研究中心的支持,而且通过哈佛大学东亚国家资源中心从美国教育部获得资助——充沛的资金来源为研讨会的顺利展开保驾护航。

（二）中国午餐会

中国午餐会是东亚研究中心目前最活跃的系列研讨会之一,1987 年名为“东亚专题讨论会系列”,2000 年裴宜理（Elizabeth J. Perry,曾任东亚研究中心主任）更名为“中国午餐会”。它的前身是由傅高义发起的有关中国教育和发展相关议题的午餐研讨会。午餐会创立的初衷是为了邀请在哈佛大学进行短期访问的学者,利用午餐时间同费正清东亚研究中心的成员们一边吃午餐、一边谈谈自己的学术看法。这一时期的午餐会仅仅是非正式性的聚会,主要讨论中国时事。1972 年,中国午餐会经戈德曼组织策划逐渐发展成常规化的星期五午餐研讨会。尔后，随着越来越多的学者走访中心，除了星期五午餐研讨会之外还增添了周四专题讨论会，主题甚至扩充到访学者自己的专业领域，不过重点仍放在现代中国研究上。现如今，午餐会没有固定的日期，只要有合适的主讲人就随时举办。

（三）中国时事工作坊

自 1962 年开始，费正清每年夏天都会在美国文理科学院组织一次为期一天的短会，主要是让哈佛大学教师、东亚研究中心特聘研究员、访问学者和研究生可以抽出一天时间聚在一起听取报告、参加讨论。由于会议时间较短，组织比较松散，因此效果不是很好。后来，傅高义于 1974 年组织了一个关于民国史的工作坊，采用讲座和小组讨论的形式，有两个主讲人，统一会议主题，延长会期至两周。这一改变产生了不错的反响，会后有二十八位学者提交了约十五篇论文。随后，1975 年的夏天，东亚研究中心又组织了一个为期两周的关于 20 世纪中国文学的工作坊和一个关于晚清改革的工作坊。这些工作坊为一些已有成就的学者和年轻研究生们提供了交流思想、互相鼓励的机会。这种形式的中国时事工作坊每学年大约举行六次，它紧跟最新学术进展，以批判的眼光审视中国时事，不同领域的专家学者进行深入探讨，以求做出更严谨、有深度的学术成果。

随着这些研讨会、学术会议的顺利开展，最大的受益者莫过于与会专家和学者。他们通过短时间连续倾听不同的学术报告，了解本领域以及相近领域的学术前沿，掌握行业动态；与各界同人分享研究成果，相互切磋，进行思想碰撞，激发灵感，开拓科研思路，进而重新评估自己，优化自身的学术体系，产出更优质的科研成果。

第二节　发达国家大学智库的职能实现渠道

发达国家大学智库在半个多世纪的发展进程中，随着职能体系的渐趋成熟，各种职能也在发展演进过程中逐步探索出与之相适应的实现渠道。毕竟，大学智库的学术研究最终要服务于国家和社会，反馈于现实生活中，需要适当的实现渠道为之进行传播，而且智库间为了争夺有限的资源，吸引注意力，需要各种实现渠道为之加大信息传播的力度。那么，大学智库的实现渠道到底有哪些，或者说有哪几类？这在学术界并未有一个准确的定论。笔者从发达国家大学智库基本职能的角度出发，衍生出与之相适应的实现渠道，但这些职能与实现渠道并非一一对应，而是齐头并进的。

　　就整体而言，发达国家大学智库的职能实现途径大致分为三类：人际传播渠道、组织传播渠道和大众传播渠道。其中，人际传播渠道以美国的"旋转门"机制为主，它不仅是政界与学界相互沟通的桥梁，优化人力资源配置的重要渠道，而且"旋转门"机制所带来的人际关系网是促使智库舆论更加快速、直接、强有力地渗透到政策制定的方方面面的实现渠道。组织传播渠道是大学智库采用较多且最能发挥自身优势的一种途径，主要体现在举行会议、组织培训、进行项目交流等。随着新媒体技术的发展和网络传播力量的大增，由大众传播所引起的社会舆论势力不容小觑，如纸质刊物的发行、网络媒体的传送等。

一、人际传播渠道

　　人际传播渠道是人与人之间的信息传播，相对于另外两种传播渠道而言，是最为直观的一种方式。依托"旋转门"机制的人际传播渠道是美国大学智库最具特色且强而有力的传播途径，主要表现方式有："通过'旋转门'入朝为官，在总统大选期间担任总统候选人的政策顾问；给政府官员直接打电话，或者邀请政策制定者参加私人午餐、内部会议；保持与国会议员的密切私人关系；邀请前政府官员到智库任职等。"[1]

　　以普林斯顿大学威尔逊公共与国际事务学院为例，该学院在智库建设中将"旋转门"的适用范围进行了拓展，形成了"外部旋转门"和"内部旋转门"相结合的"旋转门"机制，进一步拓宽了人际关系网，增加了

---

① 王莉丽：《旋转门：美国思想库研究》，国家行政学院出版社 2010 年版，第 98 页。

信息的传播速度和影响力。就"外部旋转门"而言，在威尔逊学院，特别是在那些专注于政治和外交关系研究的研究所里，有政府任职经历的学者比例极高，如国际安全研究中心现有的 6 名全职教授中有 4 人曾在政府任职，中心主任艾伦·弗雷伯格（Aaron L. Friedberg）曾任美国国家安全事务副助理国务卿兼副总统办公室政策规划主任，柯庆生（Thomas J. Christensen）曾任美国东亚暨太平洋地区事务副助理国务卿，经济学家艾伦·布林德（Alan S. Blinder）曾任总统经济顾问委员会委员、美联储副主席，计算机学家爱德华·费尔顿（Edward W. Felten）曾任美国联邦贸易委员会首席技术官、白宫副首席技术官。① 在这种机制下，智库里的学术精英有机会到政府任职，政府官员卸任后也会回到智库开展实务研究，学者与官员之间的角色流转对智库的发展及政府的科学决策都起到了积极作用。

此外，威尔逊学院还积极从普林斯顿大学校内延揽人才，以"内部旋转门"机制为智库开展综合性、交叉性和复合性的政策研究提供强有力的学术保障与智力支持。普林斯顿大学拥有强大的人才优势，仅 2000 年以来就诞生了 19 位诺贝尔奖得主、5 位普利策奖得主、3 位菲尔兹奖得主、7 位美国国家人文奖得主和 5 位美国国家科学奖得主。② 他们在各自领域所获得的成就恰恰是最具说服力的，所研究出来的科研成果也是最具权威的，能够最大限度地发挥其对政府决策的影响力。

二、组织传播渠道

所谓组织传播渠道，是由各种相互依赖的关系结成的网络，包括组织内部个人与个人、团体与团体、部门与部门、组织与其成员的传播活动，以及组织与相关的外部环境之间的交流沟通渠道。组织传播既是保障组织

---

① Center for International Security Studies, "Faculty", 2018-04-27, see https://ciss.princeton. edu/people/1.

② "The advantages of a WWS Education", 2018-04-27, see http://wws.princeton.edu/about-wws/our-advantages.

内部正常运行的信息纽带，也是组织作为一个整体与外部环境保持互动的信息桥梁。反映在大学智库本身，就是举行各种会议（包括国际性的、机构内部的以及小型的工作坊等）、组织进行内部和外部培训或者进行交流项目等。这些活动都是为帮助参与者交流知识、经验、成果而进行的探讨、论证和研究活动，使科学信息、思想和观点彼此交流，将自身的思想传递出去，开阔视野、掌握新知，进行思想的碰撞，激活创新性思维，对现有的科学成果进行再反思、再创造，从而更好地为政府、社会建言献策发挥作用，提高智库的决策影响力。在此以匈牙利中欧大学政策研究中心（Center for Policy Studies, Central European University）举办的研讨会为例进行说明。

匈牙利中欧大学政策研究中心（以下简称"CPS"）成立于2000年，旨在推动中东欧和独联体地区的公共政策教学，并促进社会科学研究在政策制定中的更多运用，现已成为集教学和科研于一体的大学研究中心，为政策创新提供学术研究支持。CPS的研究是比较的、方法多样化的、以政策为导向的，侧重于诸如平等和社会正义、领土发展和社会凝聚力、治理和政策行动者等交叉主题，并对公共政策的制定、生产和执行提出了关键的政策建议。鉴于该中心交叉多元主题的研究范式，CPS经常与外部合作伙伴共同开展跨学科研究项目，特别是与高级研究人员、访问学者等。研究项目的开展也为该研究中心的硕士和博士研究生提供实习和研究机会，因为CPS的许多研究项目直接用于教学、暑期学校、管理课程以及匈牙利中欧大学的博士项目等。除此之外，CPS还参与中欧、东欧及其他地区的指导、培训和能力建设，定期组织讲习班。

CPS开展的学术研讨培训班一般都是免费的，并为与会者提供差旅费用。譬如，近期脆弱性越来越受到个人、政治领导人和学术界的关注，欧洲委员会将弱势群体描述为比普通人口更容易遭受贫困和社会排斥的群体（这些群体包括少数民族、移民、残疾人、与药物滥用作斗争的人，也包括性少数群体和年轻人），他们中的所有人都面临着可能进一步导致社会排斥的困难，如教育水平低、失业或就业不足等。在这种背景下，CPS采用交叉视角来衡量脆弱性，并特别关注不同欧洲数据集中脆弱群体的识别，以预测人们处于弱势劳动力市场地位的程度。就这一社会热点问题，

该中心在荷兰阿姆斯特丹大学举办了一届为期 5 天（2019 年 4 月 1 日至
5 日）、以"劳动力市场弱势群体——欧洲经济脆弱性的决定因素和后果"
为主题的春季研讨培训班，旨在整合现有研究领域的"贫困和生活条件"
和"工作条件和脆弱性"，提供跨国数据访问、组织共同知识交流活动并
改善比较研究的方法和工具。此次研讨培训班以初级职业学者（博士生 /
博士后 / 早期研究者）为目标，进行基础（多元回归）或高级定量培训。
此次研讨培训班的日程安排如表 4-6 所示，不仅向专家学者概述劳动力市
场脆弱性的决定因素和后果，还将对如何确定和分析长期和跨国家的弱势
群体提供一个清晰的理解，并从政治和组织的角度，通过介绍和讨论欧洲
的解决方案和实践来探讨该主题。表 4-6 的日程安排显示，研讨培训班的
目的不仅仅是听，还有说。CPS 鼓励与会人员展示自己的研究成果，包括
茶歇期间的团建活动在内，这些都是彼此交流的好时机，也是向外界展示
自身成果的好时机。与会人员通过彼此的交流和高级学者的评价，不断地
修正和完善自己的研究成果，从而产出更优质的科研成果，为政府政策咨
询、社会热点问题的解决更好地建言献策。

表 4-6 研讨培训班的日程安排

日期 / 主题	主要内容
4 月 1 日 / 介绍劳工市场上的弱势群体（Introduction to vulnerable groups on the labour market）	12：00—13：00 三明治午餐和登记
	13：00—14：15 致欢迎词，介绍此次研讨会的目的，项目介绍及参与者的自我介绍
	14：15—15：45 讨论：劳动力市场脆弱性的决定因素和后果（概述）
	15：45—16：15 茶歇，团建活动
	16：15—17：35 参与者陈述
	19：00 晚餐
4 月 2 日 / 定义和度量脆弱性（Defining and measuring vulnerability）	09：30—12：00 讨论：定义脆弱性、社会群体和脆弱性结果
	12：00—12：50 午餐
	13：00—15：00 讨论：在定量数据中识别和衡量弱势群体的挑战
	15：10—15：40 茶歇，公告展示
	15：40—17：45 参与者陈述

续表

日期／主题	主要内容
4月3日／分析生命过程中的脆弱性的挑战（Chal-lenges in analyzing vulner-ability over the life course）	09：30—12：00 讨论：识别和测量导致脆弱性的交叉口
	12：00—12：50 午餐
	13：00—15：00 讨论：使用 Stata 软件进行面板分析的介绍
	15：10—15：40 茶歇，公告展示
	15：40—17：45 参与者陈述
4月4日／比较各国弱势群体面临的挑战（Challenges in comparing vulnerable groups across countries）	09：30—12：00 讨论：各国弱势群体成员及其劳动力市场结果的差异
	12：00—12：50 午餐
	13：00—15：00 讨论：使用 Stata 软件的多级建模简介
	15：10—15：40 茶歇，公告展示
	15：40—17：45 参与者陈述
4月5日／圆桌会议：政策如何解决多重歧视和复杂的脆弱性——政治解决方案和最佳实践（Round-table: How can policy address multiple discrimination and complex vulnerabilities-political solutions and best practices）	10：15—10：30 致答谢词
	10：30—12：30 与受邀嘉宾进行圆桌讨论
	12：30—13：00 闭幕式
	13：00—14：00 告别午餐

数据来源：根据 CPS 官网资料进行整理。

三、大众传播渠道

大众传播是运用先进的传播技术和产业化的手段进行的信息生产和传播活动。现如今，随着激光印刷、通信卫星、网络技术等科技的发展，大众传播在规模、效率、范围上都有了突飞猛进的发展。因此，面对这样一个速度快、范围广、影响大的传播渠道，各大高校智库必然会加以重视，在影响决策环节发挥着重要作用。通常而言，当社会出现热点问题后，智库机构会通过文字（报纸、杂志、书籍）、电波（广播、电视）、网络等大众传播媒介发表政策观点，以此提高自身的知名度和影响力。这里主要介绍纸质/电子媒介（包括期刊、文章、书籍）以及网络媒介两个类型。

（一）纸质/电子媒介

纸质/电子类媒体是高校智库比较青睐的传播工具（此处所说的电子媒体传播是指纸质类的报纸、期刊、书籍、文章等同样以电子形式在网络上呈现），因为无论是纸质的还是电子形式的，所载信息都比较细致、全面，读者可以获得比较系统的信息，而且信息的可选择性较高，读者可以根据目录或索引直接选择自己所需要的内容进行阅读。除此之外，纸质或者电子媒介的信息具有可保留性。

1. 学术期刊

一个机构的核心代表期刊，所含专业情报的信息量大、专业性强且质量高，最能够代表该机构的学术、科研发展水平，所发表的文章也大都是为解决当下问题，或政策制定者想要了解的相关内容。例如，英国牛津大学非洲经济研究中心是牛津大学社会科学学部的一部分，自1986年以来一直在研究非洲的经济和社会发展。《非洲经济》是该机构的核心杂志，由牛津大学出版社出版，为非洲人以及任何对非洲大陆感兴趣的人，无论是咨询师、政策制定者、学者、贸易商、金融家、发展机构还是援助工作者，提供一种进行严格经济分析的工具。如表4-7所介绍的，该期刊几乎涵盖了经济学的所有内容，折射到了经济领域的每一个热点问题。例如，法比奥·克莱门蒂（Fabio Clementi）教授发表了题为《问题在于细节：过去20年非洲的增长、不平等和减贫》（The Devil is in the Detail：Growth，Inequality and Poverty Reduction in Africa in the Last Two Decades）的文章，探讨了非洲低增长对扶贫影响的分配变化问题。再如，由于撒哈拉以南非洲国家的金融市场不发达，政策制定者一直在寻求在他们国家建立外资企业，以缓解国内企业面临的金融约束。然而，没有确切证据表明外资企业的存在与国内企业的财务约束之间存在关联。哈巴塔姆·特斯法耶·埃德吉古（Habtamu Tesfaye Edjigu）在该期刊发表的《外国公司的存在是否减少了撒哈拉以南非洲国内公司的财政限制?》（Does the Presence of Foreign Firms Reduce Domestic Firms' Financial Constraints in Sub-Saharan Africa？）一文中指出，外资企业的增加可以缓解撒哈拉以南非洲国内企业的财务约束，并做出了解释。像这样直击社会热点或政策制定者所亟须意见的文章比比皆是。

表4-7 《非洲经济》内容主题分类

主题	
经济学与教学（General Economics and Teaching）	宏观经济与货币经济（Macroeconomics and Monetary Economics）
数学和定量方法（Mathematical and Quantitative Methods）	经济思想史、方法论和非正统方法（History of Economic Thought，Methodology，and Heterodox Approaches）
微观经济学（Microeconomics）	国际经济学（International Economics）
金融经济学（Financial Economics）	公共经济学（Public Economics）
健康、教育和福利（Health，Education，and Welfare）	劳动和人口经济学（Labor and Demographic Economics）
法律与经济学（Law and Economics）	行业组织（Industrial Organization）
工商管理与商业经济学；市场营销；会计；人事经济学（Business Administration and Business Economics；Marketing；Accounting；Personnel Economics）	经济发展、创新、技术变革和增长（Economic Development，Innovation，Technological Change，and Growth）
经济史（Economic History）	经济系统（Economic Systems）
农业与自然资源经济学；环境与生态经济学（Agricultural and Natural Resource Economics；Environmental and Ecological Economics）	城市、农村、区域、房地产和交通经济学（Urban，Rural，Regional，Real Estate，and Transportation Economics）
其他特殊主题（Other Special Topics）	

数据来源：根据官网资料进行整理。

2. 学术著作

以著作类的形式呈现的研究成果更具有专业性和针对性，专著发表之后，专业人士对其评价越高，大学智库研究成果的传播速度也会越快，影响力也越大。而且，大学智库为深入挖掘某一研究领域的相关问题，还会开启书系计划，在这方面哈佛大学费正清东亚研究中心最为典型。

费正清东亚研究中心自成立以来，就开启各种书系出版项目。费正清任期内，东亚研究中心从20世纪50年代后期开始有计划地出版《东亚研究丛书》（*The Harvard East Asia Studies*），学术专著陆续出版"为进一步的研究提供真正的基础，尤其是在社会科学方面"①。除此之外，1955年起，东亚研究中心和历史系联合开办了"美国—远东研究"（American-Far Eastern Studies）项目；1958年，哈佛大学发起《哈佛东亚丛书》（*Harvard East Asian Series*），其中出版的第一本书是费维恺著的《中国早期工业化：盛宣怀（1844—1916）和官督商办企业》（*Industrial Enterprise in Modern China：Sheng Hsuan-huai 1844—1916 and the Kuan-tu-shang-pan System*）；东亚研究中心还主持出版了《哈佛东亚专著丛书》（*Harvard East Asian Monographs*），其中的第一部著作是梁方仲著的《一条鞭法》（*The Single-Whip Method of Taxation in China*），而且该系列直到今天仍在持续出版。难能可贵的是，这些著作至今仍然会被研究中国问题的专家、学者拿来阅读、研究，可见其影响力之深远。

东亚研究中心是一个以现当代中国学领域为主的区域问题研究机构，也是一个盛产中国问题专家的学术机构。该中心培育了许多知名专家学者，有的至今仍活跃在中国问题论坛上，他们的成名代表作也是在该中心工作时发表出来的。这些代表作不仅提高了他们个人的学术地位和影响力，也对东亚研究中心的声誉起到了积极的作用。最具影响力和震慑力的当属该中心的第一届领导人费正清，他对美国乃至世界的现当代中国研究做出了巨大的贡献。他所著的《美国与中国》经历了四次完善和改版，被美国权威杂志《外交》誉为20世纪最伟大的书之一，曾在西方学界和政界产生广泛影响，也是当时尼克松总统为访华而了解中国的重要参考书目之一。《剑桥中国史》也是费正清的重要代表作之一，该书共有15卷，各卷由知名学者共同主编，卷内各章由研究有素的专家撰写，反映了国外中国史研究的水平和动向。尽管学术界对此书所撰写的内容褒贬不一，但不影响它仍然是优秀的西方中国史研究成果，在历史研究领域具有较高的参考价值。除费正清外，"柯文是中心最活跃的特聘研究员之一，经常应邀

---

① 韩铁：《福特基金会与美国的中国学》，中国社会科学出版社2004年版，第149页。

在中心举办的研讨会上担任评论人"①。1984 年由哥伦比亚大学出版的《在中国发现历史：中国中心观在美国的兴起》(*Discovering History in China：American Historical Writing on the Recent Chinese Past*) 是柯文最受欢迎的作品，不仅前后两次被译成中文，而且被翻译成日文和韩文。戈德曼是现当代中国知识分子和异议文学的研究专家，由哈佛大学出版社出版的《共产主义中国的文学异议》(*Literary Dissent in Communist China*)"确立了她在中国知识分子和政治的关系这一研究领域的专家地位"②。裴宜理的《上海罢工：中国工人政治研究》(*Shanghai on Strike：The Politics of Chinese Labor*) 研究了中国的工人运动及其与国民党和共产党之间的关系，获得了当年美国历史学会的费正清东亚史研究最佳著作奖。

现今，费正清东亚研究中心仍然活跃在中国问题研究论坛上，其地位和影响力不容小觑，该中心所出版的著作尽管年代久远，但也依旧被同行拿来阅览和学习。当然，该中心的盛名不仅停留于过去，其成果的出版量也在与日俱增。譬如，宇文所安的《晚唐：九世纪中叶的中国诗歌：827—860》(*Chinese Poetry of the Mid-Ninth Century，827—860*)，柯伟林、陆伯彬、宫力合编的《美中关系正常化：一部国际史》(*Normalization of U.S.-China Relations：An International History*)，傅高义的《美中日三角关系的黄金时代：1972—1989》(*The Golden Age of the U.S.-China-Japan Triangle，1972—1989*) 等近年出版的著作，也是受学术界广泛好评的佳作。

（二）网络媒体的传送

网络媒体的传送，在这里指的是，通过博客、广播电视、网络新闻媒体的报道途径，大学智库与其建立常态化联系，及时就公共热点和焦点问题向社会大众传递信息。网络媒体的实现渠道，相较于其他大众传播渠道而言，传播速度更快、适用范围更广，同样影响力也更大，是各大高校智库争相运用的传播渠道。在此，以哥伦比亚大学地球研究所为例进行

① ［美］薛龙：《哈佛大学费正清中心 50 年史（1995—2005)》，路克利译，新星出版社 2005 年版，第 25 页。
② ［美］薛龙：《哈佛大学费正清中心 50 年史（1995—2005)》，路克利译，新星出版社 2005 年版，第 25 页。

说明。

哥伦比亚大学地球研究所在科学研究、通俗文化、气候变化、科技、可持续发展和城市问题这六个方面的研究经常通过网络媒体像 BBC（英国广播公司）、PBS（美国公共广播电视公司）、CBC（加拿大广播公司）、CNN（美国有线电视新闻网）、CNBC（美国全国广播公司财经频道）、NPR（国内公用无线电台）、VOA（美国之音）、NBC（美国广播公司）等进行传播。这些耳熟能详且具有高信誉度的媒体机构把该所近期的研究成果或者对当下社会热点问题的有关见解发布到网络上（如表 4-8 所提到的相关问题），能够让社会各界快速知晓，从而提高了该所的社会知名度、扩大了该所的社会影响力。

表 4-8　网络媒体有关地球研究信息传送的概况

研究主题	网络媒体传送的信息
科学研究 （Earth Sciences）	BBC："冰山巷"海洋钻探 BBC：绘制海洋的秘密 PBS：华利布勒克，1931 年至 2019 年 CBC：冰川融化引发了世界上最大的海啸
通俗文化 （Pop Culture）	CNN：2019 年世界上最幸福（和最不幸福）的国家 NPR：在北欧的冰面上生活是美好的，而在美国就不那么美好了 CNBC：如果发生核攻击，不要依赖放射性尘埃掩蔽所 CGTN：南极洲旅游兴起
气候变化 （Climate Change）	CNN：研究警告称，更强的飓风可能摧毁森林，加速气候变化 NPR：气候变化如何破坏雪花 BBC：即使在冬天，雨水也在融化格陵兰冰盖 NBC：濒临死亡之际，气候科学的"祖父"留下了最后的警告
科技 （Technology）	VOA：人工智能曾经用来追踪世界上的野生动物 CBC：放射性碳分析发现非法象牙 BBC：实验将废弃的二氧化碳变成石头 CNBC：对于氢弹来说，这是一次小地震
可持续发展 （Sustainable Development）	CNN：一个绿色的新协议是可行的和负担得起的 CNN：准备好应对飓风"厄玛"了吗? PBS：210 万美国人使用砷含量超标的水井 CNBS：哈维揭露了惊人的新能源风险

续表

研究主题	网络媒体传送的信息
城市问题 （Big City）	NPR：我们能战胜未来的沿海洪水吗？ NPR：空气污染会影响城市自行车手的健康吗？ CNN：我们对气候变化引起的热浪毫无准备，这是很危险的 CBS：在布鲁克林的后院发现了危险的铅含量

数据来源：根据官网资料进行整理。

除此之外，地球研究所还会通过在网络上发博客的方式进行信息传递，而且在博客上共享的信息内容更加广泛且贴近当下，包括农业、气候、水、地球科学、生态学、教育、能量、性别平等、健康、自然灾害、贫穷问题、新闻稿、可持续性问题、城市化 14 个主题。譬如，近期在博客上发表了有关飓风厄玛的研究成果。飓风"厄玛"于 2017 年 9 月在大西洋上空形成。一项新的研究发现，火山爆发可以影响全球飓风的强度和频率，随即，该所的地球观测站研究员苏珊娜–卡马戈（Suzana Camargo）为深入剖析大型火山爆发对飓风活动的影响，发表了题为《大规模的火山爆发可以改变飓风的强度和频率》的文章，对帮助科学家更好地理解火山和飓风之间的关系提供了重要理论。

第五章　发达国家大学智库的组织管理

组织管理是一套制度性的体制安排。通过对大学智库的管理体制、人员构成和经费来源等进行科学管理，可以促使大学智库所具备的知识库、智囊团效用得到全面发挥，帮助其智库影响力实现最大化。在我国，"超过百分之八十的社科力量，百分之五十的院士、百分之六十的'千人计划'候选人全部存在于高校体系内，而且其拥有数量庞大的研究生、博士生团队，自身拥有强大科研能力，且相关信息资源十分丰富，其已经成为新型智库体系内的核心发展力量"①。如何对这样一支极具潜力的智库主力军进行灵活、科学、有效的组织和管理是我国大学在智库建设领域需要认真探讨和研究的问题。相较而言，发达国家大学开展智库建设起步较早，在大学智库这种特殊的大学内设机构的组织与管理方面积累了较为丰富的经验。系统分析发达国家大学智库的组织管理结构和制度安排，对我国大学开展智库建设有着极为现实的参考价值。

根据《全球智库报告 2017》公布的官方数据，可总结出主要发达国家大学智库的数量、占比和各大学智库在报告评选出的 90 所最好的大学智库中的具体排名情况（见表 5-1）。数据显示，全球最好的大学智库中有三分之二的大学智库均来自发达国家，其中美国占比 30%，其次是英国、新加坡和澳大利亚，分别占比 9%、7% 和 6%。据此可知，美国是拥有优质大学智库数量最多的国家，且该国还囊括了 5 所排名前 10 的大学智库。

---

① 李卫红：《高校在新型智库建设中的使命担当》，《人民日报》2014 年 2 月 16 日。

表 5-1　2017 年全球 90 所最好大学智库中发达国家所占的数量及占比情况

国别	数量（个）	占比（%）
美国	27	30
英国	8	9
新加坡	6	7
澳大利亚	5	6
德国	3	3
俄罗斯	2	2
瑞士	2	2
加拿大	2	2
法国	1	1
新西兰	1	1
荷兰	1	1
日本	1	1
比利时	1	1
总计：60　占比：67%		

数据来源：根据《全球智库报告 2017》中"最好大学智库排名"提供的官方数据整理。

　　美国学者雷蒙德·斯特鲁伊克（Raymond Struyk）曾言："一个智库想要成功，必须要做到以下三点：执行严格的政策研究；与各种政策团体保持紧密的联系以确保研究成果得以被采纳；有效地管理好智库。"他认为，第三点，即"有效地管理好智库"往往是最容易被忽视的一点，但"倘若管理做不好，另外两点更是无从谈起"[1]。与之相契合的是全球智库报告中具体评定准则的第一条标准："智库的有效领导与管理，包括对智库方案与项目的管理、所需财政和人力资源的调动、智库质量、独立性和影响力

---

[1]　[美] 雷蒙德·斯特鲁伊克：《完善智库管理：智库、"研究与倡导型"非政府组织及其资助者的实践指南》，李刚等译，南京大学出版社 2017 年版，第 1 页。

的监测"①。完善的组织与管理在智库的成长过程中是至关重要的，在此方面，我国可以向上述发达国家的大学智库进行学习与借鉴，它们在这方面是较为成功的，尤其是美国、英国、新加坡、澳大利亚、德国等国的大学智库。本章将从上述这几个发达国家中，以最为成功的美国为主，选取一些排名靠前并具有典型性特征的大学智库（见表5–2），考察它们的管理体制、人员构成和资金来源三个方面。

表 5–2　发达国家大学智库案例

国别	大学智库名称（英）	大学智库名称（中）	排名
美国	Belfer Center for Science and International Affairs	哈佛大学贝尔弗科学与国际事务中心	1
英国	IDEAS/Public Policy Group, London School of Economics and Political Science	伦敦政治经济学院公共政策组	2
美国	James A. Baker Ⅲ Institute for Public, Rice University	莱斯大学贝克研究所	3
英国	Institute of Development Studies, University of Sussex	萨塞克斯大学发展研究所	4
美国	Hoover Institution, Stanford University	斯坦福大学胡佛研究所	8
美国	Edwin O. Reischauer Center for East Asian Studies, SAIS, Johns Hopkins University	约翰·霍普金斯大学埃德温·赖肖尔东亚研究中心	10
俄罗斯	Moscow State Institute of International Relations	莫斯科国际关系学院	13
新加坡	Asia Competitiveness Institute, Lee Kuan Yew School of Public Policy, National University of Singapore	新加坡国立大学李光耀公共政策学院亚洲竞争力研究所	14

---

① James G. McGann, 2017 Global Go To Think Tank Index Report, University of Pennsylvania, 2018, p. 31.

续表

国别	大学智库名称（英）	大学智库名称（中）	排名
德国	Center for Development Research, University of Bonn	波恩大学发展研究中心	19
澳大利亚	Strategic and Defence Studies Centre, Australian National University	澳大利亚国立大学战略与国防研究中心	28
美国	Weatherhead East Asian Institute, Columbia University	哥伦比亚大学魏德海东亚研究所	36
日本	Asia Pacific Institute, Waseda University	早稻田大学亚太研究所	52

数据来源：根据《全球智库报告 2017》中"最好大学智库排名"提供的官方数据整理。

第一节　发达国家大学智库的管理体制

一套完善的、良好的管理机制能有效地保障大学智库各项工作严谨而有序地开展。就目前而言，大学智库的管理体制基本上是按照现代企业的管理模式进行运作的，但因其特有的独立性、超党派性、非营利性特点，从内在的管理体制来看，大学智库的管理部门有所不同，有的机构由董事会或理事会管理，有的机构实行主任负责制，还有的会通过设立特定委员会进行管理。本节将分成三部分，从前文所提到的大学智库中选取几个典型案例，分别对董事会或理事会负责制、主任负责制和特定委员会负责制逐一进行说明。

一、董（理）事会负责制

董（理）事会的管理体制（Board of Director）是众多大学智库的选择，是智库联络各方面人士、争取多方面支持的一种重要方式，在美国常常被视为"权势集团"的组成部分。一般来说，董（理）事会负责制的管理结构十分强调人员组成的多样性，一家智库通常由一位总裁或首席执行官领导，此人将作为该组织的公共代表、首要发言人、筹资者和战略家，董（理）事会成员则一般由政府、业界和社会上具有较大影响的人士组成。关于董（理）事会负责制的具体运作模式（见图5-1），董（理）事会负责一家智库工作的大政方针，总裁或首席执行官直接向董（理）事会负责和报告工作，由监事会或监察委员会负责选举和任命智库的高级管理人员。对于规模较大、项目较多的智库，在管理层级上，通常采用两级管理模式，在董（理）事会管理层下会开设研究中心、研究所或研究项目等各个具体部门，实行董（理）事会下的主任负责制开展相关工作和研究。

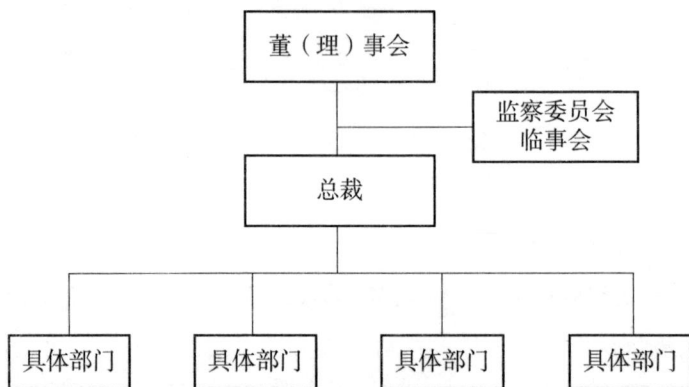

图5-1 董（理）事会负责制组织结构

（一）斯坦福大学胡佛研究所

胡佛研究所是斯坦福大学框架下的独立机构，成立时间最早，系美国乃至世界领先的政策研究机构，与布鲁金斯学会、兰德公司并称为"美国最大的三个思想库"。作为共和党的"影子政府"，胡佛研究所以政策研究为主，以为政府提供咨询为目标，一度成为布什政府的智囊团。胡佛研究所有这样的成功自然离不开其健全而有效的组织机制。该研究所的最高领导机构是理事会，成员由著名的企业家、银行家、政治家、学者等组成，共同决定着研究所的大政方针及资金的使用。理事会下共设有工作和行政两个部门，工作部门由监察委员会负责监督和检查，监察委员会下还设有执行委员会、提名委员会、财务委员会、发展委员会、交流委员会、图书档案馆委员会及研究项目委员会，进行分级管理。胡佛研究所规模较大，研究分支较多，所采用的是主体内部管理模式，实行监察委员会下的主任责任制。斯坦福大学每年会在华盛顿地区举办两次监察委员会会议，选举出监察委员会主席一职，而研究所主任则由监察委员会提名，由斯坦福大学校长任命。理事会下的另一主要部门——行政部门主要由管理部门、资源发展部门、项目发展部门、运营部门、联系部门、图书档案馆等组成。行政机构和监察委员会的有效配合，确保了胡佛研究所的顺利运转，为研究所的健康发展提供了良好的外部条件。

（二）莫斯科国际关系学院

20 世纪 60 年代后期，苏联科学院系统建立起了一批人文社会学类的研究所，其中就包括莫斯科国际关系学院。该智库是俄罗斯资格最老的一所培育专业国际问题专家和外交家的摇篮，于 1944 年 10 月在莫斯科大学国际系基础上建立。莫斯科国际关系学院直接隶属于俄罗斯联邦外交部，同时接受教育部管辖。半个多世纪以来，莫斯科国际关系学院作为俄罗斯外交部的重要智囊机构，为俄外交系统输送了大量的干部和专业人士。莫斯科国际关系学院内部设有监事会和董事会。监事会负责监督董事会的成员遴选、管理决策，现由俄罗斯外交部长谢尔盖·拉夫罗夫担任董事会主席。董事成员包括俄罗斯高级官员和著名公众人物，以及俄罗斯、外国企业的领袖。同时，该机构还设有一位校长，负责学校的日常管理和教学管理。该智库的运行管理模式与该校的运行机制高度一致，不仅节约了管理运营成本，而且将高校的任务与智库的使命相融合，改革组织形式，整合优质资源，确定主攻方向，发挥关键人才作用，促使该智库能高效健康地运行。

（三）萨塞克斯大学发展研究所

英国萨塞克斯大学发展研究所，简称 IDS，成立于 1966 年。该研究所与萨塞克斯大学有着密切的联系，但由于其在财政和制度上的独立性，所以 IDS 属于独立研究所。作为一个独立研究机构，IDS 由董事会进行管理。董事会在每年的三月、七月和十二月会召开三次会议，由 IDS 战略领导小组主任担任董事会秘书兼会议主持，由理事会提名与治理委员会就成员资格进行广泛协商，并根据支持和反映研究所工作的一系列专门知识和特征进行董事会主席、两名职员董事和一名受 IDS 校友提名的董事的任命。董事会成员来自全球各地，不仅包括英国本土的著名人士，还有在国际发展、研究和政策方面具有专业知识背景的海外精英。在实行董（理）事会负责制的大学智库中，"由于大多数总裁要花很多时间在外面发表演讲和筹集资金，他们经常把日常的研究计划管理、对外关系人事和运作交给其他高级管理人员。总裁之下一般有数量不等的副总裁和研究主任"①。IDS 也是其中一例，董事会下设立了战略领导小组并形成多个部门，包括财务和运行部、研究部、通信部、人力资源部和教育部，各个部门产生一名主任负责该部门的具体工作，以便维护整个研究机构的有效运转。

二、主任负责制

对于规模不是很大的研究中心或研究所，在管理上采用主任负责制，践行使命目标、贯彻政策纲领、制定工作规划、协调各种关系和负责高级行政人员的选拔和任命等工作。这种主任负责制不同于上面所说的董事会下的主任负责制，而是采用矩形管理模式，横向上产生机构主任进行主导，纵向上有行政团队进行协助。下面两个大学智库是主任负责制的典型代表，本书将运用这两个案例进行具体说明。

（一）哥伦比亚大学魏德海东亚研究所

哥伦比亚大学魏德海东亚研究所（Weatherhead East Asian Institute, Columbia University）是美国对外关系和国际战略研究领域著名的大学智库之一，由哥伦比亚大学文理学院于 1949 年创办。经过近七十年的发展，该所已经成长为全美著名的综合性东亚研究智库。东亚研究所在为社会输

---

① 参见任晓：《第五种权力：论智库》，北京大学出版社 2015 年版，第 180 页。

送大批相关领域专家型人才的同时，其学术水平尤其是政策研究水平也备受世人关注和赞誉，尤其是该所在美国政府有关东亚地区的国际战略与外交关系等政策决策领域长期保持了强大的影响力，这与其高效科学的管理体制密不可分。

在横向管理上，东亚研究所根据不同的研究主题划分不同的研究体系，如中国（包括台湾地区）、日本、韩国、蒙古以及东南亚诸国，并且该体系还会根据研究发展和外界需求适时进行调整。每个研究体系设置主任或副主任共1—2名，均为各自领域内的国际知名专家。各个体系主任负责研究所的资金运转，开展相关主题的各项研究和课题，甚至开展跨体系跨学科研究，内容涵盖政治、经济、文化、历史、科技、教育等多个领域。此外，还负责召集研究所参与社会、政策、管理和经济等相关领域的学术活动。在纵向管理上，该研究所成立的行政团队形成各个部门，负责研究所的研究活动、制定经营策略；评价各项研究体系的总体方向、互补性、差距、相关性等；帮助提高研究所在全球、国家和区域学术网络的影响力及地位。以横向主任负责制为主导、纵向行政团队为协助的矩形管理模式，双向开展，互相配合，使得该研究所健康有效地运转。

（二）加州大学伯克利分校泛在安全技术研究中心

加州大学伯克利分校泛在安全技术研究中心（The Team for Research in Ubiquitous Secure Technology，TRUST），并非传统意义上的基于一所高校而建立的研究机构，而是由一所大学牵头，与其他大学、私营企业、非营利性组织、政府实验室合作建立的科学和技术中心。这种形式的高校智库始于1987年，面对日益激烈的科技竞争，美国时任总统里根提出美国国家科学基金会将在全国范围内以研究型大学为依托，资助建立科学和技术中心（Science and Technology Centers）。加州大学伯克利分校泛在安全技术研究中心由加州大学伯克利分校于2005年联合卡内基梅隆大学、康奈尔大学、圣何塞州立大学、斯坦福大学和范德堡大学共同建立。泛在安全技术研究中心致力于推进信息安全领域的前沿研究，专注于网络安全科学技术的发展，构建值得信赖的信息安全系统，培养新一代的计算机科学家与工程师。

中心实行的是主任负责制（见图5-2）。尽管与矩形管理模式稍有不同，但其原理是一样的：中心主任为最高领导，决定中心的大政方针、经费使用以及研究项目的开展。中心下设财务基础设施研究、健康基础设施研究、物理基础设施研究、安全科学研究4个子平台，子平台的研究人员负责项目的申报以及与委托方之间的项目沟通，以保证研究的方向始终围绕项目的最终目标和委托方的意志进行，最后由中心主任进行审批。行政主管、财务主管和政策主管共同保障项目的良好运营，提高资源配置效率。此外，为方便这个由来自相关行业、学术界、政府和非营利组织的专家组成的独立于中心主任之外的外部咨询委员会，及时、有效地参与中心决策，该委员会将直接对中心主任负责。中心的运行管理机制打破了部门之间、上下级之间严格的等级界线，加强了职能部门间的沟通与联系，能根据实时研究需求及时整合资源、灵活管理，极大地提高了工作效率，保证了该机构运行机制的有效运转。

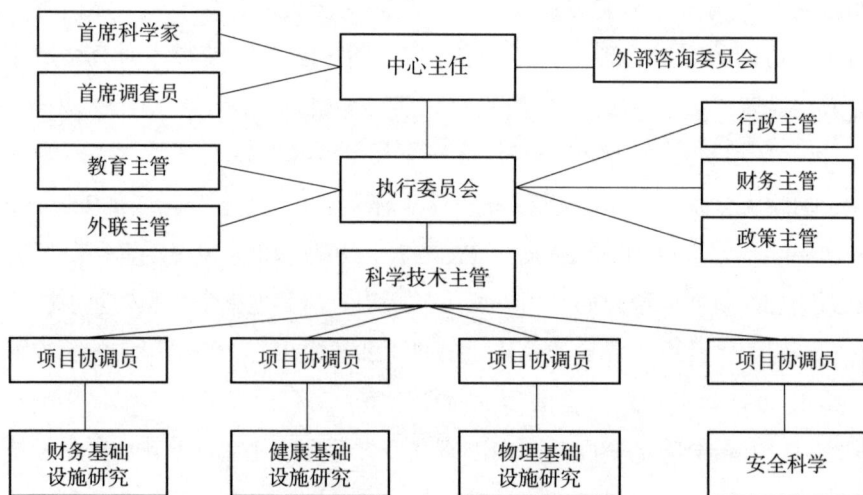

图5-2　泛在安全技术研究中心组织结构[①]

[①] 邱雯婕：《美国高校智库协同创新运行机制的经验与启示——以加州大学伯克利分校泛在安全技术研究中心为例》，《产教融合与创新创业》2018年第4期。

三、特定委员会负责制

除董（理）事会负责制和主任负责制外，还有少数大学智库采用设立特定委员会的方式进行组织管理，早稻田大学亚太研究所实行的即此类管理方式。亚太研究所隶属于早稻田大学，成立于1998年4月，属于"一个实体、两块招牌"，因为该所不仅从事研究工作，也从事教学工作。在从事教学工作时，对外称亚太研究所或亚太研究院；从事研究工作时，对外称亚太研究中心。该研究所成立之初的根本目的是培养通晓亚太地区事务、承担亚太地区未来事务的专家型人才。为培养此类人才，必须基于亚太地区的历史背景，学习政治、经济、文化等专业知识，同时需要掌握研究各种问题的分析路径。

亚太研究所研究工作的关注点集中在亚太地区，研究目标是构筑亚太地区的研究与教学网络，同时提供内容丰富的研究成果，成为学术成果的发布基地。因此，亚太研究所是偏于人文社科类的研究中心，为与教学工作相区分，研究所通过设立运营委员会来进行管理（见图5-3）。运营委员会的主干研究人员是本学院的专职教师，他们按照研究所规章制度进行研究工作，包括探究课题，成立研究小组开展团队项目、个人项目和委托项目，进行公开讲座或出版讲学等。此外，亚太研究所还负责接收外校交换研究员、访问学者、客座研究员、外国人研究员等，以加强国际交流，促成与海外专家学者的课题合作。由专职教师组成的运营委员会有着雄厚的专业背景，可吸引优秀的专家学者开展专业化的国际研究合作，还通过开展研究生课程、为年轻学者提供实习项目、派研究人员到国外智库进行访问研究等，形成庞大的人际网络，促进该所项目的顺利开展和成果的快速推广。

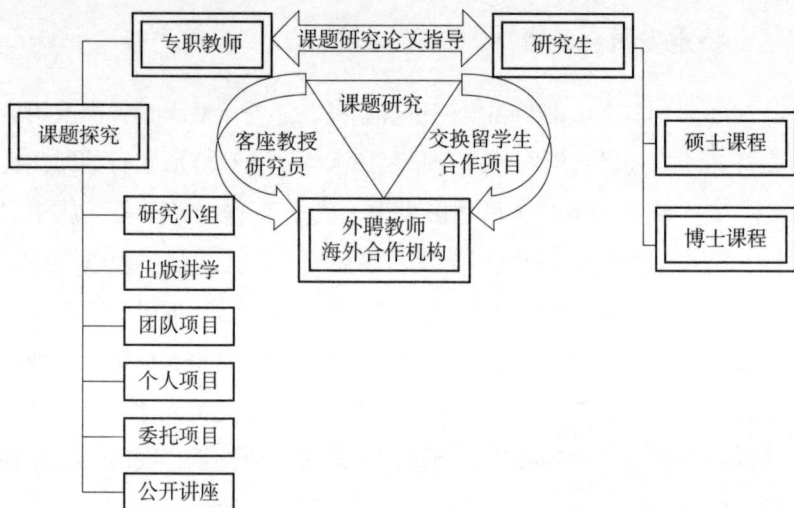

图 5-3　亚太研究所研究工作示意图 ①

第二节　发达国家大学智库的人员结构

　　人才是智库生存、发展的重要因素，甚至是决定性因素，因此人员的组织结构成为智库管理的重点。高度扁平灵活的组织结构，即上下级之间尽可能地减少管理层级，平级成员间形成纵横交错关系和更复杂的多项联结关系是大学智库人员结构的主要特征。一般来说，大学智库的工作人员由高校和智库共同管理，他们有直接来自本校各个学院的在校老师、博士生等常驻人员，也有来自其他高校或社会机构的知名人士、专家学者等非常驻人员。对于要求内部信息充分共享、跨学科顺利合作的科研工作来说，这一特征缩短了内部各个方向信息的传递，实现了决策层和操作层以及各操作层间的充分沟通，在信息的准确性、及时性和全面性上保证了管理层对研究任务的完整派发、研究人员对研究目的和要求的理解、辅助人

---

① 冯绍雷：《智库——国外高校国际研究院比较研究》，上海人民出版社 2011 年版，第190 页。

员对相应工作的忠实执行。

除此之外，智库的组成人员还有政界人员等。譬如，美国高校智库的"旋转门"机制是一种极具特色的人才交流机制，一方面智库成员进入政府机构担任职务，由学者转变为政策制定者；另一方面每年政府换届下台的官员有的选择进入智库任职，帮助智库积累人脉资源。这种高效有序的人才流动机制为思想与权力之间搭建了沟通交流的桥梁，从而确保智库能够对政策制定产生持续影响。因此，本节将从常驻人员、非常驻人员，以及"旋转门"机制进行主要说明。

一、常驻人员与非常驻人员

智库的人员组织结构，大多采用的是学科知识与研究课题相结合的矩阵式研究体制：一方面将所有的研究人员按照他们所学知识的学科类别分组，另一方面又按照研究课题成立研究小组，从按学科划分的各小组中抽调研究人员组成课题的研究队伍，从而形成一种矩阵结构。这种研究体制兼顾了直线主管组织和横向协作组织的长处，既有利于整个智库的有效管理，同时又符合智库需要多学科专家共同协作的特点，因而成为现代智库的理想结构形式。智库的专职研究人员，即常驻研究人员，构成机构的核心研究团队。智库的非常驻人员包括学者、官员、实业界人士以及配备的研究助理和实习生等，他们扩充了智库团队的规模，形成了背景多元的研究梯队，更有利于开展相关研究。下文以伦敦政治经济学院公共政策组和新加坡国立大学李光耀公共政策学院亚洲竞争力研究所两个智库为案例加以说明。

（一）伦敦政治经济学院公共政策组

伦敦政治经济学院公共政策组，简称 IDEAS，在 2017 年全球"最佳大学智库"排名中名列第二。该机构创立于 2004 年，前身是冷战研究中心（CWSC）。2008 年，CWSC 成立四年后，IDEAS 取代 CWSC 作为英国伦敦政治经济学院外交政策方向的智库而诞生。IDEAS 主持跨学科研究项目，编写工作文件和报告，举办各种公开和非公开活动，为政府、商业和第三部门组织的问题提供解决方案。IDEAS 能有今天傲然的成绩，并受政府、商业和第三部门组织的重用，与其拥有诸多来自世界各地的知名外交政策专家、学者和从业者在该机构从事研究工作密不可分。

就表 5-3 来看，IDEAS 团队规模属于中等，共有 53 人，常驻研究人员与非常驻研究人员的比例也相对平均。常驻研究人员里的外援团都是与研究机构所开展项目相关的专家，系来自世界各地著名研究机构的高级研究员或相关领域的从业人员，为研究机构提供有益的外部支援。高级研究员是常驻研究人员的另一主要组成部分，他们主要是与 IDEAS 有过合作的国际知名学者，有的来自本校，如巴里·布赞（Barry Buzan），也有的来自其他高校，如哈佛大学历史系教授、牛津大学耶稣学院高级研究员尼尔·弗格森（Niall Ferguson）。此外，高级研究员系列还有一大特点，即包含了菲利普罗马历史学和国际关系学系的历届主任，如表 5-3 中所提到的马修·康纳利（Matthew Connelly）是 2014—2015 学年的系主任。非常驻研究人员的系列相比常驻研究人员要多一些，有客座教授、高级访问研究员、访问学者等，其中以高级访问研究员为主，他们同常驻研究人员一样有本校的教授，也有外校或其他研究机构的专家学者。

总体而言，英国伦敦政治经济学院公共政策组积极倡导研究队伍的多样化和国际化，聘请具有国际背景的教师，积极欢迎本国与世界其他国家和地区的知名教授前来讲学与合作，扩大兼职教师、访问学者队伍，开拓科研领域，充实研究队伍的"生态多样性"。

表 5-3　英国伦敦政治经济学院公共政策组人员结构

常驻／非常驻	类别	姓名	职位
常驻人员 27 人	外援团（Associates）12 人	罗莎·鲍尔福（Rosa Balfour）	马歇尔基金会跨大西洋高级研究员；维依斯布鲁斯筹划指导委员会会员
		居伊·德·容凯尔（Guy de Jonquières）	欧洲国际政治经济中心高级研究员

常驻／非常驻	类别	姓名	职位
常驻人员 27 人	高级研究员（Senior Fellows）15 人	巴里·布赞（Barry Buzan）	伦敦经济学院国际关系系荣誉教授；哥本哈根大学和吉林大学荣誉教授；曾担任哥本哈根和平研究所（COPRI）项目主任
		马修·康纳利（Matthew Connelly）	曾在 2014—2015 学年担任菲利普·罗曼历史学和国际关系学系主任；哥伦比亚大学历史系教授
非常驻人员 26 人	客座教授（Visiting Professors）4 人	赫尔穆特·K.安海尔（Helmut K. Anheier）	柏林赫蒂治理学院院长；社会学教授
		戈登·巴拉斯（Gordon Barrass）	战略、评估和认知方面专家
	高级访问研究员（Visiting Senior Fellows）12 人	吉迪恩·拉赫曼（Gideon Rachman）	《金融时报》首席外交事务评论员
		丹斯里·穆尼·马吉德（Tan Sri Munir Majid）	伦敦经济学院荣誉研究员；曾任马来西亚证券委员会执行主席；马来西亚航空公司主席；《新海峡时报》（NST）编辑
	访问学者（Visiting Fellows）6 人	艾里尼·卡拉莫兹博士（Dr Eirini Karamouzi）	谢菲尔德大学当代历史高级讲师；伦敦经济学院国际研究学院访问研究员
		尼古拉斯·基钦（Nicholas Kitchen）	萨里大学国际关系学讲师；IDEAS 执行硕士国际战略和外交系任教
	其他 4 人	达伦多夫博士后研究员（Dahrendorf Post-Doctoral Fellows）	
		米尔德纳和迪安科·索抵罗夫客座教授（Mladena and Dianko Sotirov Visiting Fellow）	
共计：53 人			

数据来源：根据英国伦敦政治经济学院公共政策组官方资料整理。

（二）新加坡国立大学亚洲竞争力研究所

在最新一次的大学智库排名中，新加坡共有 6 所上榜，占比 7%，且有 5 所都排名在前 35，成绩较为可观，具有一定的研究价值。因此，这里选取排名最靠前的亚洲竞争力研究所进行具体分析。亚洲竞争力研究所隶属于新加坡国立大学李光耀公共政策学院，成立于 2006 年，简称 ACI。ACI 试图建立一个智力领导和网络，致力于通过对亚洲次国家经济体的竞争力研究，促进包容性增长、生活水平和机构治理，以了解和发展亚洲地区的竞争力。

表 5–4　新加坡国立大学亚洲竞争力研究所人员结构情况

常驻人员 / 非常驻人员	职称	人数
常驻研究人员 15 人	研究所联合主任（Co-Director）	2
	研究员（Research Fellow）	1
	博士后研究员（Postdoctoral Fellow）	1
	助理研究员（Research Assistant）	11
非常驻研究人员 22 人	副主任（Vice Dean）	1
	兼职副教授（Adjunct Associate Professor）	4
	兼职教授（Adjunct Professor）	1
	副高级研究员（Adjunct Senior Research Fellow）	2
	副研究员（Adjunct Research Fellow）	1
	助理研究员（Research Assistant）	13
共计：37 人		

数据来源：根据新加坡国立大学李光耀公共政策学院亚洲竞争力研究所官方资料整理。

表 5–4 的数据显示，ACI 的研究人员并不多，且在总研究人数中以助理研究员的人数居多，非常驻研究人员中的助理研究员大多为来自本校的研究生或准研究生。但无论是常驻还是非常驻中的助理研究员，每人都有自己的项目，甚至有能力者会同时承担三个项目的工作。譬如，常驻人员中的 LIM Tao Oei 助理研究员，既是"世界主要城市生活成本、工资和购买力外籍人士和普通居民年度指数"小组成员，也是"安得拉邦政府实时成果监测系统独立审查"小组成员，还是"福利支出和预算可持续性"小组成员。非常驻研究人员中的研究助理也有这样的能人志士，如哲学博士

申请者黄玉婷（Huang Yuting）同时是"中国 100 个城市居住能力年度模拟排名"和"全球宜居和智能城市指数"两个项目小组的成员。ACI 的常驻研究人员都是与机构签订合同的全职员工；而非常驻人员中，助理研究员主要是应目前项目研究要求而临时雇用的兼职员工；其余的则属于客座研究员，有新加坡国立大学各个学院的教授，也有其他学校或其他机构的知名专家学者，这些人员不需要与该机构签订合同，在该机构相对自由、灵活。ACI 将具有不同背景、不同技能、不同知识、不同部门的常驻研究员与非常驻人员组成临时项目组，运用以项目为导向的跨学科研究方法，积极配合和参与研究所各个项目的开展，长期的项目人员和临时项目研究人员构成了机构的矩阵式研究队伍，保证了组织研究的灵活性和全面性。

二、"旋转门"机制

所谓"旋转门"机制，是指卸任的官员到智库从事政策研究，反之，智库的研究者到政府部门担任要职。这种学者与官员之间的流通就是美国的"旋转门"。高校以智库"旋转门"机制建设为依托，可以优化高校智库人力资源配置，促成学界和政界、思想与权利之间稳定双向的流动，使研究人员从政策分析家蜕变为决策者，从而有效地保证智库对国家政策的强大影响。"旋转门"机制是美国智库中最具特色的现象，产生于美国，兴盛于美国。从长远来看，这种机制使得美国智库的影响力直接渗入美国政治决策的核心，成为决策过程中必不可少的一部分。因此，此部分将选取两个美国典型的运用"旋转门"机制的大学智库来进行具体分析。

（一）普林斯顿大学伍德罗·威尔逊公共与国际事务学院

普林斯顿大学伍德罗·威尔逊公共与国际事务学院（以下简称"威尔逊学院"）长期专注于美国国际战略、对外关系和公共政策等重大政策领域的研究。威尔逊学院在智库建设中，将"旋转门"的适用范围进行拓展，形成了"外部旋转门"和"内部旋转门"两种人员流转机制。所谓"外部旋转门"，一方面是指学院按照传统模式建立起政府官员和大学学者的流转机制，另一方面则是对传统模式的突破，将人才选聘对象拓展到校外各行业领域的专家学者和实务人才。如国际安全研究中心现有的 6 名全职教授中有 4 人曾在政府部门任职，其中中心主任艾伦·弗雷伯格曾任美国国家安全事务副助理国务卿兼副总统办公室政策规划主任，柯庆生曾任美国东亚暨太平洋地区事务副助理国务卿。官员与学者的角色交叉强化了智库研究者的适任度，在这种机制下，智库里的学术精英有机会到政府任职，政府官员卸任后也会回到智库开展实务研究，学者与官员之间的角色流转对智库的发展及政府的科学决策都起到了积极作用。除学者与官员的角色转换外，威尔逊学院还将社会各行业领域的精英都纳入"旋转门"机制，大大丰富了智库团队的人员构成，进一步强化了研究团队的多元特征。除了"外部旋转门"机制，威尔逊学院还充分借助普林斯顿大学丰富的人才资源，以"内部旋转门"的人才机制为智库开展综合性、交叉性和复合性的政策研究提供强有力的学术保障与智力支持（见表 5–5）。双重身份的人事结构不仅不会对学院正常的工作造成负面影响，反而在很大程度上凸显出学院人才队伍的学科交叉性和学术多元性，同时也与现代智库所强调的团队复合型、多元化特征相吻合。多元、复合型的人才队伍，为学院产出高质量的智库产品奠定了坚实基础。

表 5–5　威尔逊学院部分知名教授院外任职情况 [①]

教授姓名	研究领域	院外任职机构
道格拉斯·阿诺德 （R. Douglas Arnold）	国会政治、国家决策、大众传媒、社会保障等	政治学系
罗兰·贝纳布 （Roland Benabou）	宏观经济学、微观经济学、政治经济学等	经济学系
艾伦·布林德 （Alan S. Blinder）	政治经济学等	经济学系

---

① "Faculty & research", 2018-05-02, see http://www.princeton.edu/faculty-research/faculty-researchers.

续表

教授姓名	研究领域	院外任职机构
卡莱斯·鲍什 (Carles Boix)	比较政治经济学、比较政治学等	政治学系
查尔斯·卡梅隆 (Charles Cameron)	政治制度分析、总统和议会研究等	政治学系 经济学系
珍妮特·科里 (Janet Currie)	儿童健康与福利	经济学系
克里斯托弗·希巴 (Christopher Chyba)	核武与化武政策、军控与防扩散	天体物理学系
阿兰·克鲁格 (Alan Krueger)	劳动经济学、劳资关系、社会保障	经济学系
爱德华·费尔顿 (Edward Felten)	计算机安全与隐私、技术政策	计算机科学系
道格拉斯·S. 梅西 (Douglas S. Massey)	社会学	社会学系

（二）哈佛大学贝尔弗科学与国际事务中心

美国贝尔弗科学与国际事务中心（以下简称"贝尔弗中心"）成立于1973 年，是哈佛大学肯尼迪政府学院进行国际事务、自然资源和科学技术政策研究的核心机构，在美国宾夕法尼亚大学"智库和公民项目组"推出的"最好大学智库"中位居榜首。贝尔弗中心能有如此优异的成绩，自然离不开它健全合理的人员结构。

贝尔弗中心汇聚了来自企业界、军界、学术界、新闻界和政府部门的各界人士，同样采用"旋转门"式的政府—智库人才交流互换机制。譬如，国际委员会董事罗伯特·D. 布莱克威尔（Robert D. Blackwil）曾就职于美国外交关系委员会，担任基辛格对外政策高级研究员乔治·布什总统的助手，是国家安全政策计划的提出者。阿伯特·卡耐塞（Albert Carnesale）是奥巴马政府美国核未来蓝丝带委员会成员、对外关系委员会和太平洋国际政策理事会的成员。身跨政学两界的特性促使这些学者不仅在某一专业领域有扎实的理论功底、较强的调查研究和对策研究能力，还具备丰富的实践经验，并且深谙政府部门的政策制定程序和决策咨询需要，能够将外交实践同理论知识很好地结合，既帮助中心提高了政策影响力，又使中心的研究更具有针对性。美国著名的旋转门机制使得智库与权力得到了最有效的结合——智库能更了解政府的需求，便于开展极具针对性的研究，政府也能够从智库那里获得更好的智力支持，从而形成相当良性的循环。这不但使得美国政治保持了活力和有效性，也使得智库成为给政府培养和储备人才的港湾。

三、"学派式"的人员结构形式

除了上述的人员结构形式之外，还有一种是由一位在某一领域的领军人物所发起的一个学派式的研究团队，最终形成一个颇具规模的研究机构。这种人员结构的形成好比一个金字塔，塔尖的领导人由于其独具特色的人格魅力和颇有威望的学者地位而吸引一批学者加入其中，并一代一代往下繁衍，使其团队越来远大，金字塔越来越宽。在这一类型中，以哈佛大学费正清东亚研究中心较为典型。

费正清是美国当之无愧的中国学研究领域的领军人物，"几乎单枪匹马地开创了美国的现代中国学研究领域"[①]，享有美国"中国学之父"的赞誉。1955 年，费正清联络福特基金会和卡内基基金会对区域研究中心的相关经费进行资助，正式促成了哈佛大学东亚研究中心的成立。凭借费正清独特的人格魅力、严谨的科研态度、广博的学术积累和远见卓识、审时度势的领导能力，哈佛大学东亚研究中心迅速成长为美国中国学研究的"旗舰"，培养了一大批中国问题专家，形成了一支实力雄厚的研究队伍，在东亚研究领域作出了世所公认的贡献。费正清和他的研究团队以独特的视角审视考察中国，运用现代化理论解读中国的现代化进程，对中国的各方面问题进行了全方位的研究，提出了著名的"冲击—反应"模式。东亚研究中心的学术成果不仅深刻影响了几代美国和西方的中国史研究，甚至

---

① 顾宵容：《哈佛大学费正清中心五十年之观察》，《中国图书评论》2014 年第 4 期。

在后来很长一段时间内垄断了美国的中国学研究，而且直接或间接地影响了美国政界对华政策的制定和美国公众的对华态度与看法。

第三节　发达国家大学智库的经费筹集与使用

资金筹集在智库体系内发挥着十分关键的核心作用，单纯依靠研究成果而产生的收益难以维持一个智库的长期运转；反过来说，拥有充足的资金率将影响着智库研究的质量。大学智库作为非营利性机构，其生存和发展都离不开稳定的资金支持——资金是智库运营的生命线，强大的筹款能力是智库得以成长和发展的基石。综观世界各大高校智库，不难发现，越是活跃的智库，越是有着各种各样的资金渠道。资金来源的多元化是智库的一大特征，也是各个智库追求的目标；充足的、多元化的资金是保证智库得以开展更多独立研究的重要前提。不同的智库，不同的资金来源在总经费中所占的比例也有较大差异。总体而言，大学智库的资金来源主要有创始人的专项资金，大学母体的支持资金，基金会、大公司和个人的捐助，以及政府的资助和拨款。创始人的专项资金虽然金额有限，但是相对稳定，而来自企业、个人和政府的捐助的多少则要视智库的影响力而定。争取基金会的支持也是各大高校智库不遗余力努力的方向，尤其是在美国智库的发展历程中，很多颇具影响力的智库在最初的创建时期都得益于资金会的资金支持。

发达国家的大学智库坚持独立、自主、公正的理念，输出科学的管理思想，很多大公司和政府机构都非常依赖智库，也乐于对智库提供捐款，但智库并非对捐款来者不拒。譬如，大量知名智库公开声明不接受包含特定附加条件的捐款，不从事会限制自己独立性和自主性的研究，以维护智库的声誉和形象。除拥有多元化的资金来源外，很多发达国家的智库还可在税收方面享受优惠待遇，这也为智库的发展壮大提供了有利环境。

一、基金会对大学智库的经费支持

美国基金会的发达有其历史和文化渊源，基金会数量也是世界其他任何国家都无法比拟的。"根据 2000 年版美国《基金会年鉴》提供的数字，当时资产在 300 万美元以上、年捐款在 20 万美元以上的基金会共有 10492 家，这个数字是全美大小不等的正在活动的基金会总数的 1/4。从整体上说，这些基金会控制着多达 3000 亿美元的资产。"① 对善于运用"旋转门"机制的美国智库而言，各基金会也是联系政界和学术界之间的主要纽带。换言之，美国智库之所以争相积极地开拓基金会资金渠道，是因为其不仅能帮助智库保持独立性，亦能帮助智库保持智库研究的价值与质量。在这方面，美国哥伦比亚大学魏德海东亚研究所与莱斯大学贝克研究所就很有代表性。

（一）哥伦比亚大学魏德海东亚研究所

哥伦比亚大学魏德海东亚研究所主要有五种资金来源，多元化的资金来源使其避免了对某一资金的过度依赖，从而有充足的运营资金从事独立的政策研究和舆论影响力传播。由于美国的慈善文化传统和优惠的税收制度，因此基金会热衷于为智库提供研究基金。它作为一种相对稳定的长期资金来源，是美国智库得以运营的基础。"可以说，私人基金会的经费资助为大学智库在战后的腾飞提供了最为直接和有效的支持。此外，这种经费来源也在很大程度上使大学智库具有了相对于政府的独立性，为大学智库的政策研究打上了相对中立的色彩。"② 根据《2016—2017 年年度报告》提供的数据，基金会在所有资金来源中占比最多，高达 56%。共有 20 个不同的基金会为魏德海东亚研究所的研究投入资金，其中魏德海基金会（Weatherhead Foundation）为主要资助者，其他还有弗里曼基金会（Free-man Foundation）、保罗·兰格基金会（Paul F. Langer Fund）、日本基金会

---

① 王莉丽：《旋转门——美国思想库研究》，国家行政学院出版社 2010 年版，第 139 页。

② 田山俊：《美国大学智库：历史经纬与现实观照》，《西北师大学报（社会科学版）》2016年第 3 期。

（The Japan Foundation）等。

智库、基金会、政府和社会四者之间是一种稳固而密切的关系，这些都为大学智库从事政策研究和信息传播提供了充足的资金来源。据魏德海东亚研究所年度报告称，该所除了有基金会的捐助之外，还有来自美国教育部（从 1960 年起，每年提供该研究所所需资金的 3%）和美国国务院的政府资助，在总的资金中占比 8%；社会人士的支持（其中有一位匿名资助）在总资金中占比 22%，包括康拉德·W. 鲍尔（Conrad W. Bauer）、西尔维娅·黄（Sylvia Lew Wong）、菲利斯·迪克斯坦（Phyllis Dickstein）等；商业公司的资助占比 8%，此外还有哥伦比亚大学魏德海校友会的经济支持。哥伦比亚大学魏德海东亚研究所积极争取多方面的资金，为拓宽智库的生存空间提供了有利的条件，同时也避免了其研究受到重大投资方利益趋向的驱动，保证了研究所的独立性。

（二）莱斯大学贝克研究所

莱斯大学贝克研究所，全称为"莱斯大学詹姆斯·贝克三世公共政策研究所"，由曾担任过三位美国总统高级政府官员的詹姆斯·贝克三世（James Baker Ⅲ）于 1993 年创立。该研究所对美国国内外政策问题进行独立研究，为决策者提供相关的政策评估和建议。贝克研究所以设立捐赠基金和支持者的捐助为主要经费来源，各占 40% 和 39%。根据 2017 年年度报告，贝克研究所共获得 453 万美元的捐赠基金，来自格拉塞尔家族基金会（Glassell Family Foundation）、罗伯特和珍妮丝麦克奈尔基金会（The Robert and Janice McNair Foundation）、斯塔尔基金会（The Starr Foundation）以及卡塔尔国际干细胞政策基金会（The State of Qatar Endowment for International Stem Cell Policy）等。相较于其他资金渠道，这些基金会是贝克研究所争取到的更为充足而稳定的资金来源，相互有着长期的合作关系。贝克研究所的支持者捐助也是一大经济来源，主要是邀请企业参加圆桌会议、参与政策研究活动而从中获取该企业的捐助。这种形式的捐助相较于长期合作的基金会拨款，具有较大的不确定性。除此之外，贝克研究所还接受来自国家科学基金会等一些政府所属机构的研究资助，共计 230 万美元，占总收入的 20%，以及莱斯大学本校的部分拨款，仅占 1%。坚实、稳定的资金保障不仅为贝克研究所高质量的研究产出奠定了基础，同时也为该研究所独立性的保持提供了底气。

二、政府对大学智库的经费支持

政府拨付经费是智库固定收入的一种主要模式，不仅安全可靠，而且资金相对稳定。有人认为在资金上依赖政府会抑制智库发展的灵活性，因而，要想保持大学智库的独立性，免受政府控制，尤其是免受政党变动的影响，多数发达国家大学智库在接受政府资助时，一般都基于项目合同之上，以课题资助为主，经费的目的性非常明确。下文以选取德国波恩大学发展研究中心和英国萨塞克斯大学发展研究所为典型案例进行分析。

（一）德国波恩大学发展研究中心

德国波恩大学发展研究中心是以政府资助为主要渠道的一所大学智库，政府资助在总经费中的占比高达 82.14%（见表 5-6）。其中，德国联邦经济合作与发展部（BMZ）、德国联邦教育和研究部（BMBF）、德国学术交流处（DAAD）、德国联邦食品和农业部（BMEL）、德国北莱茵威斯特伐利亚州和德国联邦环境部、自然保护、建筑与核安全部（BMUB）是政府资助的主要部门。正如前文所提到的，智库在接受政府大额资金资助的同时，为保持其独立性，会选择以课题资助为主的形式同政府签订项目合同。譬如，BMZ、BMBF 和 DAAD 拨款经费占比较高的三个政府部门，与波恩大学发展研究中心签订的项目课题有"玻利维亚的绿色环境影响评估""水能合作""领导力发展研讨会""国际博士资助"等。除政府拨款外，波恩大学发展研究中心的经费来源还有以国际林业研究中心（CIFOR，2.62%）、全球生物经济国际粮食政策研究所（IFPRI，2.24%）、欧盟（EU，1.99%）为主的社会资助，以及罗伯特·博世基金会、大众基金会、菲亚特基金会和亚历山大·冯·洪堡四大基金会。

表5-6　德国波恩大学发展研究中心资金来源情况

资金来源	具体来源	金额（欧元）	占比（%）
政府 （82.14%）	德国联邦经济合作与发展部（BMZ）	4，080，760	32.96
	德国联邦教育和研究部（BMBF）	2，909，855	23.51
	德国学术交流处（DAAD）	1，718，203	13.88
	德国联邦食品和农业部（BMEL）	508，076	4.1
	德国北莱茵威斯特伐利亚州	491，646	3.97
	德国联邦环境部、自然保护、建筑与核安全部（BMUB）	460，040	3.72
社会 （13.62%）	国际林业研究中心（CIFOR）	328，821	2.67
	全球生物经济国际粮食政策研究所（IFPRI）	276，797	2.24
	欧盟（EU）	246，516	1.99
	其他机构组织	833，589	6.72
基金会 （4.24%）	罗伯特·博世基金会	235，239	1.9
	大众基金会	175，262	1.42
	菲亚特基金会	98，212	0.79
	亚历山大·冯·洪堡基金会	16，667	0.13
总计：12，379，683			

数据来源：根据德国波恩大发展研究中心官网公布的2016—2017年年度报告整理。

（二）英国萨塞克斯大学发展研究所

英国萨塞克斯大学发展研究所（简称IDS）筹措资金时，为确保资金来源的公正性、透明性和合理性，制定了一套资助伦理政策。这套伦理政策由资助伦理政策小组负责，设定了具体的科学标准和原则来接受或拒绝资助和捐赠，从而使潜在资助者了解这套方法如何运作（见图5-4）。具言之，IDS不接受完全匿名的资助，只接受经资金伦理政策小组批准的资助；IDS要求充分披露潜在资助者和研究所职员之间的任何已知联系，将保留记录任何与此类联系有关的登记册；资金受捐之后，如有发现用于他用，资助者和 IDS 的合同关系将立即解除；IDS 保留发表主要资助者信息的权利。

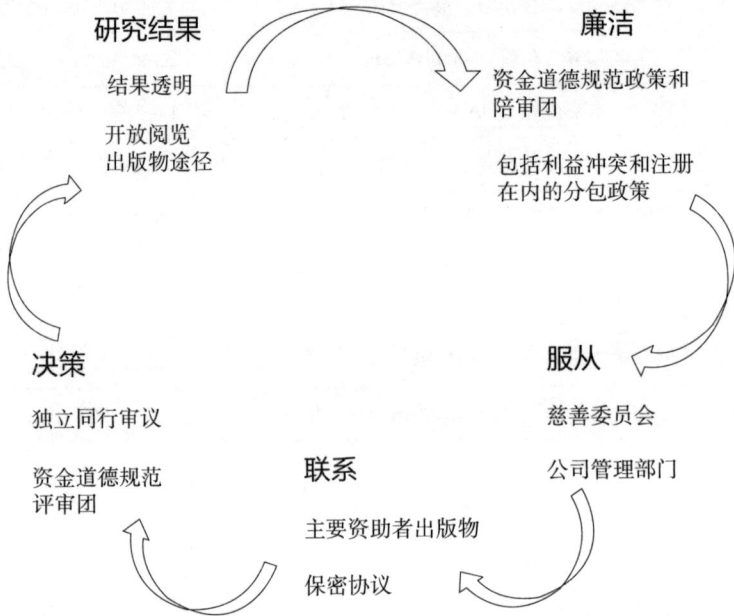

图5-4 萨塞克斯大学发展研究所资金的资助伦理政策方法 [1]

IDS 是以政府拨款为主的大学智库，政府拨款在所有经费来源中占比39%（见图5-5），其中，最大的资助者是英国国际发展部（DFID）。IDS虽以政府资助为主，但通过经费来源占比情况来看，它的经费渠道不仅多元，而且经费占比相对平均。除政府拨款外，IDS 接受来自欧盟、各种联合国组织以及各种援助机构的企业资助，占比21%，慈善机构和基金会的捐助共占20%，学术机构占20%。总之，IDS 以政府拨款为主要资金来源，在维持机构基本运营的同时，借助公开、透明的资助伦理政策规范其资金的流入，从而挑选更优质的资助对象，拓宽资金来源渠道，促进机构更加平稳、高效地发展。

---

[1] "Governance", 2018-12-17, see https://www.ids.ac.uk/about/governance/.

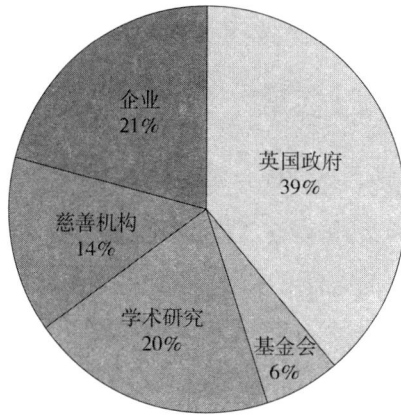

图 5-5 萨塞克斯大学发展研究所资金来源情况

数据来源:根据英国萨塞克斯大学发展研究所官网公布的 2018 年年度报告整理。

第六章 发达国家大学智库案例分析
——基于美国的研究

美国是国际公认的高等教育"超级大国",有着规模最为庞大、水平也最为卓越的研究型大学群。雄厚的高等教育基础为美国大学开展智库建设提供了有力支撑。从历史上看,美国是最早开展现代大学智库建设的国家,并且在长期的发展过程中培育出了一大批全球知名的大学智库。哈佛大学、斯坦福大学、哥伦比亚大学等众多著名研究型大学等更是成为声名卓著的顶级大学智库"孵化器"。以美国为研究对象,从大学母体和智库个体及其互动关系的角度进行深入的系统分析,对全面认识和准确把握发达国家大学智库的发展历程和建设经验有着极大的助力作用。

第一节 哈佛大学的智库建设

作为美国一流大学的代表,哈佛大学自二战之后开始致力于智库建设,到 20 世纪 70 年代,哈佛大学充分发挥自身的人才、科研、组织和资源优势,坚持顺势而为、突出重点、稳步推进的原则,打造出众多在公共政策领域具有广泛影响力的高水平智库,使哈佛大学拥有了令世人瞩目的"智库群"。哈佛大学"智库群"的崛起,不仅为哈佛大学社会服务职能的拓展与深化提供了更具创新价值的平台,而且为哈佛大学办学水平的提升开辟了新的渠道,为哈佛大学赢得了更广泛的声誉,并由此成为西方大学智库史上大学智库与大学母体良性互动的典范。

一、哈佛大学"智库群"的兴起

(一)哈佛大学"智库群"兴起的历史背景

就其本质而言,大学智库是高等教育社会服务职能向公共政策领域延伸和拓展的集中体现。高等教育的社会服务职能确立于19世纪中后期的美国,以赠地学院、康奈尔计划和威斯康星观念等为标志,大学开始自觉运用自身的人才和智力资源为社会提供有效的服务。二战时期,来自美国政府(军方)的研究合同,不仅为美国的大学特别是研究型大学带来丰厚的科研经费,而且极大地推动了美国大学特别是研究型大学科研水平的提升;更为重要的是,众多研究型大学从中深刻认识到社会服务职能对于自身发展的意义与价值。因此,二战之后,积极推动社会服务职能的拓展和深化开始逐渐成为美国研究型大学的共识。作为美国研究型大学的翘楚,哈佛大学在探索高等教育社会服务职能的多元实现方面再一次走在了前列,大学智库即这一探索的代表性产物。

从19世纪中后期直至二战,美国大学社会服务职能的实现方式多为技术推广,其领域大都集中在与工农业经济发展(二战期间则大规模聚集到军工技术及相关产业)密切相关的自然科学范畴内,并且取得了显著成绩。以二战期间哈佛大学承担的研究项目为例:"霍华德·艾肯及他的计算机实验室开发了数据收集技术,可以使海军与空军在更广的领域处理事务。水深测量实验室,由应用物理学教授弗雷德里克·V.亨特主持,他们在潜水艇上安装雷达,研制出了一种鱼雷,在1943年大西洋之战中为消灭德国潜水艇做出巨大贡献。无线电研究实验室,有600多名科学家致力于雷达监测防御研究,与麻省理工学院更大的放射实验室一起使坎布里奇成为雷达研究的中心。神经—听觉实验室由多个小组组成,由雷欧·巴拉奈克及S.史密斯·史蒂文斯领导,他们研究在嘈杂的环境中(战斗机里、战场上)改善通信的问题。一个由路易斯·费舍领导的化学小组,开发石油胶状物(燃烧弹),用来突袭日本城市。"[①]

---

① [美]莫顿·凯勒、菲利斯·凯勒:《哈佛走向现代:美国大学的崛起》,史静寰、钟周、赵琳译,清华大学出版社2007年版,第237页。

这些卓有成效的与军工技术相关的科学研究，不仅为美国军事实力的提高做出了重要贡献，而且使得哈佛大学在获得丰厚科研经费的同时，大幅提升了自身的科研实力和研究水平。

丰厚的收益和显著的效果让包括哈佛大学在内的众多研究型大学开始在二战后将更多的精力放在利用自身学术优势为社会提供直接的服务方面。在这一过程中，与大多数大学主要采取延续战时传统、注重开发和扩大自然科学的社会服务职能不同的是，哈佛大学并没有仅仅局限于此，而是将目光及时投向了此前并不为人所关注的社会科学领域，如政治学、经济学、国际关系学、管理学、社会学、历史学等，由此促成了哈佛大学第一批智库的出现，使哈佛大学在二战后大学智库发展浪潮中赢得了先机。

哈佛大学自觉延伸社会服务职能、主动推动大学智库建设的行为并非偶然，至少有三个因素在其中发挥了作用。其一，尽管战时哈佛大学与政府（军方）的合作主要集中在自然科学领域，但也有少数合作出现在社会科学领域。例如："心理学家哈里·默里开发了一些方法，通过人格测试来评估人，广泛用于军队……人类学家克莱德·克拉克霍恩对日本人的心理学进行研究，人们认为这是决定向日本投放原子弹的重要因素。"[1] 这些案例使哈佛大学认识到，社会科学同样可以利用自己的学术优势提供有效的社会服务，并在此过程中发展壮大自身。其二，战前哈佛大学的社会科学处于一种较为尴尬的境地，它"既没有人文科学的声望，也没有自然科学的学术活力"。哈佛大学的领导层迫切希望改变这种状况，并为此做出了努力。20世纪三四十年代，哈佛大学聘请了一批在社会科学领域或声名卓著或极具潜力的学者，如经济学领域的约瑟夫·熊彼得、爱德华·钱伯林、哥特弗雷德·哈波勒、阿瑟·史密伊斯，历史学领域的理查德·派普斯、费正清、埃德温·O.雷思乔瑟、小亚瑟·迈尔·史莱辛格、奥斯卡·汉德林，政治学领域的塞缪

---

[1] [美]莫顿·凯勒、菲利斯·凯勒：《哈佛走向现代：美国大学的崛起》，史静寰、钟周、赵琳译，清华大学出版社2007年版，第237页。

尔·比尔、路易斯·哈茨、乔治·邦迪，① 这批学者的加盟为哈佛大学
社会科学的腾飞奠定了人才基础，也使社会科学研究与国家公共政策的
结合（即大学智库的出现）成为可能。其三，在推动社会科学发展的具
体路径选择上，哈佛大学领导层认为，与其他科学门类一样，社会科学
的发展不能仅靠纯粹的学理思辨和基础理论研究，还要高度关注应用研
究。正如时任哈佛大学校长詹姆斯·科南特所说："只有通过实际问题，
才能找到科学前进的材料。"② 就社会科学研究实际问题来说，智库显然
是最佳的载体之一。正是在上述因素的共同影响下，哈佛大学开始了自
觉拓展社会科学服务职能的尝试，哈佛大学的智库发展也由此驶入了快
车道。

（二）哈佛大学"智库群"的兴起路径

第一，以满足公共政策需求为导向，致力打造特色智库。

如前所述，大学智库是大学（主要是其社会科学）自觉延伸社会服务
职能的产物，满足公共政策需求既是大学智库产生的动因，也是其存在的
价值。因此，对于一所大学而言，是否建设智库以及建设什么样的智库，
既取决于大学自身是否具备一定的人才储备、学科基础和学术优势，还取
决于大学能否敏锐捕捉并坚持公共政策需求导向，进而有针对性地发展特
色智库。这实际上反映出大学智库发展的一条基本规律，即任何一所大学
在建设智库的过程中必须坚持以公共政策需求为导向，结合自身优势，顺
势和循序发展特色智库。

就哈佛大学的智库建设而言，二战之后的 20 余年是哈佛大学智库发
展的第一个高峰期。这一时期哈佛大学的一批以区域研究、国际关系及外
交政策研究为特色的智库机构的兴起历程充分反映了上述规律。自二战后
到 20 世纪 70 年代，哈佛大学相继成立了俄国研究中心（1948 年）、中东
研究中心（1954 年）、东亚研究中心（1955 年）、国际事务中心（1958 年）、

---

① ［美］莫顿·凯勒、菲利斯·凯勒:《哈佛走向现代:美国大学的崛起》，史静寰、钟周、
赵琳译，清华大学出版社 2007 年版，第 113—125 页。
② ［美］莫顿·凯勒、菲利斯·凯勒:《哈佛走向现代:美国大学的崛起》，史静寰、钟周、
赵琳译，清华大学出版社 2007 年版，第 133—134 页。

国际发展研究所（1962 年）、贝尔弗科学与国际事务研究中心（1973 年）、日本研究所（1973 年）等智库机构。这批专属类型智库的出现并非偶然，而是哈佛大学认真分析二战后国际格局、敏锐捕捉美国对外关系政策研判的外部需求，并在此基础上努力拓展社会科学公共政策服务职能的结果。二战之后，以"杜鲁门主义"的提出为标志，美国外交政策出现了重大转折："它现在宣布，不论什么地方，不论直接或间接侵略威胁了和平，都与美国的安全有关。"① 美国谋求全球霸权的企图及其全球战略的实施，必然要求美国要比以往更加深入和全面地认识外部世界，政府则需要以更为准确和科学的理论、知识、信息、数据为基础，制定更加科学有效的对外政策。这一需求无疑为包括大学智库在内的美国智库群体的崛起提供了积极的外部空间。作为回应，哈佛大学率先于 1948 年成立了二战后的第一个智库机构——俄国研究中心，设立该中心的初衷就是"希望社会科学能够共同致力于（满足）国家认识冷战对手的紧迫需要"②。哈佛大学此后成立的众多区域和国际事务研究机构大多也都因循了类似职能。

受益于良好的外部需求，依托强大的研究队伍和学术资源，哈佛大学在这一时期组建的智库完成了大量研究项目，并取得了显著成绩。试举一例，1958 年成立的国际事务中心在首任负责人亨利·基辛格的主持下，围绕美国对外政策进行了深入研究，并在 1960 年和 1961 年推出了《意识形态与外交事务》和《选择的必要：美国外交政策展望》两部深具影响的研究成果。前者是国际事务中心受美国参议院委托对美国外交政策进行系统研究的成果，其对意识形态在美国对外关系中的重要作用的阐述深刻影响了冷战时期美国的外交战略；后者是中心主任基辛格的成名作之一，书中提出的一些战略设想，特别是"灵活反应"的战略被当时的肯尼迪政府接受为美国的战略思路，该书也被视为当时美国军事和外交政策的纲领性

---

① ［美］哈里·杜鲁门：《杜鲁门回忆录：下卷》，李石译，东方出版社 2007 年版，第 128 页。
② Davis Center for Russian and Eurasian Studies, "History", 2015-04-13, see http://daviscenter. fas.harvard.edu/about-us/history.

著作。以此为起点，国际事务中心迅速成长为美国国际关系和外交政策领域的著名智库；直至今日，该中心（1998 年更名为魏海德国际事务中心）仍是美国最著名的外交政策智库之一。

国际事务中心的兴起在哈佛大学并非个案。这一时期成立的其他智库，如俄国研究中心、东亚研究中心（即现在的"费正清中国研究中心"）、国际发展研究所、贝尔弗科学与国际事务研究中心都相继跻身美国顶级智库之列，并保持至今。在 2014 年《全球智库报告》公布的 40 所"全球顶级大学智库"中，哈佛大学有 3 所入榜，其中贝尔弗科学与国际事务研究中心位居榜首，国际发展研究所和魏德海国际事务中心分列第 14 位和第 15 位。① 这充分说明哈佛大学智库建设的显著成绩。

若深入分析哈佛大学智库建设的成功经验，就不难发现哈佛大学在智库建设过程中所坚持的公共需求导向。大学智库是大学为社会提供公共服务的载体，有效满足公共政策需求是大学智库的内在使命。对于一所有志于智库建设并以此推动学校整体发展的大学而言，敏锐捕捉公共政策需求是不可或缺的重要前提。哈佛大学智库建设成功的重要原因之一，也在于它及时和充分地认识到二战后冷战格局下美国政府对外政策领域的巨大需求空间。在此基础上，哈佛大学结合自身的学科优势和人才资源，顺势组建了一批以满足外交政策需求为宗旨的区域和对外关系研究机构，打造出众多在相关领域具有广泛影响的特色型智库，有效地实现了大学学术优势的政策转化，从而在美国公共政策研究领域产生了广泛影响。

第二，积极开拓资金渠道，为智库发展寻求充足的经费保障。

与大学母体一样，大学智库的建设和发展同样需要强大的资金支持。历史上，与那些能够提供技术咨询和服务推广的自然学科相比，美国大学中的社会学科在吸引科研经费方面始终处于弱势。二战期间，以军工及相关技术研究为主的科研资助模式进一步加剧了自然学科与社会学科在经费

---

① James G. McGann, 2013 Global Go To Think Tank Index Report, University of Pennsylvania, 2014, p. 90.

吸引能力方面的差距。这种局面显然不利于大学社会科学研究水平的提升，当然也会对二战后正处于起步阶段的大学智库的发展产生负面影响。面对这一难题，哈佛大学采取了灵活的应对措施，积极拓展经费渠道，为社会科学及大学智库的发展争取到较为充裕的研究资金，确保了智库的早期建设和可持续发展。

考虑到二战期间联邦政府为哈佛大学科学研究提供的丰厚经费，哈佛大学在智库筹建和发展初期，自然会将政府作为争取经费的首选对象。然而，二战后美国联邦政府科研资助的重心仍主要集中在自然科学领域。这是因为联邦政府科研资助政策的主导者认为，与自然科学不同，社会科学的研究缺乏充分的科学性，没有可靠的客观性，或"价值无涉"；换言之，来自政府的研究资助有可能会对社会科学研究的内容与结论产生某种导向性影响。① 因此，哈佛大学要想继续争取政府对社会科学特别是智库机构研究项目的资助就变得十分困难，另辟蹊径以获得支撑智库建设与发展的经费成为哈佛大学的必然选择。

在为智库发展寻求经费支持的过程中，哈佛大学将目光转向了私人基金会。当时美国私人基金会正在积极拓展对大学科研资助的领域，因为它也认识到，由于政府加大了对高校的科研投入，因此私人基金会如果想打造出自己的一片地盘并发挥某种根本作用的话，留给它的就只有那些尚未流行开来的具有冒险性而又容易失败的活动了②。事实上，二战后正是私人基金会对大学科研资助经费迅速增长并积极覆盖此前曾受忽视的社会科学领域的重要阶段，如福特基金会在这一时期开始将"那些经过仔细选择的、由于种种原因政府不予支持的社科研究项目"作为科研资助的重要方向。③ 另据统计，自 1946—1949 年到 1955—1958 年，仅卡内基、福特和

---

① ［美］丽贝卡·S. 洛温：《创建冷战大学——斯坦福大学的转型》，叶赋桂、罗燕译，清华大学出版社 2007 年版，第 242 页。

② 刘喻：《美国私人基金会捐赠高等教育的研究》，硕士学位论文，华中师范大学，2008年，第 12—13 页。

③ 刘喻：《美国私人基金会捐赠高等教育的研究》，硕士学位论文，华中师范大学，2008年，第 13 页。

洛克菲勒三大基金会对美国主要大学社会科学研究提供的经费就从450万美元增至4360万美元。① 哈佛大学看到并及时把握住了这一机遇，充分利用自身的社会声誉和学术地位，赢得私人基金会大量的经费支持，为智库的建设和发展赢得坚实的资金保障。

实际上，二战后哈佛大学第一批智库的兴起，大多都与私人基金会的经费支持密切相关。如二战后哈佛大学创办首个智库（俄国研究中心）所需的10万美元经费，就是时任校长科南特向卡内基基金会筹得的，而且在此后的十多年里，俄国研究中心还陆续从卡内基基金会获得了150万美元研究经费。② 此外，哈佛大学还利用福特基金会提供的资金支持先后创办了东亚研究中心、国际事务中心及贝尔弗国际事务研究中心。可以说，哈佛大学智库群在战后的崛起，很大程度上是建立在私人基金会的经费支持之上的。

私人基金会的经费支持带给哈佛大学智库的另一个潜在且重要的影响是，大学智库在产生初期便打上了"价值无涉"的色彩，这为哈佛大学智库在后续发展中能够赢得政府的经费支持提供了保障。如前所述，二战后联邦政府科研资助政策的制定者担心社会科学研究缺乏可靠的客观性，为之提供资助有可能导致相关研究出现某种"预设立场"，其研究成果无法成为政府决策的科学依据和参照，因此社会科学研究未能被列入联邦政府的经费资助范畴。私人基金会则完全不存在这一担心，因为"私人基金会可能很好地显示了政治动机的无涉……他们不被联邦政府所控制"③。哈佛大学创办俄国研究中心时，科南特校长等人就明确规定："中心的工作要完全不受政府的约束，并且所有的研究成果都要公开。"④ 必须看到，

---

① [美] 罗杰·L. 盖格：《研究与相关知识——第二次世界大战以来的美国研究型大学》，张斌贤、孙益、王国新译，河北大学出版社2008年版，第115页。

② [美] 莫顿·凯勒、菲利斯·凯勒：《哈佛走向现代：美国大学的崛起》，史静寰、钟周、赵琳译，清华大学出版社2007年版，第134—135页。

③ [美] 丽贝卡·S. 洛温：《创建冷战大学——斯坦福大学的转型》，叶赋桂、罗燕译，清华大学出版社2007年版，第242页。

④ [美] 莫顿·凯勒、菲利斯·凯勒：《哈佛走向现代：美国大学的崛起》，史静寰、钟周、赵琳译，清华大学出版社2007年版，第134—135页。

"价值无涉"，或者说研究的客观性、独立性，是智库赖以生存和发展的理念基石，也是智库为赢得政府和社会公众信赖而需长期秉持的重要原则。哈佛大学在发展智库之初，通过引入私人基金会经费支持的方式为自己打上了这一特征印记，不能不说这是哈佛大学智库建设史上的一大成就。正是依靠这种"价值无涉"的客观性、独立性和中立立场，哈佛大学智库的研究活动及其成果才能够为政府和公众所信赖，进而为自身的可持续发展打下良好的基础。事实也证明，在政府打消了对资助大学智库研究的顾虑、开始向大学智库提供经费支持之后，哈佛大学的众多智库很快就成为政府研究合同的受益者，如俄国研究中心在成立几年之后即获得了来自政府的 45 万美元的研究捐助。① 可以说，从另辟蹊径寻求私人基金会的经费支持，到联邦政府科研资助的纷至沓来，哈佛大学在拓展智库建设经费方面迈出了一大步，为智库群的崛起奠定了坚实的物质基础。

第三，注重发挥学术优势，以高水平战略研究提升智库的品牌和影响力。

智库的价值最终要通过高水平的研究活动和研究成果来体现，大学智库亦不例外。然而，对于二战后初期的哈佛大学智库而言，要想开展高水平的公共政策研究并产出具有影响力的成果，进而在这一领域占据一席之地，还需要面对另一挑战。这是因为，在美国智库发展史上，20 世纪中期不单是大学智库开始繁荣的时期，也是美国智库的另一主要类型——独立智库迅速崛起的重要阶段；除少数成立于 20 世纪早期的老牌独立智库外，诸如兰德公司、企业研究所、城市研究所、胡德森研究所、美国战略与国际研究中心、传统基金会等至今仍赫赫有名的独立智库大都出现于这一时期。这批独立智库很快就崭露头角，如成立于 1948 年的兰德公司在战后初期得到了美国国防部的青睐，公司"运用新的方法和技术来分析研究公共政策问题，取得了丰硕的成果。在核战争危险的阴云下，兰德公司

---

① ［美］莫顿·凯勒、菲利斯·凯勒：《哈佛走向现代：美国大学的崛起》，史静寰、钟周、赵琳译，清华大学出版社 2007 年版，第 134—135 页。

为美国冷战时期核战略的制定立下了汗马功劳，它们不但投入了大量的力量研究核问题，还为美国空军怎样才能最有效地保卫国家安全、防止苏联的进攻出谋划策"①。独立智库的兴起给正处于起步阶段的哈佛大学智库带来了挑战，因此，在竞争方兴未艾且将日趋激烈的智库领域，哈佛大学众多新生智库要想在竞争中占得先机，就必须努力开辟出能够发挥自身优势、体现独特价值的生存空间，探索出一条适合大学智库发展的路径。

那么，相对于独立智库，哈佛大学的智库有哪些优势呢？显然，雄厚的学术积淀、扎实的基础理论研究、学术背景多元的研究队伍、覆盖广泛的学科分布是哈佛大学智库发展所拥有的独特优势。基于这一学术优势，哈佛大学智库在实践中形成了侧重基础性、长期性、综合性和战略性研究的发展方向，这一发展方向实际上成为促成哈佛大学智库在公共政策研究领域赢得一席之地的关键因素，为哈佛大学打造智库品牌、扩大智库影响力奠定了基石。

例如，作为哈佛大学二战后首个智库的俄国研究中心，在成立之初即确立了如下目标："研究俄国的制度和行为，以确定苏联国际活动和政策的主要原因。当然，在推动从科学和学术角度认识苏联、认识俄罗斯的科学以及为公众提供有关此领域的经过认真评估过的信息方面，中心也希望能有所作为。"②换言之，中心的工作并不是直接为政府制定对苏政策提供具体的建议文本，而是要为政府和公众系统性地呈现有关苏联的完整和准确的信息。显然，这种研究目标定位与独立智库存在着明显不同。受这种目标定位影响，包括俄国研究中心在内的哈佛大学众多智库产出的大量研究成果也带有了鲜明的基础性和战略性特征。应该看到，与独立智库所产出的那些带有明确指向性和针对性的成果相比，哈佛大学智库的众多研究成果或许在短期内无法直接转化为政府的具体决策，其产生的长期影响却是难以估量的。如前文提及的国际事务中心在1960年出版的《意识形态

---

① 王莉丽：《旋转门——美国思想库研究》，国家行政学院出版社2010年版，第45页。

② Clyde Kluckhohn, "Russian Research at Harvard", World Politics, No. 2 (1949) .

与外交事务》一书对意识形态在外交事务中的重要性所做的精准阐述，就在很大程度上深刻影响着冷战时期美国对外政策中的意识形态思维。另一个典型案例是 1968 年由该中心推出的《变化社会中的政治秩序》一书，该书的作者是 20 世纪美国著名政治学家塞缪尔·亨廷顿，当时其任职于哈佛大学国际事务中心。在这部被誉为"亨廷顿理论奠基之作"的著述中，亨廷顿分析了第三世界国家社会和政治问题的根源，提出了第三世界国家走向现代化的"强政府理论"。很显然，从政策实用性的角度来说，这部著作并没有提出可供政府直接采用的政策建议，但该书对第三世界国家现代化进程的深刻洞悉，却给美国政府提供了看待二战后第三世界国家发展格局的全新视角。该书的出版不仅进一步奠定了亨廷顿在美国学界和对外政策领域的地位，同时也给哈佛大学国际事务中心赢得了巨大声誉。正是凭借着诸如《意识形态与外交事务》《变化社会中的政治秩序》等具有深刻战略价值的研究成果，哈佛大学智库方得以在竞争激烈的智库领域占据一席之地，哈佛大学也由此成为美国一流大学培育高水平"智库群"的典型代表。

（三）哈佛大学"智库群"兴起的经验及其借鉴

近年来，特别是 2013 年《中共中央关于全面深化改革若干重大问题的决定》提出加强中国特色新型智库建设，以及 2014 年教育部启动《中国特色新型高校智库建设推进计划》以来，高校智库建设日益成为全社会关注的热点议题，很多高校从不同角度进行了积极尝试，并取得了值得肯定的进展。然而，高校智库在我国仍属于"新生事物"。客观地讲，从高校角度来看，对于智库建设对高校究竟意味着什么、高校何以能够建设智库、建设什么样的高校智库、高校如何依托自身优势建设高水平的特色智库等基本问题，人们的认识还远未达到应有的高度。在这种情况下，骤然兴起的高校智库建设热潮很容易陷入盲目或多走弯路。因此，越是在社会对发展高校智库的期望不断升温的情况下，高校越是要保持冷静，充分考察现实需要和实际条件，切实从高等教育发展的内在规律中探索高校智库建设的科学路径。而在此进程中，二战后哈佛大学打造高水平"智库群"的经验具有极为现实的借鉴意义。

第一，科学定位智库对高校发展的意义与价值是大学智库建设的理论前提。

高校开展智库建设的内在动机源于高等教育拓展社会服务职能的需要，是高校的学术优势与智力资源对现代政府科学决策和民主决策需求的积极回应。通过发展智库，高校能够有效实现自身智力资源特别是社会科学学术优势的政策转化，这不仅将高等教育的社会服务职能从传统范畴拓展到新兴的公共政策领域，发挥高校在提高现代政府治理能力过程中的作用，同时也为高校社会科学研究水平的提升开辟了新的路径。哈佛大学借助智库建设有效推动了其社会科学的研究水平，扩大了相关学科的学术影响，这也充分说明了智库建设对大学自身发展的重要意义和现实价值。对高校智库建设与大学发展关系的科学定位，有利于从理论源头廓清对高校智库本质的认识，为我国新型高校智库的建设奠定科学的理论基础。

第二，有效捕捉公共政策需求是高校建设高水平智库的关键影响因素。

哈佛大学之所以能够在较短时间内建设一批特色突出的高水平智库，一方面是因为大学为之提供了强大的学术支撑，另一方面在于哈佛大学在兴建智库的起始阶段就对建设什么样的智库有了明确的目标定位，而这从根本上是源于哈佛大学准确把握了美国政府在冷战格局下急需制定具有全球战略意义的对外政策的迫切需求，进而结合自身的学科与人才优势兴建起一批专门的区域与国际关系研究机构。适宜的外部环境和强大的学术资源两者之间的巧妙结合，成就了哈佛大学一流"智库群"的兴起。

就本质而言，大学智库存在的价值主要体现于其对公共政策需求的满足程度。因此，在缺乏稳定而迫切的外部需求，或是大学没有敏锐捕捉甚至无视、忽视外部需求的情况下，大学智库的建设和发展就会失去方向，即使勉力为之，也无法体现出自身的存在价值，其结果一则虚耗资源碌碌无为，二则无助于大学学术水平和社会服务职能的提升。因此，对我国高校而言，要在当前智库建设浪潮中发挥出应有的价值，其重要前提和关键因素在于，每一所有志于发展智库的高校都必须将智库建设的基础建立在对公共政策需求的认真审视和准确分析上，同时还应客观认识高校自身学术力量对政策需求的满足程度。换言之，敏锐捕捉公共政策需求与客观分析自身学术基础，是高校建设智库必须首要考虑的两个关键要素，甚至可以称为决定一所高校可否兴建智库的"充要条件"。

第三，开展基于学术优势、凸显战略价值的综合性与长效性政策研究是高校智库可持续发展的重要保证。

二战之后哈佛大学"智库群"的崛起是在竞争日趋激烈的美国智库全面走向繁荣的过程中完成的，面对来自其他类型智库特别是独立智库的挑战，哈佛大学智库并没有选择在独立智库所擅长的研究领域与之竞争，而是在充分考察自身学术基础、研究传统和人才优势的前提下，将基础性、综合性、长期性、战略性政策研究确定为大学智库的主要研究方向。这一准确的目标定位确保了哈佛大学学术优势向政策研究领域的顺利转化，促成了一批对美国国家战略产生深远影响的研究成果的产生，从而不仅使哈佛大学在竞争激烈的智库领域站稳了脚跟，为哈佛大学智库的后续发展奠定了基石，而且为哈佛大学赢得了学术声誉。

与哈佛大学智库在发展初期面临的境况相似，正处于蓄势待发阶段的我国高校智库同样面临着来自其他类型智库的挑战。我国的党政机关附属政策研究机构、社科院系统，甚至近年来异军突起的民间智库，已经在公共政策领域扮演了重要角色。相对而言，受传统的研究范式和学术型研究导向的影响，我国高校在借助自身人才和智力资源优势、开展高水平政策研究领域还处于较为弱势的局面。在这种情况下，高校智库如果能够在激烈的竞争中凸显自身价值，就必须充分发挥比较优势，拓展政策研究的领域，特别是在其他类型智库无法承担或难以长期开展的战略性、基础性政策研究领域"俯身扎根"。应该看到，随着我国强国战略的循序开展和现代政府治理能力的提升，各级政府将比以往更加关注、重视和需要具有潜在和长远战略价值的发展理论和政策框架，而这恰恰是高校智库所擅长、其他类型智库难以企及的领域。因此，对我国高校而言，在兴建智库的浪潮中，切忌出现"'追名逐利'的'动机偏离'、'大干快上'的'行动偏离'和'纸上谈兵'的'评价偏离'"①，杜绝"跃进式"或"运动式"发展，而应以冷静、客观的态度，采取"有所为有所不为"的策略，从宏观层面通盘规划智库建设的力度和进度，打造出能够真正为国家经济社会发展和政治文明建设服务的一流高校智库。

二、一流大学智库"孵化器"——肯尼迪学院的智库建设

肯尼迪学院作为哈佛大学最晚成立的一个学院，在智库建设领域后来居上，成为该校最重要的智库孵化器之一。自 20 世纪 60 年代涉足智库领域至今，在半个世纪的时间里，肯尼迪学院孕育出了 15 个独具特色的公共政策研究机构，其中不乏贝尔弗科学与国际事务中心、政治研究所、公共领导中心、拉帕波特大波士顿地区研究所等在各自领域具有独特学术优势和广泛政策影响力的一流大学智库，著名的贝尔弗科学与国际事务中心更是连续数年在全球大学智库排名中位居榜首。②

肯尼迪学院在大学智库建设领域取得的卓越成就，离不开该学院对智库发展所持有的基本立场和所采取的有效举措。那么，在肯尼迪学院的智库建设历程中，学院对智库的角色及其内在职能如何定位？这些特色多样的智库在建设过程中又有哪些值得深思的发展举措呢？对上述问题的解答不仅有助于揭示肯尼迪学院成为一流大学智库孵化器的缘由，而且对正在致力于中国特色新型智库建设的中国高校具有极为现实的借鉴价值。

（一）一流大学智库孵化器的成长历程

肯尼迪学院的前身是哈佛大学 1936 年组建的"公共管理研究生院"，是应著名政治学家、哈佛大学政治学系教授卡尔·弗雷德里克

---

① 秦惠民、解水清：《我国高校智库建设相关问题及对策研究》，《中国高校科技》2014 年第 4 期。

② James G. McGann, *2015 Global Go To Think Tanks Index Report*, University of Pennsylvania, 2016, p. 127.

（Carl Friedrich）的建议，由学校设立的一个专门的公共管理院系，以满足当时罗斯福政府"新政"全面实施背景下政府高级公务人员尤其是公共服务领域的政府官员的需要。学院希望能够借助政治学系、经济学系、法学院和商学院的师资，为政府培养更多优秀的官员。然而由于当时哈佛大学校内对学院的办院理念、教学与培训目标等存有争议，因此这所学院在很长一段时期内发展得都不尽如人意，甚至促成学院成立的哈佛大学时任校长科南特在 1953 年离任时也失望地表示，"作为院际合作的尝试"，公共管理研究生院成为一个"彻底失败"的案例。① 直到 20 世纪 50 年代末，学院仍然未能在哈佛大学"树立起一个活跃且运行良好的独特形象"，"规模小，资金不足……使命模糊不清"。②

公共管理研究生院的发展拐点出现于 20 世纪 60 年代。1961 年上任的美国总统肯尼迪积极推行"新边疆"政策，对内政外交开始进行全方位改革。身为哈佛大学校友，肯尼迪总统还延揽了数量不菲的哈佛大学学者到政府任职。③ 新的政策形势和政府格局使学院领导看到了机会，时任院长唐·K. 普莱斯（Don K. Price）认为，面对新的外部环境，学院必须对自身的职能定位加以明确和进一步调整，学院的工作焦点"不是要向专家们进行政府日常管理职能方面的初步培训，而是要对那些预期将走上更高岗位、负责政府项目总体方向的人施以教育，以及在借由研究来指导未来政策方面做出贡献"④。"借由研究来指导未来政策"由此成为学院职能的重要环节，而这一职能的明确加快了学院在智库领域的建设步伐。

1966 年，为纪念遇刺身亡的肯尼迪总统，公共管理研究生院正式更

① Morton Keller, Phyllis Keller, *Making Harvard Modern: The Rise of America's University*, New York: Oxford University Press, 2001, p. 270.

② Morton Keller, Phyllis Keller, *Making Harvard Modern: The Rise of America's University*, New York: Oxford University Press, 2001, p. 460.

③ 参见 [美] 理查德·诺顿·史密斯：《哈佛世纪——锻造一所国家大学》，程方平等译，贵州教育出版社 2006 年版，第 269 页。

④ Morton Keller, Phyllis Keller, *Making Harvard Modern: The Rise of America's University*, New York: Oxford University Press, 2001, p. 270.

为现名。同年，学院首个公共政策研究机构——政治研究所宣告成立。政治研究所的创建不仅拉开了肯尼迪学院智库建设的帷幕，而且以其在公共政策研究领域迅速提升的影响力成为学院智库建设的范本。20 世纪六七十年代，政治研究所在纽斯达特的领导下很快成长为哈佛大学乃至全美的公共政策和政治事务研究重镇，它"将稳定的政治名流带入哈佛校园，作为一个公共事务的自由讨论中心，（研究所）扮演了堪比牛津辩论社的角色"①。20 世纪 70 年代，政治研究所创办"阿科公共论坛"（ARCO Public Forum，2003 年更名为"The John F. Kennedy Jr. Forum"，即"小肯尼迪论坛"），定期邀请政界、商界、传媒界等领域的名人围绕焦点性公共议题发表演讲、展开辩论。直至今日，该论坛仍是哈佛大学"政治演讲、讨论和辩论的热门场所"。②

1979 年，在福特基金会的支持下，肯尼迪学院成立了"科学与国际事务中心"1997 年更名为"贝尔弗科学与国际事务中心"，简称"贝尔弗中心"）。该中心的前身是 1973 年启动的"科学与国际事务项目"，最初附设于哈佛大学文理学院，主要开展核危险与军控方面的研究。1979 年以常设机构的形式并入肯尼迪学院后，该中心迅速在美国国家安全战略研究领域产生广泛影响，并深度介入了很多重大安全事务的决策过程。直至今日，贝尔弗中心仍然是肯尼迪学院乃至哈佛大学最著名的智库。在近年来的全球大学智库排名中，贝尔弗中心始终居于首位，继续在美国乃至全球安全政策和军控等研究领域保持着巨大的影响力。

进入 20 世纪 80 年代后，肯尼迪学院的智库建设开始加速。到 21 世纪初，学院已陆续成立了十余个专注于不同领域政策和公共事务研究的智库机构，详情如表 6–1 所示：

---

① Morton Keller, Phyllis Keller, *Making Harvard Modern: The Rise of America's University*, New York: Oxford University Press, 2001, p. 460.

② Kimberly A. Kicenuik, "ARCO Forum at IOP Renamed in Honor of John F. Kennedy Jr.", *The Harvard Crimson*, 2003-09-22.

表 6-1　20 世纪 80 年代至 21 世纪初肯尼迪学院成立的智库名录

序号	智库名称	成立时间	工作主旨
1	穆萨瓦-拉赫马尼商业与政府中心 Mossavar-Rahmani Center for Business and Government	1982	针对社会上公私机构对接领域中最具挑战性的问题进行研究与政策分析，通过研究与对话，寻求理论科学、实践可行的解决方案
2	住宅联合研究中心 Joint Center for Housing Studies	1985	开展住房问题研究，帮助政府、商界和公共部门的领导者做出能有效解决城市和社区住房问题的决策
3	埃德蒙·J.萨夫拉伦理中心 Edmond J. Safra Foundation Center for Ethics	1986	针对政府、商业和其他专业领域普遍存在的道德滑坡问题，开展公共生活伦理的教育和研究，积极参与社会道德运动
4	肖恩斯泰因媒体、政治与公共政策中心 Shorenstein Center on Media, Politics and Public Policy	1986	从理论和实践层面对媒体、政治和公共政策的关系进行研究，为新闻界与学界和公众搭建沟通的桥梁
5	塔伯曼国家与地方政府中心 Taubman Center for State and Local Government	1988	致力于国家与地方治理及政府间关系研究，重点关注公共与劳动关系管理、城市建设与环境保护、教育、信息技术对政府治理的影响等领域
6	马尔科姆·维纳社会政策中心 Malcolm Wiener Center for Social Policy	1988	努力改善卫生保健、人权、刑事司法、不平等、教育和劳动领域的公共政策和实践
7	豪瑟公民社会研究所 Hauser Institute for Civil Society	1997	加深和推动学者、决策者和公众对公民社会及其领袖、机构的认识与批判性思考
8	卡尔人权政策中心 Carr Center for Human Rights Policy	1999	研究、宣传和推广人权标准，加深政府对人权在公共政策制定过程中的重要性认识
9	国际发展中心 Center for International Development	2000	深入认识发展面临的挑战，为彻底解决全球贫困问题提供切实可行的方案

续表

序号	智库名称	成立时间	工作主旨
10	公共领导中心 Center for Public Leadership	2000	培育下一代的领导精英；开拓领导力、公共服务和决策领域的学术前沿；汇聚一流学者开展跨学科、跨领域的公共服务研究
11	拉帕波特大波士顿地区研究所 The Rappaport Institute for Greater Boston	2000	通过加强学术界与公民领袖的联系，改善大波士顿地区的公共治理
12	阿什民主治理与创新中心 Ash Center for Democratic Governance and Innovation	2003	通过学术研究、教育和公共讨论，推动政府治理和公共政策的卓越与创新

资料来源：根据肯尼迪学院官方网站（https://www.hks.harvard.edu/）相关信息整理。

20 世纪 80 年代至 21 世纪初，肯尼迪学院智库数量的跃进式增长有其特定的背景。首先，就学院和大学所处的外部环境而言，20 世纪八九十年代是美国智库发展的第三次和第四次高峰期。[①]里根政府（1981—1989 年）、布什政府（1989—1993 年）、克林顿政府（1993—2001 年）连续进行了内政外交方面的大规模改革，尤其是这一时期恰逢冷战走向终结和国际新格局构建的重要节点，同时 20 世纪 80 年代"新公共管理"浪潮在西方国家盛行，这些因素均对美国政府（包括联邦和州）的公共政策制定提出了挑战。在这种背景下，美国社会涌现出一大批智囊机构和游说团体，智库迎来了新的发展高峰。作为美国智库的重要支撑力量，美国大学深入介入了这场智库建设运动，哈佛大学特别是已经在智库建设领域初见成效且获益匪浅的肯尼迪学院自然也不会缺席。其次，就大学内部而言，80 年代肯尼迪学院的智库建设得到了时任哈佛大学校长德里克·博克的青睐和支持。博克在任时期高度重视大学的社会责任问题，积极倡导哈佛

---

① ［美］唐纳德·E. 埃布尔森：《智库能发挥作用吗？——公共政策研究机构影响力之评估》，扈喜林译，中国社会科学出版社 2010 年版，第 27—29 页。

大学的世俗化。在博克看来，肯尼迪学院是哈佛校内最有可能实现其世俗化使命的机构。博克从肯尼迪学院"看到了学术与公共服务共生的最佳的成长土壤，而这也符合他关于哈佛大学作为一个更具社会作用的大学的观念"①。作为大学承担公共政策服务使命的有效载体，智库的建设理所当然得到校方的鼓励和支持。

肯尼迪学院的智库建设，既重视量的积累，也重视质的提升。特别是20世纪80年代以来，通过健全机制、延揽人才、拓展研究领域、开辟影响渠道等方式，肯尼迪学院的众多智库在各自专业范畴形成了巨大的政策研究优势，汇聚了数十名在美国乃至全球知名的专家学者，如外交政策专家约瑟夫·奈、经济学家劳伦斯·萨默斯（Lawrence Summers）、核武与反恐专家格拉汉姆·阿里森（Graham Allison）、移民经济学家乔治·鲍哈斯（George J. Borjas）等。这些学者奠定了肯尼迪学院智库履行公共政策服务职能的学术基础，其研究成果的影响力遍及从国防外交、全球反恐到区域经济、社区治理等领域，为肯尼迪学院确立在智库领域的优势地位、成长为当之无愧的一流智库孵化器提供了有效支撑。

（二）肯尼迪学院智库建设的基本路径

从1936年建院到1966年组建第一个智库机构，再至今日培育出十余家有着广泛影响力的著名智库，肯尼迪学院的发展史向世人诠释了一个一流大学智库孵化器的成长历程。在这一进程中，肯尼迪学院也逐步探索出了较为成熟的智库建设路径。

1. 明确智库的角色定位与服务导向

对于一所大学而言，智库的存在意味着什么，它应该扮演什么角色、发挥何种职能？这是决定大学智库建设成效和发展走向的首要问题。肯尼迪学院在智库建设过程中逐步完善了对智库角色的清晰定位，并结合自身优势确立了精准而专业的公共政策服务导向，从而为智库的良性发展廓清了道路。

---

① Morton Keller, Phyllis Keller, *Making Harvard Modern: The Rise of America's University*, New York: Oxford University Press, 2001, p. 459.

　　首先，智库是学院履行社会服务职能的有效载体。提供社会服务特别是公共政策方面的服务是肯尼迪学院的办院宗旨之一。然而，在开展智库建设之前，学院在社会服务领域的建树并不显著，这也成为 20 世纪 60 年代以前制约学院发展的重要原因。20 世纪 60 年代学院在实现转型发展之际，以首个智库机构——政治研究所的组建为契机，再度明确了社会服务职能在学院发展中的定位，并将政治研究所确立为学院集中提供公共政策服务的载体与平台。借助对政府政策需求的敏锐捕捉，依靠大学母体和学院内部雄厚的学术资源，以及研究所灵活高效的管理运行机制，政治研究所的政策服务优势很快得到充分发挥，迅速成为美国智库领域的知名品牌，同时为学院带来了巨大的声望和广泛的社会关注。肯尼迪学院之所以能够在 20 世纪 70 年代后彻底摆脱此前的发展颓势，成为"哈佛大学在 20 世纪的后三分之一时间里最大的成功案例"，[①] 与学院对智库的准确角色定位及在这种定位引导下的智库功能充分发挥不无关联。在政治研究所的示范作用下，学院将智库作为学院社会服务的载体这一定位推广到其他同类机构，使后续成立的智库在创办伊始就具有了明确的角色归属和功能分工，从而为其职能的有效发挥指明了清晰的方向。

　　其次，智库的基础职能是提供精准而专业的政策服务。作为以公共政策服务为基础职能的机构，大学智库的生存和发展必须依靠服务产品的高品质，而高品质的服务产品至少应具备两个要件：其一是服务方向的精准，其二是服务内容的专业。肯尼迪学院众多智库最终能走向一流，一个重要的内在因素即在于这些智库能够根据政府的政策需求，结合自身学术专长和研究优势，提供准确有效的决策咨询服务。前文提及的贝尔弗中心即是一个范例。贝尔弗中心成立于美苏冷战时期，旨在借助学术力量为美国政府提供相应的决策依据。秉承这一宗旨，贝尔弗中心在 20 世纪七八十年代深入参与了美国对苏外交政策的相关决策过程，不仅集中开展了相关的学术研究和政策推演，而且委派研究人员作为政府代表介入有关

---

① Morton Keller, Phyllis Keller, *Making Harvard Modern: The Rise of America's University*, New York: Oxford University Press, 2001, p. 460.

的对苏谈判和交涉活动。为了提高服务的专业程度和业务品质，贝尔弗中心除依托哈佛大学和肯尼迪学院强大的专业学术队伍外，还广泛延揽具有丰富外交实务经验的人士担任专 / 兼职专家或顾问。依靠专业多元的研究队伍，贝尔弗中心得以为政府制定对外政策和开展外交事务提供从决策理论到谈判技巧的全方位服务，从而确保了中心的持久影响力。同样，除贝尔弗中心外，学院的众多智库也在其建设发展过程中有效贯彻和体现了精准服务的职能导向，为其迈向一流智库奠定了基石。

2. 灵活、广泛的人员聘任

提供高质量的政策服务，关键在于智库的研究团队。肯尼迪学院的智库在建设和发展过程中，结合智库服务对象和领域的需求，以组建背景多元交叉的研究团队为目标，逐步形成了与之相适应的智库梯队建设机制，为智库持续提供高质量的服务产品奠定了基础。

组建高水平的研究团队，前提是人才聘任机制的科学有效。在数十年的智库建设进程中，肯尼迪学院在智库梯队发展方面形成了灵活的人才聘任机制，充分满足了智库政策研究工作的特殊需要。以 1986 年组建的肖恩斯泰因媒体、政治与公共政策中心为例，该中心成立的初衷是探讨并构建学术界、媒体和政府的新型关系。因此，该中心的研究内容和服务对象涉及上述多个领域。为确保中心研究工作的质量，除常规的学术队伍（身份上属于哈佛大学教师）外，中心还以不同形式（包括项目学者、访问学者、博士后等）聘请了大量研究人员，服务于中心特定的研究项目。如2016 年，中心聘请美国知名媒体人、哥伦比亚广播公司（CBS）记者鲍勃·希弗（Bob Schieffer）担任为期一年半（三个学期）的研究员。这一聘任的特定背景是，2016 年适逢美国总统大选，而鲍勃不但深谙华盛顿的政治生态，而且在其记者生涯中曾面对面访问过自尼克松以来的历任美国总统，并主持过三次总统候选人的竞选辩论会。中心希望鲍勃的工作经验对有关 2016 年美国总统选举的研究工作有所帮助。[①] 类似的人员聘

---

① Shorenstein Center, "Walter Shorenstein Media and Democracy Fellowship", 2016-06-20, see http://shorensteincenter.org/fellowships/spring-2016/.

任几乎涉及中心所有的研究项目。据统计，自 1986 年至今，中心聘请的研究员达 270 余名，访问学者近 50 名。[①] 值得注意的是，绝大部分外聘人员是由相关人士或团体以项目基金形式提供资助的，如肖恩斯泰因中心常设的学者项目有"琼·肖恩斯泰因研究学者项目"（Joan Shorenstein Fellowship Program）、"沃尔特·肖恩斯泰因媒体与民主研究学者"（The Walter Shorenstein Media and Democracy Fellowship）、"A. M. 罗森塔尔驻校作家项目"（The A.M. Rosenthal Writer-in-Residence Program）等。灵活多样的聘任机制使中心得以在不增加额外人员编制和经费压力的情况下引进高水平的研究人员，进而确保智库的有效运转。

除聘任机制灵活外，肯尼迪学院在智库队伍建设上的另一特征是人员来源广泛，这为智库开展综合性和复杂性的研究工作提供了保障。例如，在肯尼迪学院智库建设初期，国家安全和对外关系是最早确立的主要政策研究领域。基于这一服务方向，以政治研究所和贝尔弗中心为代表的学院早期智库在组建交叉性背景团队方面进行了积极探索。两所智库的首任主任理查德·纽斯达特（Richard E. Neustadt）和保罗·多蒂在任职之前本身就已经是各自领域影响颇广的著名学者，同时也有丰富的从政经历。[②] 在纽斯达特和多蒂的主持下，两所智库一方面依托哈佛大学雄厚的人才资源，汇聚了一批专业背景涵盖多个领域的学者到智库任专职或兼职研究员；另一方面还特别强调结合智库的服务内容与对象，广泛邀请熟悉美国国内政治和国际关系事务的人士以灵活的方式参与智库的相关工作。如政治研究所在成立之初就组建了包括时任美国司法部长罗伯特·肯尼迪（Robert F. Kennedy）、国防部长罗伯特·麦克纳马拉（Robert McNamara）、

---

① Shorenstein Center, "Former Fellows and Visiting Faculty", 2016-06-20, see http://shoren-steincenter.org/fellowships/former-fellows-by-name/.

② 理查德·纽斯达特（1919—2003 年），哈佛大学政治学博士。20 世纪 50 年代，纽斯达特曾先后任美国白宫办公厅特别助理、康奈尔大学与哥伦比亚大学政治学教授，1960—1966 年他先后任肯尼迪总统和约翰逊总统的顾问。保罗·多蒂（1920—2011 年），哥伦比亚大学化学博士，美国国家科学院院士。到贝尔弗中心任职前，多蒂任哈佛大学化学系教授，还曾以美国总统国家安全事务特别助理的身份参与核武器控制方面的决策活动。

联邦参议员亨利·杰克逊（Henry M. Jackson）、《华盛顿邮报》董事会主席凯瑟琳·格雷厄姆（Katharine Graham）等在内的高级顾问委员会，为研究所的政策研究和官员培训等工作提供具体的专业指导。[①] 与此类似，贝尔弗中心在成立之后的队伍组建方面也体现出突出多元背景和注重实务经验的特点。这种梯队特征对智库在成立后能迅速开展有较强针对性的专业研究进而在各自领域凸显自身价值起到了重要的助推作用。

在肯尼迪学院各智库现有的人才库中，来自世界各地、社会各行业领域的专兼职学者、研究员比比皆是。其中最典型的一个案例是，2014 年初，澳大利亚前总理陆克文应贝尔弗中心邀请担任高级研究员。这充分体现出肯尼迪学院在智库研究队伍建设方面的机制优势。

灵活的聘任机制和广泛的人才来源对大学智库的建设与发展极为关键。聘任机制灵活，使得智库可以超越大学内部相对稳定甚至封闭的人事架构，较为自主地聘请符合智库相关研究项目特定需要的人员；人才来源广泛，适应了现代智库开展综合性、交叉性领域政策研究的现实需要。上述人才建设机制的完善，为肯尼迪学院打造一流智库提供了重要的人才保障。

3. 智库影响力实现渠道的拓展

智库建设的成效，最终要体现于其对公共政策的影响力。肯尼迪学院在智库建设进程中尤为注重拓展智库影响力的实现渠道，逐渐构建起覆盖广泛、途径多元的影响力发挥机制，形成了有利于智库发声和扩音的良性平台，确保了智库影响力水平的稳步提高。综合而言，肯尼迪学院现有智库较具代表性的影响力实现渠道主要体现在如下几个方面。

首先是人员"旋转门"。所谓"旋转门"，通常是指在选举政治背景下学界与政界之间的交互性人才流转机制。在美国，智库与政府之间的人员流动已成常态，智库学者出任政府官员，以及政府官员卸任后到智库任职，都是非常普遍的现象。肯尼迪学院的众多智库在发展过程中，借助哈

---

① Harvard Gazette Archives, "Richard Neustadt Remembered as Guiding Force at KSG", 2003-11-06, see http://news.harvard.edu/gazette/2003/11.06/11-neustadt.html.

佛大学的品牌效应，充分运用"旋转门"的机制优势，以人员流动的形式将自身的影响力"直接渗入到美国政治决策的核心，成为决策过程必不可少的一部分"①。其中，代表人物有约瑟夫·奈、阿什顿·卡特（Ashton Carter）、罗杰·波特（Roger Porter）等。② 这些学者大都有在肯尼迪学院相关智库与联邦政府之间交互任职的经历，而且出任公职期间所从事的工作与各自在智库的业务专长有密切关系。他们在学院智库的学术积累以政府职务为平台实现了政策转化，进而对美国的相关政策产生了不同程度的影响。如作为"软实力"和"巧实力"理论的首倡者，约瑟夫·奈的"软实力"学说成为克林顿政府外交政策的重要理论基础，"巧实力"学说则被奥巴马政府视为外交政策的战略主轴之一。可以说，借助人员"旋转门"，肯尼迪学院各个智库的学术理论和政策研究成果广泛而深入地影响到相关领域的公共决策，进而实现了学院智库影响力的有效提升。

其次是公共论坛、专题会议。组织和举办论坛、会议是包括大学智库在内的美国智库体现自身影响力的常见形式。从大学智库的角度来看，借助论坛和会议，邀请学界、政界及相关领域的人士进行演讲、研讨，一方面可以及时和直接地了解政府决策活动、把握政策理念，便于智库研究工作的准确性和有效性，另一方面则可以通过这一平台向决策者传递智库的研究成果和政策建议，以此介入或影响政府相关政策的决策过程。肯尼迪学院的众多智库在实践中开发出了类型、层次和形式多样的论坛、会议。如前文提及的由政治研究所创办的阿科公共论坛，自1978年至今已经举办了超过2300余场，受邀进行主旨演讲的嘉宾既包括各国政要、工

---

① 王莉丽：《旋转门——美国思想库研究》，国家行政学院出版社2010年版，第98页。
② 约瑟夫·奈系肯尼迪学院教授、贝尔弗中心咨询委员会成员，原肯尼迪学院院长，曾出任美国国务院助理国务卿、助理国防部长等职。阿什顿·卡特原系肯尼迪学院教授、贝尔弗中心主任，后历任美国国防部助理国防部长、常务副部长等职，2015年起任国防部长。罗杰·波特系肯尼迪学院教授、穆萨瓦-拉赫马尼商业与政府中心研究员，曾任里根政府白宫政策发展办公室主任、卡特政府总统经济政策委员会秘书长等职。

商巨头，也包括媒体人士、学界精英等，目前已经成为肯尼迪学院甚至哈佛大学最具影响力的政策宣传平台。在贝尔弗中心，定期邀请相关人士召开专题性政策研讨会是中心的常态性工作之一，如近年来针对美国政府提出的确保核武安全的政策主张，中心先后于2010年、2012年、2014年和2016年举办了四届国际核安全峰会，共有50余个国家的代表与会。核安全峰会的连续举办，以及会议所传达出的一系列具有国际影响力的学术声音，无疑进一步巩固了贝尔弗中心在这一领域的全球性地位，其作为美国政府核武安全重要智囊团的角色也更为显著。①

最后是传统出版媒体与新兴网络平台。借助适当的媒介对外发布研究成果，是现代智库提升自身话语权、扩大舆论影响，进而凸显智库存在价值和影响力的重要途径。肯尼迪学院在智库建设进程中，着力培育和开发多样化的成果发布渠道，其中既包括传统的新闻和出版媒体，也包括新兴的现代网络平台，形成了多元交叉、覆盖广泛的成果发布机制。在传统领域，肯尼迪学院的智库除充分利用学术著作、期刊论文、新闻撰稿等常规形式外，还开发和建立起自己的成果发布平台，如创办期刊、杂志，发布工作报告，制作政策简报等。借助这些渠道，一方面智库能够及时发布相关成果和政策建议，另一方面通过吸收和发表学术同行的研究成果，也能够有效提升自身的学术关注度和影响力。以贝尔弗中心1976年创办的《国际安全》(*International Security*) 杂志为例，该刊物经过几十年的发展，目前已成为全球国际安全研究领域的顶级刊物之一，其影响因子近20年来始终处于世界国际安全类期刊的前五名之列。② 除平面媒体外，各智库还充分利用电视广播平台，积极鼓励智库成员参与甚至主持电视新闻或政论节目，以扩大自身的宣传力度。

除传统媒体外，随着互联网的发展，肯尼迪学院还有效利用现代网络技术，积极发展新兴的成果发布平台，进一步扩大舆论宣传的影响

---

① 参见方婷婷：《美国大学智库影响力形成途径分析——以贝尔弗科学与国际事务中心为例》，《现代教育科学》2015年第1期。

② 参见方婷婷：《美国大学智库影响力形成途径分析——以贝尔弗科学与国际事务中心为例》，《现代教育科学》2015年第1期。

力。如各智库大都开设了 Facebook、Twitter 等社交公众号，学院还在 Youtube 上开辟了专门的视讯频道，定期推送文字或视频简讯，同时将经作者授权的研究成果全文发布到智库官网上，便于公众浏览。此外，智库还与部分在线阅读服务商进行合作，将有关论著和成果制作成电子读物定期推送到客户端，读者可以通过各种在线终端随时随地浏览。对新兴媒体的充分利用，有效满足了更大范围内公众读者的阅读习惯，使智库成果的传播变得更为直接、快捷，舆论影响力的覆盖范围也更为广泛。

4. 智库建设与学院发展的有机统一

智库建设与学院发展的有机统一，集中体现于肯尼迪学院的智库在承担学院人才培养职能方面所发挥的积极作用。在一般观念中，智库是以研究为载体提供公共政策服务的专门机构。尽管与大学一样具有显著的学术性，但智库并不承担政策研究以外的职能，特别是不承担人才培养或教学工作，因此智库也被称作"没有学生的大学"。不过，如果以此来定义大学智库，则有失准确，或至少是不全面的。大学智库有智库的基本属性，但其"基于大学"（university-based）的特点又必然为其打上大学机构的属性印记。因此，承担作为大学分支机构的相应职能也就成为大学智库区别于其他类型智库的重要特征。

在智库参与学院教育和人才培养工作方面，肯尼迪学院及其智库的表现尤为值得关注。实际上，对学院的各个智库而言，人才培养绝非附属职能，而是与政策研究具有同等地位，并且能够互为支撑、相互融通的基础或核心职能。各智库普遍将教育工作或人才培养视为自身的天然使命，如阿什中心将教育作为其三大职能之一；在贝尔弗中心为自身确立的两大使命中，"为相关领域培养未来的领袖人才"居其一；卡尔中心认为中心应充分发展和发挥三种能力，其中就包括教学能力；公共领导中心则宣称致力于为未来世界培养具有应对各种挑战的领导才能的优秀人才。在学院各智库对自身职能和使命的表述中，类似内容比比皆是，这也充分说明人才培养已经内化为学院各智库的自觉使命。

在实践层面，结合肯尼迪学院设立的教育项目，各智库积极发挥自身的学术和平台优势，提供了类型、层次和形式多样的学习机会，在充分满足学院教育教学工作需要的同时，也有效履行了自身的人才培养职能。肯尼迪学院的教学工作主要有两类，一类是学位教育，另一类是高管培训，在这两类工作中，智库及其成员均扮演了重要角色。以国际发展中心为例，该中心为肯尼迪学院的研究生设立了"午餐习明纳尔"、暑期实习基金、研究生工作论文等教学项目，同时该中心是学院公共管理/国际发展硕士（MPA/ID）学位项目的主要执行者，中心成员大都直接参与学位课程教学和论文指导工作。该项目现已发展成为肯尼迪学院最具影响力的硕士学位项目之一，因其起点高、难度大以及卓越的人才培养质量而在国际学术界享有盛誉。在高管培训领域，国际发展中心组织具有深厚理论功底和丰富职业经验的学者开设了相当数量的培训课程。据统计，仅目前排定的 2017/2018 学年培训项目中，由中心成员开发设计并主讲的课程就达 7门。[①] 由于高管培训的对象多为来自世界各地的高级政务、商务人员，因而这种培训对于扩大中心及学院的影响力极有助益；同时，不菲的学费收益（每门课程单人学费从 7600 美元到 10600 美元不等）也是学院重要的资金来源，为学院的可持续发展提供了稳定的经费支持。

不止国际发展中心，事实上，肯尼迪学院下设的几乎每个智库机构都是学院教学工作的积极参与者。智库投身有关学院发展的主要工作，不仅是对学院发展的支持与促进，同时也成为智库自身健康发展的重要推动因素。借助参与各类型人才培养活动，智库的研究成果、政策理念得以在更广的范围内传播，其影响力甚至可延伸到国际领域。此外，通过主动参与教学活动，各智库也得以有意识地培养出符合自身需要的人才，对智库的梯队发展能够起到积极和建设性的作用。

（三）肯尼迪学院智库建设的现实借鉴

在半个世纪的智库建设历程中，肯尼迪学院依托自身优势，借助科学的发展策略，培育出数量不菲的一流大学智库，成为名副其实的"一流大

---

① Center for International Development, "Executive Education", 2016-08-08, see https://www.hks.harvard.edu/centers/cid/about-cid/executive-education.

学智库孵化器"。在当前我国着力推进中国特色新型高校智库建设的战略背景下，肯尼迪学院成长为一流大学智库孵化器的策略选择，对我国高校探索科学有效的智库建设路径有着极为现实的参考价值。

1. 以科学的角色和功能定位构建高校智库建设的动力形成机制

教育部在 2014 年印发的《中国特色新型高校智库建设推进计划》（教社科〔2014〕1 号）中，对高校智库的角色和功能定位做出了明确界定，廓清了高校智库作为履行"战略研究、政策建言、人才培养、舆论引导、公共外交"等职能的特定机构的角色和功能属性。但对高校来说，智库和智库建设究竟意味着什么，也是一个值得深入思考的系统性问题。一般而言，高校承担着人才培养、科学研究和社会服务三大职能，那么作为高校的分支机构，智库在高校和高校职能领域扮演了何种角色，又应该分担哪些职能？智库建设对高校发展的意义体现在哪些方面？对上述问题的正确解答，将从根本上影响高校开展和推进智库建设计划的自觉程度及动力形成机制。

对大学而言，其任何一类分支机构的存在和发展，无疑都必须服务于大学整体的职能属性和目标指向，智库亦莫能外。在肯尼迪学院，智库建设肇端于 20 世纪 60 年代学院发展陷于低谷之际，当时哈佛校方和学院领导层决意设立首个智库机构（政治研究所）的动机，并非要在学院发展战略方面"另起炉灶"，而是以政治研究所的创办为契机，为学院开展公共政策服务、培养高级政务人员等既定职能的实现提供更加有效的平台和载体。按照这一设想，肯尼迪学院对政治研究所及此后组建的一系列智库做出了清晰定位，即所设智库机构均为学院的有机组成部分，是学院所属职能的应然承担者；智库以公共政策研究和服务为基础，推动学院社会服务职能的顺利实现，同时以灵活多样的方式履行人才培养和科学研究等职能。换言之，肯尼迪学院开展智库建设的动力本质上来源于对学院健康与可持续发展的追求。事实上，也正是从 20 世纪 60 年代着力推动智库建设开始，肯尼迪学院才得以摆脱此前的发展颓势，在竞争激烈的哈佛大学校园内后来居上，成为 20 世纪后半期哈佛大学最成功的学院之一。

角色决定属性，功能廓清方向。智库在高校中的角色与功能定位应该也必须是我国高校开展智库建设首要解决的关键问题。对大学来说，开展智库建设的动力绝不应仅仅源于政府政策文本和社会舆论诉求等外力的推动，而应深入高等教育发展规律和战略层面，从探索现代大学新的生长点角度，发掘智库建设的内在必要性和现实紧迫性，从而更加自觉和主动地参与智库建设。也就是说，高校只有在正确认识和准确定位智库角色与功能的前提下——即将智库视为以公共政策研究与服务为基础、以多元方式推动大学教学、科研与社会服务等职能顺利实现进而推动大学整体发展的有机组成部分——才能够切实获得主动开展智库建设的内在而持续的动力。

2. 以灵活的用人自主权提升高校智库的履职能力

与大学内其他机构有所区别的一点是，高校智库的工作重心更多地放在公共政策及相关领域，因而更加强调研究工作的外部导向和服务产品的实践性。基于这一工作特性的需要，高校智库的人员团队既应包括具有雄厚理论基础和卓越学术水平的"学理型"学者，也应包括在智库所关注领域有丰富实践经历的"实务型"人才。显而易见的是，大学自有的人才库能够充分满足智库机构对前者的需求，对后者却往往力有不逮。因为一般来说，大学在人才准入方面大都有特定和严格的学术标准，而智库所需的"实务型"人才在很多情况下可能无法全然符合这些标准，需要智库借助其他途径加以充实，而这又必然涉及智库的用人自主权问题。

在解决上述矛盾方面，肯尼迪学院通过赋予智库更为灵活的用人权，取得了较好的效果。学院的绝大部分智库都有权根据工作需要设立类型多样的研究职位。这些职位大都具有如下特点：（1）目标明确、任务导向，即研究岗位有很强的指向性，一般是根据具体研究项目或课题的实际需要而设，岗位职责紧紧围绕所要完成的任务而设，便于绩效考核与问责；（2）人员来源广泛、标准灵活，即智库根据岗位目标和任务，得以从大学之外更大的职业范围和行业领域中广揽人才，同时不必囿于所聘人员是否符合大学一般性的师资学术标准，只要具备完成智库相关研究和服务工作的能力、素质，就有可能获得相应职位；（3）岗位类型多样、聘任方式多样，各智库普遍设有访问学者、博士后、合作学者、项目（或兼职）研究员，学院、智库或具体项目组均可以组织招聘，聘任时限可长可短，完全基于工作需要；(4) 岗位经费自筹，即智库聘任人员的薪酬大都由各智库自筹，哈佛大学不负担此类人员的费用，因此并不会增加校方开支。灵活的用人自主权使智库摆脱了大学严苛的学术标准对实务人才的引入造成的障碍，得以根据实际需要广泛聘任具有多元背景的研究人员，从而为智库开展更具针对性和建设性的公共政策研究、提供更富效率和更具可操作性的专业服务奠定了人才基础，进一步提高了智库履行自身职能的能力与水平。

我国高校智库的人员组成几乎完全来源于高校母体，在现有人事体制下，智库的人才招聘与引进大都依循高校既有的标准和程序，缺乏相对宽松和灵活的用人自主权。显然，这种状况不利于智库吸收能满足特定政策研究与服务需要的实务型人才。即便有部分智库机构从高校外部聘用了少量兼职研究员，但类似职位往往是荣誉性或名义上的，由于其工作时间、工作条件和具体任务等大都缺乏明确保证和约定，因此既不能真正收到充实和优化智库人才结构的效果，也无法切实发挥自身实务优势对智库职能履行的支持作用。单一的学术人才结构不可避免地造成高校智库研究成果带有浓厚的"书斋"气息，无法顺利地实现政策转化，其在公共政策研究领域的影响力也难以得到有效提升。对此，我国高校在人才政策方面应尽快转变将智库等同于一般性教学研究机构的观念，切实从提高智库公共政策研究能力的角度出发，在岗位设置、人才聘任、工作管理等方面赋予智库更灵活的自主权，支持智库以自筹经费方式广泛吸纳具有实践背景和决策经验的实务型人才，与高校的学术型人才组成优势互补的交叉性研究团队，为产出高质量的政策服务成果提供人才基础，进而有效提升高校智库的履职能力。

3. 以多元的话语方式提高高校智库的影响力

影响力是高校智库价值与地位的直接体现，能否将研究成果以适当方式呈现给决策者和社会公众并对之产生影响，进而转化为具有实际效果的政策举措，是考察高校智库建设水平的核心指标。肯尼迪学院之所以能培育出众多的高水平智库，一方面依托的是其一流的政策研究能力和卓越的服务品质，另一方面也在于其能够借助多元化的话语传播方式，促使智库将其"产品"有针对性地快速传递给需求方，同时智库还积极利用现代媒体技术，不断开发更为便捷的发声渠道，持续扩大智库成果的覆盖范围和影响力。可以说，话语方式的多元化成为肯尼迪学院打造一流智库、提高智库影响力水平的重要保障。

相对而言，当前我国高校智库在探索多元化的话语方式、扩大智库影响力实现途径方面仍有较大的改进空间。受传统研究习惯影响，绝大多数智库及其成员依然倾向于循用"学院式"的成果发布渠道，如出版学术专著、发表期刊论文等。不可否认，传统的学术成果发布机制对智库而言确有其必要性，但这种机制的受众群体有明显的专业性或小众性，其影响的群体往往限于特定领域，无法充分满足智库履行政策建言、舆论引导、公共外交等基础职能的需要。

有鉴于此，我国高校在推进一流智库建设过程中，应基于职能需要积极探索符合现代信息传播规律的话语发声途径。例如，从便于政策建言的角度，智库应认真分析和充分把握我国现有党政领导系统的成果呈报渠道，及时将符合咨政建言特征、易被决策者关注和思考的成果递送至相关部门，避免出现精心准备的成果被束之高阁或无人问津的尴尬境况；从加强舆论引导的角度，智库应综合运用平面媒体以外的其他传媒方式，如建设更具亲和力的网站并及时上传和更新研究成果、组织智库成员制作或参加电视新闻专题节目、利用网络社交平台（微信、微博等）发布信息或时事评论等，让各年龄阶段、各行业阶层的社会大众都能够从其所熟悉的渠道听闻智库的声音；从开展公共外交的角度，政府和高校均应为智库开展国际间交流、合作提供相应的便利政策，智库自身也应充分利用所在高校的国际交流平台，通过互派访问学者、共设合作项目、召集多边论坛等形式开展全方位、常规性的民间学术交流，使高校智库成为在国际舞台上发出中国声音、传播中国价值、树立中国形象的重要角色。

4.打造智库与高校发展的"命运共同体"

对于高校智库而言，高校是其孕育、生存和发展所依赖的母体；对于高校而言，尽管智库相对于其他机构有一定的特殊性，但本质上仍是高校的有机组成部分，智库的建设和发展应该、也必须服从和服务于高校总体的目标与价值取向。现实中似乎存在这样一种倾向，即认为高校智库应比照其他类型的智库，摆脱或超越高校一般性的职能范畴，专门从事特定的公共政策研究和服务工作。这种倾向不无偏颇，因为高校智库虽有一般智库的职能属性和功能特征，但本质上仍是高校的内设机构，其运行模式、组织结构、管理机制、人员构成以及所处的体制生态与一般智库多有差异。在忽略或无视这种差异的前提下，以一般智库为参照来规约高校智库，本身就陷入了先天的认识误区。

事实上，从高校智库建设的国际经验来看，国外众多一流大学智库在其崛起的进程中大都带有鲜明的大学属性烙印和职能特征。以肯尼迪学院为例，院内各智库既是公共政策研究和服务的承担者，也是学院人才培养和科学研究的实施者；智库成员往往扮演多重角色，他们一方面围绕公共议题开展广泛的应用研究，另一方面也积极参与学院正常的教学和学术活动。多重角色的互为支撑与共存互融，促成了智库与学院的同步发展，使肯尼迪学院成为构建智库与高校"命运共同体"的范本。

对我国高校而言，在开展智库建设过程中，亦需摒弃视智库为"高校特区"的认知，应将智库作为高校职能的综合提供者，积极发挥智库在培养复合型人才和开展综合创新研究方面的平台优势，促成智库与高校母体的有机融合，在推动中国特色新型高校智库建设的同时，同步实现高校母体的健康与可持续发展。

第二节　斯坦福大学胡佛研究所的智库建设

胡佛研究所是胡佛战争、革命与和平研究所的简称，是美国乃至全球著名的大学智库之一。

胡佛研究所初创于1919年，最初只是斯坦福大学的一个资料收集中心（专题图书馆），主要任务是收集、整理、分类保存与战争相关的资料，并开展战争方面的学术研究。二战以后，美苏之间形成了冷战格局，美国政府对公共政策的需求急剧上升，与此同时智库行业也迅速地繁荣发展起来，这些因素推动了胡佛研究所从图书馆向智库的转型。通过扩充研究人员、拓展研究领域、健全和完善其管理体制以及协调自身与大学的关系等，胡佛研究所完成了向智库的转型。在转型时期，胡佛研究所以公共政策研究为主要内容，以为政府提供政策咨询和建议为目标，积极地开发研究项目并宣传和推广研究成果。20 世纪 90 年代以后，随着政府公共政策需求的拓展和智库行业之间激烈的竞争态势，胡佛研究所通过创新思想、开拓新的研究领域以及完善自身体制等措施，成功跻身世界一流智库行列。

在转型与发展的过程中，胡佛研究所精准的智库定位、高水平的研究人员以及与大学的互动共生等经验，都对我国高校智库的建设与发展有着现实的启示意义，值得我国高校智库学习和借鉴。

一、胡佛研究所的创立与早期发展（1919 年至二战）

一战的爆发给人类带来了严重的灾难，给人们的生命和财产造成了重大损失。胡佛受到触动，非常重视对战争资料的收集，并且认为研究战争的起因及后果对启发人类热爱和平具有积极的意义。经过商议，斯坦福大学同意为战争资料提供一个"容身之地"，随即在胡佛的资助下成立了专门的图书收集中心，此即胡佛研究所的前身。

（一）胡佛研究所的创办

胡佛研究所创立于 1919 年。胡佛研究所的创办有其特定的历史背景和社会动因，不过从更加具体的层面来看，其创办的直接原因可从研究所的发起人胡佛以及研究所的所在地斯坦福大学这两个方面进行分析。

首先，胡佛的个人经历和思想变化是研究所得以创办的主观因素。胡佛全名为赫伯特·克拉克·胡佛（Herbert Clark Hoover, 1874—1964 年，曾在 1929—1933 年任美国总统）。胡佛青年时代就读于斯坦福大学，主修采矿专业，大学毕业后在世界各地采矿开拓，这为他带来了大量财富。

1914 年，一战的爆发中断了他的采矿事业，并使他蒙受巨大的经济损失。此后，他积极投身于战争及后续的救助工作，帮助被困的美国人逃离战场。从 1914 年到 1919 年，胡佛以美国救济委员会主席的身份先后在英国、比利时和法国等地从事战争救济活动，帮助遭受战争和饥饿威胁的人们。在此期间，他亲眼见证了战争所造成的巨大危害，自称意识到教育后代了解战争、革命与和平等历史知识的重要性。[①] 见证和记录历史，并从中吸取教训，从而推进世界的和平与发展，成了胡佛研究所成立之初的原动力。

这一时期，胡佛阅读了安德鲁·怀特的很多著作。怀特曾抱怨很多历史大事件的文献资料都没有被保存下来，这种抱怨使胡佛印象最为深刻。后来又受到怀特曾经收集了大量有关法国大革命的珍贵文件资料的影响，资料收集工作的最初灵感逐渐在胡佛心中形成。[②] 此时，胡佛意识到身为救济委员会的主席需要经常与交战的国家进行交涉，而自己正处的独特位置可以收集关于一战的资料，并可以把资料保存下来供人们了解当时战争和政治变革的历史状况。因此，他在每个交战国都建立了资料收集中心，并招募相信这项工作重要性的人员来帮助完成该任务。这时，成立一个战争资料收集中心的计划已在胡佛的内心扎下根来。

1919 年，胡佛为斯坦福大学教授亚当斯（E. D. Adams）提供 5 万美元，支持其收集关于一战的文献资料，此后又捐助了 10 万美元。在胡佛的支持下，亚当斯带领资料收集小组奔赴欧洲搜集战争材料。当时的斯坦福大学校长雷·莱曼·威尔伯（Ray Lyman Wilbur）十分赞赏胡佛对收集整理历史文献的支持及其能力，他曾表示："胡佛是历史的硕鼠，每留下一吨粮食，他就拿走一磅历史材料。"[③] 正是胡佛对历史文献搜集所持有的

---

① 高群：《智库对美国公共政策的影响——胡佛研究所参与美国公共政策分析》，硕士学位论文，湖北大学，2013 年，第 9 页。

② Hoover Institution, *Hoover Institution on War, Revolution and Peace*, Stanford: Stanford University, 1963, p. 1.

③ 中国现代国际关系研究所：《美国思想库及其对华倾向》，时事出版社 2003 年版，第 299 页。

热忱，以及他慷慨的资金捐赠，为胡佛研究所的诞生提供了直接动力。

其次，斯坦福大学为研究所的创办提供了办公场所。胡佛是斯坦福大学招收的第一届学生，他对母校满怀眷恋之情。作为斯坦福大学最富有的校友之一，胡佛经常给母校捐资以帮助其更好的发展。1912年，胡佛当选为大学董事会的成员。① 在任职期间，他非常关心斯坦福大学的建设和发展，提出了很多具有建设性的建议，如坚持教育与实际应用相结合的研究方式，并曾多次为母校筹资。到1941年止，胡佛为斯坦福大学持续捐赠达50年之久。

在一战期间，胡佛通过多种渠道收集了大量的国内外文件资料。这些资料的收集、整理和分类等工作需要专家的指导和帮助。因此，胡佛向母校斯坦福大学求助，希望能帮助他完成这项活动。斯坦福大学拥有专业的学术研究人员，并且认为这项工作具有很大的价值和意义，因此愿意伸出援助之手使其工作顺利完成。随后，胡佛和斯坦福大学校长威尔伯经过沟通和商议，决定由胡佛提供资金资助有关一战历史资料的收集活动，斯坦福大学组建资料收集团队负责具体实施。此后，历史系教授亚当斯得以有机会带领一批青年学者前往欧洲收集战争资料。

资料收集工作完成后，胡佛和斯坦福大学董事会商议决定，将收集的文献资料暂存在斯坦福大学的图书馆内。随着资料数量的急剧增加，它已经不再是一个特殊的资料收集活动，而已然成为一个"图书馆"。1919年，胡佛决定在母校建立一个专门的图书资料收集中心——胡佛战争图书馆。这使得胡佛研究所和斯坦福大学永远地联系在了一起。胡佛研究所可以利用斯坦福大学一流的学术资源和人才资源等进行科研工作，而斯坦福大学则可以利用胡佛研究所丰富的馆藏资料进行学术研究等，两者形成了互利互惠的关系。

在上述诸因素的共同作用下，胡佛研究所终得以创办。值得注意的是，从创办初期开始，胡佛就一直在思考研究所的宗旨、目标及其自身价

---

① Peter Duignan, *The Hoover Institution on War, Revolution and Peace*: *Seventy-Five Years of its History*, Stanford: Hoover Institution Press, 1989, p.53.

值等问题，如怎样使人类认识到战争的危害等。他在向斯坦福大学董事会提交的声明中指出："该研究所的目标是通过它的文献资料记录，再次呈现反对战争者的反战经历、愿望和呼声，并通过研究和出版这些文献记录，回忆人类维护和平的不懈努力，并捍卫美国的生活方式。该研究所不是，也绝不仅仅是一个图书馆。该研究所的宗旨是必须不断地指引出通向和平、人身自由和保卫美国制度的道路。"[①]胡佛对这个机构的价值定位在此之后始终影响着胡佛研究所的发展方向，并为其日后向现代智库的转型奠定了理念基石。

（二）胡佛研究所的早期活动

创办初期的胡佛研究所是典型的图书馆性质研究所，因此收集相关文献资料成为其成立初期最主要的工作内容。这一时期，胡佛研究所的文献搜集主要集中于与一战、苏联内政外交相关的资料领域。

自成立到二战爆发，在一战相关文献资料的收集方面，胡佛研究所共收集了47万份资料，奠定了该机构在历史和学术上的地位。胡佛由于担任过救济委员会的主席，并参与了欧洲的重建，因而名声大震。在欧洲搜集资料的过程中，当地政府和各机构团体给予了很大的帮助，还把他们的资料赠予工作搜集组。斯坦福大学欧洲事务方面的专家也积极参与了资料收集工作。

斯坦福大学的教授亚当斯带领团队辗转欧洲各地搜集有关一战时期的政治、经济和社会发展的资料，包括导致战争的原因及其后果的档案文件，以及各种报纸、海报和宣传册等。胡佛领导的工作组的收集范围和领域是非常广泛的，资料搜集小组被派到不同的城市进行资料收集——如1919年有关波兰的地图和表格、照片和其他数据资料，美国救灾管理委员会在比利时的所有工作文件资料，有关一战中美国国家红十字会援助的记录资料，布鲁克林妇女战争救济委员会关于战争孤儿的援助资料，有关战争中宗教信仰的资料，有关军事占领地区的战俘问题的资料等，还有其

---

① Hoover Institution, "About Hoover", 2015-10-02, see http://www.hoover.org/about/mission-history.

他国家和地区如意大利、德国、瑞士、法国等的资料。1921年,第一批材料几经跋涉被运送到斯坦福大学,暂由斯坦福大学图书馆保存。

在巴黎和会上,胡佛研究所的代表团成员向一战参战国索取了政府文件和相关资料,收集了新建国家的资料及有关二战后经济重建等各类问题的出版物,主要包括各国军事方面的资料、德国官方材料的停战协议与和平谈判协议、代表团在巴黎和会上的政治宣传、最高经济委员会的报告、赔偿委员会的文件和一些调查报告等。[1]此外,还收集了其他方面的资料,如美国有关军备限制的会议文件、在伦敦召开的货币和经济会议的文件、泛美联盟特殊中立委员会的文件资料、国际劳工联盟和国际法庭的文件等。

在关于苏联内政外交的资料搜集方面,胡佛研究所当时是苏联境外关于苏联资料最大的储藏地。据统计,截止到二战爆发,胡佛研究所图书馆有关苏联(包括俄国、乌克兰、波罗的海沿岸等国)的专著共有30万卷,另有期刊4230种,报纸900种,此外还有很多档案和手稿(关于苏联和东欧的档案约有1000种)。[2]

20世纪20年代,哈罗德·费舍尔(Harold Fisher)和同事在东欧搜集到很多关于沙俄帝国及其原属省份的资料,包括书籍、报纸、私人日记、政府报告和档案文献等。胡佛研究所收藏的珍贵资料涉及1861年后的沙皇俄国历史、1917年的临时政府时期以及临时政府驻外使节的报告、十月革命的资料等,几乎囊括了从帝俄时期到临时政府时期再到苏维埃政权时期各个阶段所有重大问题的资料。另外,还包括关于俄国革命运动和德国革命运动、议会辩论实录的资料,比利时救济委员会的记录(1914—1919年)、美国救灾管理在欧洲工作的文件(1919—1924年)、20世纪英国工人运动的历史和英国工会联盟的资料、美国军队参与一战的情况资料,[3]还有一些国际组织如最高经济委员会的会议记录,一

---

① Nina Almond, *Special Collections in the Hoover Library on War, Revolution and Peace*, Stanford: Stanford University, 1940, p. 23.

② 陈启能:《美国的思想库和美国社会》,社会科学文献出版社1987年版,第41页。

③ Nina Almond, *Special Collections in the Hoover Library on War, Revolution and Peace*, Stanford: Stanford University, 1940, pp. 24-32.

战后的外交事务理事会的议事日程和各种活动的记录文件等资料。在相关历史学家的指导下，研究所的资料收集工作有条不紊地进行着，资料文件的数量也急剧增长。胡佛是最早做有关战争方面的资料收集工作的，所以胡佛研究所的资料具有很高的学术价值，为后期的研究工作奠定了基础，也为胡佛研究所顺利转型为政策研究型机构创造了有利条件。

总体而言，在早期的资料收集过程中，胡佛研究所逐渐确立了资料收集的领域和主题。随着收集区域的拓宽和文献收集专业化水平的提高，胡佛研究所收藏的资料大量增加，这为学术研究工作奠定了坚实的基础。但如果只是单纯地收集资料，而不对其进行整理、分析、研究和利用，那么胡佛研究所就仅仅是一个文献资料的堆积仓库，文献资料也不能体现出其真正的价值。如何更好地对文献资料进行整理和分析，使研究人员更好地利用资料进行研究，这个问题一直困扰着胡佛图书馆的管理人员。他们努力地思考着、探寻着解决问题的方法。

在这个历史时期，国际形势更加复杂多变，政府需要一些智囊机构出谋划策、协助政府做出更加科学的决策。因此，美国国内出现了智库研究机构。智库行业的出现为胡佛图书馆指明了发展方向。资料收集活动为图书馆积累了丰富的学术资源，学者可以利用资料做研究，充分体现出了资料的学术和历史价值。这些都为胡佛研究所的转型奠定了基础。

二、胡佛研究所向大学智库的转型（二战至 20 世纪 90 年代）

二战以后，纷繁复杂的国际关系使得美国政府对公共政策的需求急剧上升，致使美国智库行业迅速繁荣发展起来，这个时期正在转型的斯坦福大学为胡佛研究所的转型提供了"助燃剂"。为了适应不断发展变化的社会，胡佛研究所紧抓这个机遇，积极着手进行内部调整，开始从"图书馆"向"智库"转型与发展，逐渐从一个专门的图书资料收集中心向专攻公共政策的研究机构过渡和转变。

（一）胡佛研究所向大学智库转型的背景和动因

首先，冷战格局下美国政府公共政策需求的旺盛为胡佛研究所向智库的转型提供了外部环境。

美国和苏联在冷战时期的对峙格局使冷战时期的策略需求成为美国对外政策的重要转折点，美国智库因而进入快速发展时期。面对国内外的各种压力，美国政府希望通过高水平的政策研究来维护其在世界上的霸权地位，因此招募研究人员进行科学研究，并资助建立了兰德公司等政策研究性机构。为了遏制所谓的"共产主义扩张"，美国政府招募学者进行对外政策研究，塑造健全的美国政策。在此期间，由于迎合了美国国家的政治导向和需求，智库从此开始蓬勃发展。

胡佛是致力于发展智库和研究机构（如外交关系委员会）的先驱人物之一。因为他想把胡佛图书馆建成一个基于史实的研究中心，为解决社会政策问题而出谋划策，所以开始招募学者利用其丰富的档案文件资料进行研究工作。到 20 世纪 40 年代末期，鉴于国际形势的变化和美国国内政策的需要，胡佛最终决定把研究中心转型为研究机构，确保能够在冷战时期为国家提供政策建议，使政府政策的决策更加全面化和科学化。国际关系和社会关系的复杂变化为胡佛图书馆的转型作了背景铺垫。

其次，二战后美国智库的大繁荣为胡佛研究所向智库的转型提供了契机。

二战后，智库如雨后春笋般在美国蓬勃发展，出现了一批知名的民间独立智库。如卡内基国际和平研究所以"促进国家之间的合作以及美国的国际交往"为宗旨，研究领域偏向于国际主义和多边主义，主张军备控制、接触谈判和国际合作，发表政策研究报告，以影响政府政策的制定和决策。布鲁金斯学会为美国政府提供二战后经济建设的政策建议，为州政府的行政改革提供建议，还研究国际政治以及美国的外交政策等，旨在充当学术界与公共政策之间的桥梁，向决策者提供最新的信息，向公众提供有深度的分析和观点。著名的马歇尔计划的成功实施使美国乃至全世界对布鲁金斯学会刮目相看。兰德公司的主要研究领域有国际关系、互联网技术、国家安全及军事武器等。它通过大量的数据分析精准地预言了中国将出兵朝鲜和朝鲜战争的结局，这使得兰德公司一鸣惊人。随后准确预测的苏联第一颗人造卫星的发射时间，使兰德公司更加声名远扬。这些智库都是在二战后才发展成为专门的政策研究型机构的，旨在为政府决策提供智力参考。二战后是智库发展的黄金时期。

智库行业的繁荣发展景象鼓舞了胡佛，他感到政策研究型机构的前景很光明，设想胡佛图书馆不仅可以利用资料做学术性研究，而且可以做政策性研究，因此积极为胡佛图书馆开发资源、寻找和签订政策研究项目，以期提升胡佛图书馆在国内的地位和声誉。在胡佛的引领下，胡佛图书馆开始为转型打基础，如招聘研究人员、筹集资金等，这些举措逐步引导胡佛图书馆开始向智库研究机构转型。

最后，斯坦福大学与胡佛研究所内部因素的驱动为其向智库的转型提供了直接动力。

冷战时期的政治、经济状况对大学的社会职能和教学科研都有很大的影响，斯坦福大学也不例外。随着冷战的推进，政府资助的科研领域发生变化，大学也跟着开辟了新的研究领域，如核工程、电子工程和学术研究等，这些研究领域都与国家的地缘政治有关。

随着社会服务职能的拓展与加深，以及对社会现实问题关注的日益深入，斯坦福大学在应势逐步加强基础科学研究的同时，也开始积极参与联邦政府的研究项目。斯坦福大学抓住了二战后联邦政府支持政策研究的机会，并且积极与私企建立项目合作联盟来解决大学财政问题，与联邦政府和私企密切合作开发军事项目，这使其转型成为冷战大学。[①] 这种转型让斯坦福大学获得了更高的学术声誉和全国性影响力。

位于斯坦福大学校园内的胡佛研究所也受到影响。胡佛当时还是斯坦福大学的董事会成员，他亲身经历大学的转型历程，目睹了转型后大学的变化。这时胡佛意识到应该使胡佛图书馆更加了解美国以及国际的动态，善于处理外交事务，为塑造健全的美国政策贡献力量。他认为，胡佛图书

① ［美］丽贝卡·洛温：《创建冷战大学：斯坦福大学的转型》，叶赋桂、罗燕译，清华大学出版社2007年版，第86页。

馆也应该顺应时势以谋求发展，这更加坚定了他的信念——把胡佛图书馆转型成为政策研究型机构。胡佛开始积极地对外"推销"胡佛图书馆，为开展政策研究工作、开发智库职能做铺垫。

（二）胡佛研究所向大学智库转型的主要举措

1.确立智库建设的宗旨与目标

在转型与发展的过程中，胡佛研究所在原来宗旨和目标的基础上又增加了新的目标，即继续收集国内外有关政治、经济和社会变革的档案资料，掌握必要的相关知识，并分析和理解这些变革的原因和结果；分析与公共政策有关的政府行为及其影响，宣传和推广其政策思想和观点，促进积极政策的形成和制定，将概念性的学术见解转化成能够造福于社会的实际性的政策举措；向公众、媒体和立法者等传播对公共政策问题的认识和理解的重要性，推进富有意义的对话，使研究所成为"一个有积极影响的思想贡献者"。①

胡佛研究所收集的大量资料为政策研究提供了重要的数字信息和文本内容。借助这些资源，胡佛研究所提出了很多颇具建设性的政策建议，为美国公共政策的制定与实施提供了极大的帮助，迎合了社会和历史的发展趋势。胡佛研究所通过汇集知识、提供建议，致力于寻求确保世界和平、改善人类环境和保障个人自由的方法和途径。

2.协调与大学的关系，确定相对独立的地位

在威尔伯校长正式接受并同意把胡佛团队收集的战争资料作为斯坦福大学图书馆里的一个独立图书馆后，胡佛收藏中心开始在斯坦福大学运作，随后大量的资料文件被运送到斯坦福大学。随着资料的迅速增多，胡佛认为他的收藏应该作为一个单独的实体机构存在，而不是分散在斯坦福大学的图书馆里，他担心普通的图书馆收集工作和规则化的处理程序会限制其资料收集的类型和范围。然而，乔治·克拉克（George T. Clark）馆长认为只有教师和学生需要的资料才应该被购买和收集，这样才能实现资

---

① Hoover Institution, "About Hoover", 2015-10-02, see http://www.hoover.org/about/mission-history.

料的价值最大化。与此同时，他还想通过限制胡佛图书馆的独立权等来控制并接管该图书馆。他的观点和举动更使得胡佛为资料收集工作的前途忧心忡忡。这些因素使胡佛研究所和斯坦福大学的关系出现了裂痕。

此后的另一事件进一步导致了胡佛研究所和斯坦福大学关系的恶化。当时，斯坦福大学校长华莱士·斯特林（Wallace Sterling）没有按照此前校方与胡佛达成的程序默契，在未征得胡佛同意的情况下，擅自任命了研究所的主任，这一举动彻底激怒了胡佛。胡佛决定撤回自己的捐赠，终止为斯坦福大学组织的募捐运动。胡佛的反击让斯坦福大学倍感压力。1959年，斯坦福大学董事会最终承认胡佛研究所是斯坦福大学框架下的独立机构，拥有自己的董事会和各项提名权力，不再受控于斯坦福大学。这场权力争夺战以胡佛研究所的胜利而告终。

自此以后，双方经常共同举办学术活动、开展研究项目等。胡佛研究所的资料文件使斯坦福大学的师生受益匪浅，如斯坦福大学的很多国际研究项目都是以胡佛研究所的资料为基础的。胡佛研究所依托斯坦福大学的优势学科，开展特色研究项目。胡佛研究所在确保其相对独立地位的同时，与斯坦福大学逐渐发展成为互惠互利的双赢合作关系。

3. 健全组织架构，完善智库管理体制

胡佛研究所在转型与发展过程中，逐渐成立了行政管理部门、理事会、咨询委员会、常务委员会和图书档案委员会等，每个部门都各司其职，协调工作。组织架构的健全及管理体制的完善，为胡佛研究所成功转型成大学智库打下了坚实的基础。

在新的组织架构下，行政管理部门主要负责推荐、任命人员和监督研究所的工作人员，指导和监督研究所的图书馆职能，包括收购、处理和编目、管理资料的使用和安全，指导和监督研究所的研究项目和出版计划等；编写和管理研究所的年度预算等。[1] 后来，胡佛和管理者想方设法通过使图书馆的行政管理独立，来确保其能够顺利转型成为研究机构。到

---

[1] Hoover Institution, *Hoover Institution on War, Revolution and Peace*, Stanford: Stanford University, 1963, p. 12.

1960 年为止，相继有 5 位学者担任行政管理部门的主任，主任的任职人选不再受斯坦福大学的控制。在此期间，胡佛研究所承接了 10 个研究项目，学术研究成果也显著增加。

理事会主要负责研究所的运行和管理工作，贯彻实施研究所的纲领、协调研究所的复杂关系等。作为研究所的最高权力机构，理事会有权决定研究所的重大事宜，如 1959 年胡佛研究所发表的获得相对于斯坦福大学的独立地位的决议声明就是由理事会拟定的。根据斯坦福大学董事会的决定，胡佛研究所理事会只对董事会负责并汇报工作，而在此之前，理事会还要向斯坦福大学历史系及大学图书馆重复汇报工作。斯坦福大学董事会的决定一方面承认了胡佛研究所的相对独立地位，另一方面也明确了理事会在研究所权力架构中的独特角色。

咨询委员会由 56 名成员组成。咨询委员会把人事任命等权力从斯坦福大学董事会逐渐转移到了胡佛研究所，并使得胡佛研究所在冷战时期成为影响国家政策的真正学术领导者。胡佛研究所获得相对于斯坦福大学的独立地位后，成立了研究所常务委员会，负责监督研究所的运行。内部的管理体系使研究所的各项工作有序运行，使研究所的管理逐步规范化和系统化。胡佛研究所不断地调整和完善其组织结构，为转型成为政策研究机构做好了充足的准备。

图书档案委员会主要负责资料的收集、归类、保存和利用等工作。虽然胡佛研究所致力于转型为研究机构，但是从来没有停止对资料的收集。但如果只是大量收集资料而不充分利用，就不能体现资料的价值。由于胡佛研究所档案馆的很多私人档案只是暂存在研究所，研究所对其没有所有权，于是图书档案委员会决定在开放资料供给学者使用的同时对资料加以限制（如不能大量地复印文献资料），以此来维护捐赠者的权益。通过保护档案所有者的利益来建立研究所的信誉，使更多的捐赠者把档案资料存放在胡佛研究所，是一个很明智的做法。例如，珍贵的蒋介石和蒋经国的日记、宋子文的档案等，现在都存放在胡佛研究所。随着馆藏珍贵史料数量的扩充，国内外学者对胡佛研究所的重视程度愈加提高，其影响力也不断提升。

4.扩充学者队伍，开展公共政策研究

20世纪40年代末期，胡佛研究所开始招募各领域的学者，利用所内丰富的档案文件资料进行研究，工作重点随之从学术研究转移到政策研究上。20世纪50年代，在冷战背景下，为了回应美国政府所谓的遏制"共产主义扩张"的国家战略，胡佛研究所招募了一批学者，开始集中研究冷战战略问题，并很快成长为美国冷战研究及相关领域人才培养的重要基地。20世纪60年代到80年代，随着研究所政策研究领域的不断扩大（除苏联和冷战研究外，陆续增加了关于美国国内外形势及政策的研究等），研究所陆续吸收了一大批研究人员，团队规模明显扩大。据统计，从20世纪40年代到80年代，研究所的人员规模从30人发展到170余人，其中研究员、学者达80多人，大多是前政府的重要官员、知名学者、教授等，如著名哲学家西德尼·胡克（Sidney Hook），社会学家西摩·马丁·利普塞特（Seymour Martin Lipset），研究苏联军事战略的专家小约瑟夫·道格拉斯（Joseph D. Douglass, Jr.），外交政治问题专家罗伯特·康奎斯特（Robert Conquest），前任国务院、司法部和兰德公司顾问罗杰·斯韦林格（Rodger Swearinger）等。胡佛研究所利用其丰富的馆藏资料、宽松自由的研究氛围及多样化的研究经费等优势，吸引了众多的优秀人才，迅速地建立了一个世界顶尖的研究队伍，为开展政策研究打下了坚实的基础。

研究人员主持的政策研究项目范围广泛、主题多元，其中较有代表性的研究领域或研究主题包括：共产国际的历史研究，苏联共产主义研究，纳粹占领时期犹太人与波兰的关系研究，美国对非政策研究，南非民族主义政党研究，德意志帝国的国会调查委员会研究，1933年苏联对德政策研究，美国对外经济政策研究，政治与经济关系研究，公有化工业在意大利经济发展中的作用研究，军备控制和国防研究，苏联对全球核冲突的态度研究，美国对外情报工作前景研究，外援与第三世界，世界能源等。随着研究项目和成果的增多，胡佛研究所的学术声誉逐渐提高。

5.扩大经费渠道，建立智库运行保障机制

在美国，大公司、企业和个人的捐赠是很多学术机构的重要经费来源。这与美国联邦政府的相关政策导向有关。根据美国有关法律规定，捐赠于公益事业和教育、学术等机构的资金，可以免征捐赠人（机构）的税收（特别是遗产税），这也就从法律和制度上明确了联邦政府对私人捐赠的鼓励倾向。美国特有的捐赠文化氛围和捐赠事业，支持着美国的教育事业和其他公共事务等。

在创办和发展过程中，胡佛研究所从私人、基金会和公司等多方获得了大量的经费捐赠。据统计，截止到1966年，胡佛研究所共收到内斯凯夫家族2000万美元的捐赠。这些资金被用于各种学术研究和其他活动，包括图书的收购、研究项目的奖学金、卢亨利·胡佛建筑物的建设基金等。1947—1951年，卡内基基金会共捐资38万美元，其中18万美元用于为期3年的国际关系研究，剩下的资金用于国际关系的变革与发展项目研究。①1947年，洛克菲勒基金会捐资20万美元，作为斯拉夫研究的奖学金；劳拉·斯佩尔曼洛克菲勒纪念馆捐资成立了德国革命研究中心和俄国革命研究中心；美国救灾管理机构共捐资25万美元，用以搜集和维护自己的文件资料，资助研究和出版该机构的资料，后又捐助了建筑物的建设基金；1957年，胡佛研究所接受了联邦政府资助的区域研究项目等；此外还有胡佛的其他好友的慷慨资助（如1949年弗雷德捐资15万美元）等。② 多渠道的经费来源能够保障研究所的正常运行，使胡佛研究所的文献资料收集工作和学术研究方向呈多样化发展，特别是引导胡佛研究所逐渐在公共政策研究领域发力，在一定程度上促成了胡佛研究所向智库的转型。

（三）转型时期胡佛研究所的主要智库活动

1. 充分发挥史料优势，开展特色化的区域研究

在转型的过程中，胡佛研究所的资料收集工作从未间断过。1945年，哈罗德·费舍尔开始组织实施收集当时中国和日本资料的项目。他还设

---

① Hoover Institution, *Hoover Institution on War, Revolution and Peace*, Stanford: Stanford University, 1963, p. 15.

② Peter Duignan, *The Hoover Institution on War, Revolution and Peace: Seventy-Five Years of its History*, Stanford: Hoover Institution Press, 1989, pp. 23-26.

立了资料收集的三条原则：有关战争主题，收藏将集中于"战争的起因和结果"；有关革命主题，收藏将集中于"各种形式的革命运动"；有关和平主题，收藏将集中于"国际关系的全部领域：政治、经济和文化层面的以及和平组织"。① 随着年度预算的增加，开展了特色化的区域研究，主要的研究区域包括由理查德·F. 斯塔尔（Richard Starr）负责研究的苏联和东欧、由艾尔弗雷德·格罗塞（Alfred Grosse）负责研究的西欧、由彼得·杜伊格南（Peter Duignan）和甘恩（L.H. Gann）负责研究的非洲与中东、由马克·福尔考夫（Mark Foerkoff）负责研究的东亚和拉丁美洲，并且扩大了对亚洲、远东等地区的资料收集工作，尤其是拓展了对中国的资料收集和区域研究。

据统计，有关中国的资料收藏约有 13.8 万份专题材料，还有约 2.8 万卷的缩微胶卷。中国资料主要包括政府文件、报纸期刊、商业统计报告和二战后中国与美国的关系等，内容涉及中国的政治经济、金融法律和其他方面。胡佛研究所收藏的资料中比较珍贵的是关于中国共产党历史发展的资料，这些资料主要收于《中国共产主义运动（1921—1937）》和《中国共产主义运动（1937—1949）》这两本书中，其他的编排在《胡佛研究所缩微胶卷》和《亚洲（材料）补遗》中。② 此外，还有一些 1949 年前学生运动的资料、教会在华活动情形的资料、一些个人档案资料以及国民党政府时期的材料等。胡佛研究所收藏的有些文件资料（如中华民国时期的资料）是中国都没有的，可见其资料的宝贵性。

胡佛研究所的大部分资料是免费的、对外开放的，世界各地的学者都可以来这里查阅资料、做研究。胡佛研究所通过馆际互借合作和扫描复印资料等服务，为不能亲临研究所的研究人员提供文献资料服务。胡佛研究所还提供参考咨询服务，安排专门人员向来访者免费解答各种问题。这些举措使得其他研究机构引用胡佛研究所的资料量迅速增加，随之而来的是依靠或主要依靠胡佛研究所的馆藏文献产出的论著数量显著增加。例如，

---

① 袁征：《登上胡佛塔》，中国青年出版社 2002 年版，第 135 页。

② 袁征：《登上胡佛塔》，中国青年出版社 2002 年版，第 138 页。

威廉·夏伊勒（William L. Shirer）于 1959 年出版的反映纳粹德国历史的权威著作《第三帝国的兴亡》，就是在查阅胡佛研究所档案馆资料的基础上完成的。这些成果的产出在一定程度上也帮助胡佛研究所扩大了自身在学界和相关社会领域的影响力及知名度。

到胡佛研究所做学术研究的学者大部分都是自费研学，考虑到文献资料的巨大价值和利用率，胡佛研究所通过提供奖学金和差旅补助费来帮助更多的学生、学者到研究所来利用馆藏资料做学术研究工作。胡佛研究所希望通过鼓励和协助各领域的学者做学术研究，用以促进知识的传播，使公众尽可能全面地了解这个时代的问题以及解决问题的办法和措施。因此，胡佛研究所不仅有特色化的研究，而且有人性化的服务。

2. 积极争取研究项目，努力产出高水平研究成果

这个时期的研究项目分为国际研究和国内研究两个部分。国际研究项目包括苏联和东欧、西欧、非洲和中东、东亚，以及一些国防安全和军事历史类等。其中，苏联和东欧部分主要研究苏联政治经济和人口关系，苏联的历史文化、宗教信仰以及艺术等；西欧部分主要研究西欧历史尤其是德国近代史，英国和西欧比较政治以及英国的工会制度等；非洲和中东部分主要研究第三世界的人权和民主，美国在中东地区的外交，非洲的游击战争和革命等；东亚部分主要研究太平洋地区的经济合作，美国和日本的关系，以及日本的政治和外交关系等。[1] 国家安全部分主要是美国在北欧地区的历史和安全问题、越南战争等。

国内研究项目包括美国政治学、经济学、社会学和公共政策影响研究等。内容涉及通货膨胀及其影响，政府监管机制，收入再分配政策，联邦的税费收支，政治经济学和货币经济学，应用经济学和劳动经济学，反托拉斯法和经济效率，美国在未来世界经济中的地位，国家公共卫生政策，征兵和军队建设等。联邦政府也委托胡佛研究所提供专项服务，如 1969 年胡佛研究所受政府有关部门资助设立了国家安全事务奖学金，为军方和

---

[1] Peter Duignan, *The Hoover Institution on War, Revolution and Peace: Seventy-Five Years of its History*, Stanford: Hoover Institution Press, 1989, pp. 98-105.

政府机构的人员开展相关专题研究提供支持。

20 世纪 80 年代，胡佛研究所出版了 200 多部著作，其中不乏一大批产生了相当影响的高质量成果，如《低税收、简单税和单一税》《八十年代的美国》《思考美国：20 世纪 90 年代的美国》《美国的外交政策》和《国际主义的象征》等。这些高质量研究成果的陆续产出在很大程度上为胡佛研究所进一步争取更多的研究支持提供了品牌保障。

3. 助力总统选举，打造智库品牌

胡佛研究所由图书馆转型为知名智库，发生在里根总统的竞选和当选阶段。胡佛研究所为里根总统竞选提供智力支持，使得其自身真正成为公共政策研究方面的学术中心。胡佛研究所的所在地加利福尼亚州是里根的家乡，当时里根担任该州的州长，而且里根和时任胡佛研究所所长的格伦·坎贝尔（W. Glenn Campbell）是很好的朋友，所以里根经常访问胡佛研究所，听取和咨询有关国内和国际形势的分析和建议。并且他把自己的工作文件和资料捐献给了胡佛档案馆。随后，里根成为研究所的荣誉研究员。这种关系促使里根对胡佛研究所青睐有加，也更加重视研究所的政策建议。

在里根执政期间，胡佛研究所的很多研究员在政府内阁任职，如马丁·安德森（Martin Anderson）担任国内政策首席顾问，理查德·斯塔尔（Richard Starr）担任美国武器控制和裁减军备署的顾问，安娜丽丝·安德森（Annelise G. Anderson）担任行政管理和预算局副局长，理查德·艾伦（Richard Allen）担任国家安全事务顾问，托马斯·索厄尔（Thomas Sowell）担任经济政策顾问委员会成员，彼德·达尼根（Peter Dunigan）担任对外政策顾问。这 20 多个研究员分散在各个部门，他们为里根政府提供政策理论和主张，起草各种政策研究报告，如怎样制定能源政策、改革社会福利制度以及如何维持国际关系等。通过这种方式，他们促使胡佛研究所的政策思想从理论探讨转化为现实文件，供政府参考与使用。

1980 年，胡佛研究所出版的《八十年代的美国》一书中提供的战略和政策建议成为美国与苏联外交关系的政策指南。该书的内容涉及能源政策、武器控制、遏制苏联的政策，以及美国对亚非拉各地区的具体政策研究等。该书认为在 20 世纪 80 年代，美国早期的政策主张将决定美国和苏联之间的胜负问题，除了要加强军事武器力量之外，还应该对苏联的政治和经济加以压制，以遏制苏联向外扩张的势头。在竞选总统时，里根曾购买了52本，发给他的幕僚作为制定政策的参考。截止到1981年2月底，该书已经再版5次，由此可见它的普及程度之高。由此可以看出胡佛研究所对美国当时政策的影响力非同一般。

胡佛研究所帮助里根赢得总统大选，在政治界的智囊顾问团里崭露头角，成为智库行业中的"一颗冉冉上升的、光亮的明星"。这时胡佛研究所已经基本转型成智库，此后它迅速发展，成为在公共政策方面具有一定影响力的研究型智库。

4. 开辟智库与政府间的人员流动渠道，扩大智库的政治影响力

胡佛研究所的研究员或在政府任职，或受邀参加国会，他们能够使胡佛研究所的政策思想和研究成果更加顺利地被美国决策层的首脑运用到现实社会中，从而实现胡佛研究所的政治影响力。

在尼克松政府时期，胡佛研究所研究员乔治·舒尔茨（George P. Shultz）于1969—1970年担任劳工部长，任职期间调解了多起劳资纠纷，劝说劳工支持白宫为对付通货膨胀而放慢经济的政策；1970—1972年担任行政管理和预算局的主任，参与制定了尼克松的新经济政策；1972—1974年担任财政部部长。1973年，他出席了在巴黎召开的国际会议，这次会议取消了固定汇率制度，允许汇率自由浮动。① 他为此做了很大的努力，并因此登上了《时代周刊》的封面。研究所访问学者亨利·基辛格在1969—1973年担任国家安全顾问，参与制定了对苏联的缓和政策，以求缓解美苏两个国家之间的紧张关系。他还参与了限制战略武器谈判，并与苏联方面达成了《第一阶段限制战略武器条约》和《反弹道导弹条约》。1973—1974年，他担任国务卿，在中美外交政策中发挥了中心作用，促成了新战略性的反苏中美联盟的形成。

在里根政府时期，也有很多研究员在政府任职，如访问学者埃德

---

① Hoover Institution, "About Hoover", 2015-10-09, see http://www.hoover.org/about/mission-history.

温·米斯三世（Edwin Meese III）担任总统顾问和司法部部长，高级研究员约翰·邦泽尔（John Bunzel）担任美国民权委员会委员，著名货币学派经济学家米尔顿·弗里德曼（Milton Friedman）担任经济政策顾问委员会成员，研究员乔治·舒尔茨担任国务卿（1982—1989 年）等。其中，舒尔茨在任期内推行里根政府的"以实力求和平"政策，推动美苏恢复裁军会谈和首脑会议，在核武器削减问题上取得进展，并促成《美苏中导条约》的达成。这是美苏历史上第一个真正削减核武器的条约，在提出美国新中东政策方面起了重要作用。他还支持里根出兵格林纳达和空袭利比亚（"黄金峡谷行动"），主张重视中国的作用，推动美国政府放宽对华出口高技术的限制等。这些研究人员在政府部门的任职传播了胡佛研究所的政策思想及研究成果，同时他们与政策决策层保持着良好的关系，也向胡佛研究所传达了政府的最新政策动向。

每年都有很多访问者到胡佛研究所参观，如政治领导人、政府官员、商人和记者等。1975 年，亚历山大·索尔仁尼琴（Alexander Solzhenit-syn）到胡佛研究所参观，并利用资料做学术研究，随后成为该所的荣誉研究员。1983 年，卡特总统到胡佛研究所参观访问，和研究人员探讨问题，向他们咨询政策意见和建议等。20 世纪 80 年代末，苏联领导人戈尔巴乔夫参观访问了胡佛研究所。胡佛研究所在众多智库中脱颖而出，给参观者留下了良好印象，扩大了其在国内外的知名度和影响力。

从二战到 20 世纪 90 年代，在世界冷战格局的背景下，美国政府对公共政策的需求急剧上升，加之这个时期美国智库行业的繁荣发展等，这些因素都促使胡佛研究所从图书馆向智库转型。在转型过程中，胡佛研究所采取完善自身的组织架构和管理体系，并与斯坦福大学保持良好关系，不断地扩大研究人员队伍并拓展研究领域等措施，保障研究所能够从图书馆成功转型成智库。

胡佛研究所利用馆藏资料做学术研究，产出的高质量研究成果得到了智库行业和政府部门的认可，为美国政府制定政策方案提供了诸多科学而实用的建议。与此同时，胡佛研究所努力打造智库品牌，提升其在国内外的影响力。胡佛研究所成功转型成大学智库，在美国政府决策过程中拥有不可或缺的地位和作用。

三、迈向世界一流大学智库的胡佛研究所(20世纪90年代以来)

20世纪90年代以来,国际关系变得更加复杂多变,美国智库行业之间的竞争更加激烈。为了更好地适应社会形势的变化,胡佛研究所不失时机地调整其运行模式和发展方向。1991年12月出版的《经济学人》杂志刊登的题为"优秀智库指南"中评论称,无论从脑力方面还是从知识方面而言,胡佛研究所都是全球最具声望的智库之一。由此可见,胡佛研究所已经当之无愧地跻身于世界一流大学智库行列。

(一)20世纪90年代以来胡佛研究所智库建设的有利因素

20世纪90年代以来,世界逐步进入了全球化合作与共赢的时代。例如,随着中国的崛起,美国与中国的关系在不断地变化和发展,美国应对中国的政策需求在迅速地上升和拓展,美国的很多知名智库对中国政治经济的关注度也逐渐增多,在美国智库间掀起了一场"中国热"的研究潮流。

2005年9月,时任美国国务院副国务卿罗伯特·佐利克(Robert B. Zoellick)在"美中关系全国委员会"上,就美中关系问题发表了题为"中国何去何从:从成员到责任"的专题演讲,演讲中提及美国对中国采取的政策时,首次公开表示希望中国成为"利益攸关方"。他说:"美国和中国是国际体系中两个重要的利益攸关的参与者。"[①]佐利克的专题演讲引起了美中关系专家的关注,美国智库的研究项目也在向中国方向倾斜。佐利克在担任贸易代表和副国务卿期间曾多次访问中国,并说"我相信与我的中国同事继续保持接触是很重要的"。

面对美国对华政策的重大战略调整,众多美国智库开始将此作为新的政策研究对象,胡佛研究所顺势而为,利用其收集的有关中国的资料,与复旦大学、中国人民大学、中国社会科学院、南京中国第二历史档案馆等展开多领域合作研究,并取得了丰硕的研究成果,从而进一步巩固了其在

---

① 《美国副国务卿称美对华政策应转型》,《环球时报》2015年9月26日。

美国智库对华研究领域的重要地位。

20 世纪 90 年代以来，美国智库领域的激烈竞争也对胡佛研究所的智库建设起到了推动作用。众所周知，美国的智库数量庞大，智库间的竞争也非常激烈。例如，兰德公司在发展过程中，不断扩大研究领域和业务范围，积极为联邦政府和相关企业提供项目结果预测和信息咨询，并运用独创的特尔斐预测法、统计学等数量分析法评估和预测政策个案及结果，提高服务水平和质量，一系列的改革创新使其在智库行业占据了举足轻重的地位。再如，随着世界各国之间交流与合作的加强、依赖程度的加深，布鲁金斯学会在发展过程中坚持综合性、全面性的政策研究，研究领域扩展到社会的各个方面。为了能更好地适应时代和社会的要求，发挥其在政策决策领域中的作用，布鲁金斯学会积极与国际知名智库交流合作以提高影响力和知名度，提高国际化发展水平，确保了学会的可持续发展。在激烈的竞争环境中，面临众多智库的挑战，胡佛研究所为了确保其在世界一流智库中的领先地位，积极谋求突破发展。首先，利用其自身的馆藏特色，继续保持既有的优势研究领域；其次，注重掌握国际话语权，开展国际热点问题的研究，使研究所朝国际化方向发展；再次，大力发展战略合作伙伴，与志同道合的智库开发研究项目、分享政策信息等；最后，加强与国会的紧密联系，重视与决策领导层的对话与交流，助力研究所获得现实主义的价值取向。

此外，胡佛研究所内部也对积极开展智库建设有着重要的诉求。胡佛研究所的东亚收藏馆是美国了解亚洲和中国的基地，在美国社会具有相当大的影响力。胡佛研究所关于中国近代史的馆藏是除了中国（包括台湾地区）之外收藏最为丰富的机构，美国大部分涉及中国的问题都要来胡佛研究所查阅资料和咨询其研究人员。在这一方面，胡佛研究所作为美国顶尖对华研究智库，再一次引领了政策研究的潮流。

随着对华政策研究成为美国智库政策研究领域的主流方向之一，胡佛研究所也加强了与中国的学术交流与合作。胡佛研究所与复旦大学的合作项目"复旦—胡佛近代中国人物与档案文献研究系列"的著作陆续出版发行，包括《蒋介石宋子文战时往来电报选》《民国人物的再研究与再评价》

《宋子文与他的时代》等。胡佛研究所与复旦大学的合作交流，如举办学术研讨会、人员互相访问学习、共同研究和发表相关成果等，一直保持到现在。如 2012 年为加强档案的利用与研究而成立的"宋子文档案数字化处理"项目、2015 年 6 月双方共同举办的"宋氏家族与第二次世界大战"的国际学术研讨会等，均在相关领域产生了广泛的学术影响。

2006 年，胡佛研究所成立了"近代中国档案研究"项目，以其拥有的丰富馆藏资料为世界各国研究中国近代史的专家提供资料。2006 年 11 月，胡佛研究所派代表团访问中国，并与中国人民大学探讨建立智库机构合作项目和研究人员互派工作等事宜，双方都表达了希望在各个方面加强交流与合作的美好愿望。胡佛研究所的副所长大卫·布莱迪（David Brady）也表示希望以后能够多次访问中国，以便帮助美国政府和美国人民更好地了解中国社会的发展情况，用正确的态度对待迅速崛起的中国。胡佛研究所的管理层认为，研究所在以后的 20 年内会有很多的资源投入中国研究中。

（二）20 世纪 90 年代以来胡佛研究所的智库建设举措

1. 不断拓展研究所的智库功能

主要体现在为政府决策提供服务、为政府储备政务人才、主动开展"二轨外交"等方面。

为政府决策提供服务是胡佛研究所作为智库的首要职能。托马斯·R.戴伊（Thomas R. Dye）认为：政府高层名义上是最直接的政策制定者，但实际上他们仅仅是把智库等机构已经制定好的政策合法化，并执行这些政策措施而已。可见智库在政策制定过程中的影响力之大。胡佛研究所的研究人员通过受邀参加国会听证会、担任政府的外交顾问等方式，为政府决策提供智力服务。

胡佛研究所的研究人员曾被《纽约时报》评价为"国会和媒体的助手"，充分说明其政策建议对政府的重要性。胡佛研究所的研究人员通过国会听证会这种正式方式向政策制定者和人们传递研究所的政策思想，对国会的议题进行论证，提供方案可行性的依据。这种方式减少了游说和宣传的步骤与障碍，使政策成果更容易转变为现实。胡佛研究所的研究成果在 1998 年至 2008 年被美国国会援引的次数是 42 次。然而，同属于保守派智库的传统基金会在这 10 年间被援引了 607 次。由此可见，胡佛研究所虽然在国会上有话语权，但是其在国会上的影响力有待加强。布什政府时期，胡佛研究所的高级研究员康多莉扎·赖斯（Condoleezza Rice）担任国家安全事务顾问（2001—2005 年）和国务卿（2005—2009 年），她把研究所的一些政策成果付诸实施。其在 2009 年卸任后又回到胡佛研究所继续做研究。

胡佛研究所为政府决策层提供的政策建议和方案必须具有缜密性、实用性和可靠性，这样才能提高政策方案的利用率。这些方式使得胡佛研究所能更好地为政府决策服务，从而改善美国公众的生活条件和环境，这对于提升胡佛研究所的知名度也有着很重要的作用和意义。

通过"旋转门"向政府输送人才也是胡佛研究所这一时期的重要智库职能。美国智库中的"旋转门机制"就是指智库的成员在政府要员与研究者之间互相变换，智库为给政府培植、储备人才的地方，所以智库又被称为"未来政治明星的摇篮"。因此，发达国家的智库拥有的社会能量相当大，游刃于政界、商界和学界，对政府决策、公共舆论都有直接的影响力。美国每逢遇到重大的政策决策，一般都是智库先提出建议，然后是媒体讨论、国会听证，最后政府采纳，智库的参与度是很高的，可见智库在政策决策过程中的重要性。胡佛研究所也采用这种人才双向流动机制，为研究所招募研究人员的同时也为政府换届储备人才，使知识和权力得到了充分结合。

由于美国政党之间的竞争很激烈，所以每次总统换届时都有很多政府人员离职。胡佛研究所就会抓住机会，聘用离任的官员到研究所工作，一方面，使他们在研究所发挥其丰富的实践经验和才能，利用他们人脉关系较广的优势为研究所争取更多的研究项目，并参与项目工作；另一方面，他们也将在研究所工作的时期看成蛰伏和学习期，胡佛研究所的学术氛围能使他们在一定程度上调整和沉淀自己，寻找和把握时机以期望重新回到决策层。这种人员流动既能保证胡佛研究所人才的高端性，又能避免研究所陷入纯理论研究的误区。通过这种机制，胡佛研究所在为政府决策层输送人才进而影响国家政策的制定与实施的同时，也提高了自身在政治界的地位和影响力。

"二轨外交"是一种特殊的外交渠道，它介于官方外交和纯民间外交之间，通过学者、退休的政府官员、非政府组织等多种渠道进行交流，达到民间友好往来以加强相互间的信任，进一步将民间成果和经验向官方外交的轨道转化，从而推动官方外交的顺利进行。美国智库凭借其非官方的身份和自身与决策层的特殊关系，在国际政治关系中发挥着"二轨外交"的作用。

"二轨外交"的人才最好是和其他国家有一定联系的学者和研究人员，同时也有着一定的官方背景。例如，2006 年来华出席中美"二轨外交"对话的有里根时期的国务卿乔治·舒尔茨与克林顿时期的国防部长威廉·佩里（William Perry）等人，他们未从政之前都是胡佛研究所的研究人员。

智库的研究人员作为社会精英阶层的一部分，对中美关系既敏感（他们随时跟踪和把握中国问题的最新动态）又务实（他们永远从美国的利益出发客观地面对和解决问题）。例如，在对待中国台湾问题上，胡佛研究所主张美国既要与台湾保持恰当的距离，使台湾不至于指望从美国领取空头支票为所欲为，又要向中国表明立场，即如果中国在台湾没有挑衅的情况下动用武力，美国将协助台湾。胡佛研究所的高级研究员拉蒙·迈尔斯（Ramon Myers）也认为，台海两岸谈判是最符合美国利益的，而不是鼓励台湾加强军备或承诺在任何情况下都会保卫台湾。

胡佛研究所对华政策研究的学者主要有：拉蒙·迈尔斯（Ramon Myers），研究领域涉及中国的历史与经济发展等；莱曼·米勒（Lyman Miller），研究领域侧重于中国外交政策、国内政治和东亚国际关系；亨利·罗恩（Henry Rowen），研究领域主要是经济、能源与国家安全；托马斯·梅茨格（Thomas A. Metzger），研究领域是中国近现代史及美中关系等。胡佛研究所为美国政府提供具体的政策方案和政策主张、为政府储备和输送人才等都是开展"二轨外交"的途径。

2.建立健全满足智库发展需要的运行治理体系

主要体现在完善行政管理、人员管理等方面。

美国智库都有一套完善的、良好的管理机制来保障自身的各项工作严谨而有序地开展。胡佛研究所是斯坦福大学框架下的独立机构，它有着健全而有效的组织机制。胡佛研究所的管理和运行由董事会负责，如践行使命目标、贯彻政策纲领、制定工作规划、协调各种关系、负责高级行政人员的选拔和任命等。

胡佛研究所的董事会由 118 名人员组成，包括 1 名主席、2 名副主席、115 名成员。董事会成员大部分来自捐赠的个人和企业公司的高层，部分来自离任的政府高级官员、斯坦福大学的管理层和胡佛研究所的精英人士。董事会是胡佛研究所的最高权力机构，每年在斯坦福大学和华盛顿哥伦比亚特区各开一次会议。

胡佛研究所既设置了行政机构，又配有监督委员会进行监督和检查。其中，行政机构包括高级行政部门、项目发展部门、行政部门(人事部门、预算与财政、计算机服务、网络服务、特殊事务办理、设备运转和维护、通信服务)、档案馆与图书馆、华盛顿哥伦比亚特区项目、馆长。而监督委员会包括执行委员会、任命委员会、研究立项委员会、交流委员会、发展委员会、财政委员会、图书档案委员会等，负责监督工作。每年都要举行定期会议讨论研究所的重大问题，保障和督促各项工作有条不紊地进行。行政机构和监督委员会的有效配合，实现了胡佛研究所日常工作的顺利运转，为研究所的健康发展提供了外部条件。

为了能更好地进行学术交流和科学研究等工作，并且为世界各地的学者和研究人员提供相应的服务，胡佛研究所还设置了相关的辅助职能部门，如胡佛研究所出版社、合作交流部门和资源开发部门等。这些职能机构都配备了专业的人员和先进的设备，这使得胡佛研究所的各项工作实施起来更加便利和高效。

另外，智库影响力的大小很大程度上和研究人员的科研水平息息相关，如何吸引优秀的研究人员到研究所工作，并确保人才不流失是智库必须面对的问题。胡佛研究所招聘人员的方法有两种：一种是通过应聘者以往的研究经历和研究成果来判断是否聘用该人员，另一种是参考某个学术机构高层人员的推荐来决定是否聘用该人员。不同的招聘方法使得胡佛研究所获得了更多的优秀人才。

胡佛研究所的研究人员有常驻研究员、访问学者、卸任的政府官员、斯坦福大学的教师、实习研究生等，多样化的人员构成使得胡佛研究所的研究团队更加充满生命力。胡佛研究所的副所长理查德·苏萨（Richard Sousa）曾说："只有当研究人员能够选择他们自己感兴趣的专题进行研究时，当他们不被指定研究方向时，才能发挥出他们最佳的研究水平。"所以，胡佛研究所实施宽松的人性化管理，鼓励研究人员按照自己的兴趣爱好和研究特长选择研究领域。

胡佛研究所不仅重视引进人才，而且关注怎样配置人才。合理的、科学的人才配置能够提高研究人员的工作效率，从而创造出更多的优秀成果。胡佛研究所的研究人员与辅助人员的比例是1∶2.5。这使得研究人员可以专心致志地从事学术研究，不受其他杂项的干扰，从而保证研究成果的高质量。胡佛研究所的多学科交叉人才配置模式形成了一个综合性的、跨学科的研究团队。综上，胡佛研究所通过人才的合理配置，提供了一个独立的、不受限制的、自由探讨的研究环境，从而使每位研究人员都能发挥出最大作用。

胡佛研究所的研究项目常常需要团队人员合作完成，如斯坦福大学的教师提供理论性研究，有丰富政治经验的卸任政府官员和该研究所的研究人员提供应用性研究，而访问学者（如媒体学者、新闻工作者等）可以推广研究所的政策思想及研究成果等。这种跨领域的研究让研究人员形成一种互补关系，使得研究成果的"含金量"大大提高，从而使研究成果更容易被采纳和使用。

胡佛研究所的研究员可以在斯坦福大学担任教学任务，即任教，而斯坦福大学的教师也可以在研究所参与研究项目；研究所在政府换届选举时为政府部门提供人才，也可以聘请卸任的政府官员来研究所做学术研究。这样的人才交流合作机制，实现了胡佛研究所的研究人员与斯坦福大学教师之间的内部双向流动，与政府官员之间的外部双向流动，使研究所的人才资源保持活力，保证了研究成果的高品质，从而确保了胡佛研究所在政策研究领域中的核心地位。

3. 进一步扩充智库的经费来源

首先，美国社会的捐赠文化很发达。《圣经》上说："施比受更为有福。"安德鲁·卡内基（Andrew Carnegie）曾说："人死富有，死而蒙羞。"据统计，美国70%以上的家庭都积极参加捐赠活动。其次，美国有完善的捐赠制度，款项使用高度透明化，并且捐赠行为具有普遍性和经常性。政府制定优惠的税收政策来鼓励社会捐赠，任何企业或个人对机构的捐赠都可获得美国法律规定的免税政策。最后，胡佛研究所积极采取措施来吸收经费，确保其能够正常运转。

胡佛研究所是一个非营利性质的政策研究机构，它的经费大部分来源于社会和个人的捐赠。胡佛研究所的财政目标是实现收支平衡，从而能够保证研究所高效运行和健康发展。胡佛研究所通过定期举行宴会或发送电子邮件的方式，与资助者保持良好的沟通和交流，向其资助者和支持者展示最新的研究成果，及时地让他们了解经费的用途和研究所的发展情况。例如，《胡佛研究所时事通讯》让研究所的资助者和支持者能够及时了解该研究所目前举办的学术活动和重要项目等。胡佛研究所向立法委员会等部门陈述政策观点，可以提升其在政策决策者眼中的地位，帮助胡佛研究所向潜在的捐赠者证明它们具有广泛的影响力，从而吸引潜在捐赠者资助，以获得更多的资金。胡佛研究所还有专职的委员会为研究所筹募资金。

以2013—2014年度的收入为例，胡佛研究所该年度总的收入为5613.3万美元，其中个人捐助、基金会和公司企业资助等共计3296.7万美元，占59%；胡佛信托基金共计2204.8万美元，占39%；斯坦福大学捐助66万美元，占1%；出版和各种杂项收入共计45.8万美元，占1%。同年度胡佛研究所的预算支出总计4720.4万美元，其中科学研究和学术活动共计2520万美元，占54%；发展交流、公共事务共计1059.8万美元，占22%；图书馆、档案馆的运行维护和收购业务共计601.5万美元，占13%；行政管理、设施维护、材料购买和计算机服务等共计539万美元，占 11%。

胡佛研究所的财政部门设有监事会，管理和监督资金的合理使用。胡佛研究所的资金大部分都用于学术研究、建设和发展研究所，合理地分配经费资源，以保障研究所的生存和发展。这使得胡佛研究所更具有国际竞争力和影响力。

4. 积极拓展智库的影响力实现渠道

胡佛研究所的影响力是其赖以生存的根本与核心竞争力，所以提高影响力是胡佛研究所孜孜以求的目标。胡佛研究所通过开展前瞻性的课题研究以争夺政策话语权，扩大其影响力。然而，开展前沿性的课题研究，需要胡佛研究所和决策层保持密切的联系和交流，这样胡佛研究所才能够掌握最新的政策动向。这也是胡佛研究所获取研究前沿的最佳途径。

开展前瞻性的课题研究要具有时效性和针对性。所谓时效性，是指胡佛研究所要"耳聪目明"，对政策问题要极为敏锐，出现政策迹象后能立刻抓住时机开发和研究该政策议题；针对性是指对政策问题的本质和核心的准确把握。胡佛研究所的研究课题大多以团队小组的形式进行，研究方向主要包括个人自由和法治、民主资本主义和政治经济集体主义、美国个人主义和社会价值观、国家重点问题和国际竞争及全球合作等。目前，胡佛研究所拥有的研究小组主要有能源科学与技术工作组、国内外政治工作组、个人自由和法律规则工作组、伊斯兰和国际秩序工作组等。尤其是近年来开展的有关中国的政治经济、近代人物等方面的研究项目，更为胡佛研究所增光添彩。

开展具有前瞻性的课题研究有利于胡佛研究所掌握国际话语权，从而能够在全世界范围内产生巨大的影响力。胡佛研究所的很多研究领域都具有国际化倾向，研究所每年都会召开各种研讨会，并且聘请国内外学者参与相关国际热点问题的交流与讨论。胡佛研究所在对外交流方面也很有号召力，近年来对中国的研究和访问也逐渐加深和增多。胡佛研究所站在国际前沿的视野下进行课题研究，增强了研究所的国际竞争力和影响力。

充分借助媒体渠道，也是胡佛研究所扩大自身影响力的重要方式。胡佛研究所利用媒体、各种会议、出版物、网络平台等宣传和推广其思想主张和政策方案，扩大自身的知名度。胡佛研究所的系列片《不寻常的知识》在美国著名的"全国评论在线"上播出，据统计约有 300 多万人在 2010 年观看该节目。胡佛研究所通过电视栏目向人们传播公共政策观点和信息。胡佛研究所为了加强和媒体的沟通，扩大其影响力，设立了"媒体成员项目"，专门为媒体工作者提供研究资助和培训，邀请一些媒体精英到胡佛研究所进行专门的公共政策研究或学习，或与研究人员、访问学者等进行学术交流与探讨等，从而使他们更加了解胡佛研究所的政策思想以及社会各阶层对公共政策的见解。美国各大杂志社和报刊社都派遣人员参加过该项目。

　　胡佛研究所经常召开各种学术会议以加强公共政策事务的信息交流。"胡佛论坛"上经常举行一些研讨会和讲座，内容涉及国家安全、教育事业和社会福利等多个方面。某些政府人员的政策主张也是在研讨会上公开的，如在 2002 年胡佛研究所举办的"我们勇敢的世界：9·11 的冲击"研讨会上，美国国防部副部长保罗·沃尔福威茨（Paul Wolfowitz）提出了美国与像土耳其和印度尼西亚这样的伊斯兰国家合作有利于美国国家利益的主张。 胡佛研究所也曾表示，这些研讨会和会议对于胡佛研究所的研究人员和政策制定者之间的对话和交流起着至关重要的作用。

　　胡佛研究所的研究成果，或以出版成著作的形式送达政府部门，或以论文形式发表在报纸和学术刊物上。比较有影响力的著作有《塑造美中关系：一个长期战略》《缓和后的苏联对外政策》《促进繁荣：80 年代中期美国的国内政策》和《武器控制：神话对现实》等。《胡佛文摘：公共政策研究和观点》主要发布该研究所研究人员最新的研究成果简介和内容节选，以让政府和大众了解政策信息。《公共政策文集》对公共政策问题和当今的发展做深入分析，目的是让人们看到胡佛研究所研究人员的学术成果。这种成果传播方式可以使更多的学术和政治精英引用胡佛研究所的政策观点和研究成果，持续有效地指导决策者的决策行为。

　　在现代化的今天，人们获取信息的方式也在发生变化。胡佛研究所为了获得更多的关注度，在官方网站上大量展示自己的研究项目和成果，包括著名研究人员的学术简介等。2010 年，胡佛研究所在脸谱网（Facebook)、谷歌分享（Google Plus）以及推特（Twitter）等网络媒体上开设了一系列主题栏目，如俄罗斯经济、社会保障和美国教育等，同时把研究人员的讲座录制成视频放在网络上。随着电子书的发展潮流席卷全球，胡佛研究所与世界顶尖的电子书商签订合同，尤其是 2015 年推出了第一个 iPad 应用程序，通过该程序，用户在 iPad 客户端上可下载和阅读胡佛研究所出版的各种著作。以上措施均对胡佛研究所政策思想的传播和研究成果的推广起到了积极的作用，从而提高了其影响力。

值得注意的是，为了更好地推广其政策理念，更便捷地与决策者进行沟通交流，胡佛研究所于 2001 年在首都华盛顿设立了一个分支机构，以加强对政治中心圈的公关力度。这个机构能经常与国会相关部门、智库以及其他组织合作举办活动，给华盛顿的决策者和其他学者分析当前的政策走向、展示其研究成果和最新的著作等。胡佛研究所位于首都华盛顿的杂志社出版的《政策评论》也积极地传播其政策观点，以期影响美国公共政策的制定，扩大胡佛研究所的影响力。

2013 年，为了巩固和发展自身在美国东海岸的知名度和影响力，胡佛研究所在著名的纽约大街成立了胡佛研究所约翰逊研究中心，以期借助纽约大街的区位优势吸引全球投资人的关注，获得更大的支持。约翰逊研究中心通过为胡佛研究所的人员提供前沿政策信息，同时向政府决策者提供优质的政策研究方案和建议，达到提高胡佛研究所在公共政策过程中的影响力的目的，并进一步巩固其在美国乃至全球一流智库中的地位。

此外，胡佛研究所还把研究业务扩大到国外。如近年来高度重视与中国的合作，与中国的很多高校和科研机构都建立起密切的合作关系，还大量招聘优秀华人学者担任研究员，进一步加强研究所人员结构的国际化特征。这些措施使得胡佛研究所拥有更广阔的研究空间，增强了其国际影响力。

（三）20 世纪 90 年代以来胡佛研究所的智库建设成效

20 世纪 90 年代以来，随着社会的不断发展和国际关系的日益复杂，已经跻身一流大学智库行列的胡佛研究所也在积极地拓宽研究领域，持续开展多样化的学术研究活动。

按照主题划分，目前胡佛研究所的学术研究活动主要包括经济政策、能源和科学技术、外交政策与战略、移民改革、教育以及社会政策和价值观等不同类别。经济政策主题具体划分为商业和劳工、经济政策、财政政策、货币政策、政府监管及税务税收等，其目标是监督国家经济政策的实施和促进国际经济的繁荣，减少对个人经济的侵犯等。能源和科学技术主题具体划分为能源、环境、自然资源、科学和技术等，其目标是准确预测能源价格走向，积极应对气候变化带来的挑战，从而保障国家安全和全球稳定。移民改革主题具体划分为改革、移民政策、法律等，其目标是完善美国移民系统的功能，有效解决逾期逗留或非法签证等移民问题；在线杂志《外来》为研究人员提供了平台，探讨的话题包括边境安全措施、移民的经济影响、种族阶级与非法移民在政策发展中的相互作用。教育主题具体划分为教师和教学、联邦政策、财政和领导层等。社会政策和价值观主题具体划分为文化、不同文化背景下的家庭伦理、种族和性别、宗教信仰和价值观等。

按照研究团队划分，胡佛研究所的学术研究活动主要包括国家安全与国际新秩序、经济政策、外交政策与战略、K-12教育以及卫生保健政策等不同类别。国家安全与国际新秩序团队主要研究战争法和美国宪法，在个人自由和国家防御恐怖主义之间寻求最佳的平衡，为国家制定国防政策提供建议等，代表性研究成果有《明天的国家安全格局》《即将到来的国家安全战略》和《国内安全和外交政策》等。经济政策团队主要研究美国的经济和金融政策以及全球经济发展的趋势，为美国经济政策的制定提供具体的建议，研究成果有《美国联邦债务的新型结构》《一个积极的经济增长和收入分配理论》和《贷款标准、信贷繁荣和货币政策》等。外交政策与战略团队致力于外交政策研究，旨在为美国面临的最重要的政策挑战提供方案支持，研究成果有《中国在美国外交政策中的地位》《全球资本主义：一个至关重要的外交政策工具》和《美国外交政策的转变》等。K-12教育团队研究政府制定或负责指导的教育政策(内外公共学校系统)，关注教育问责制和透明度方面的问题，研究成果有《政治、市场和美国学校》《我们的学校、我们的未来：我们仍然处在危险中吗?》和《2030年的美国教育》等。

与此同时，胡佛研究所持续推进图书馆和档案馆建设。这一时期胡佛研究所继续保持和发展其馆藏资料收集项目。胡佛研究所图书馆和档案馆的使命是收集、保存以及提供有关全球政治经济和社会变革的重要资料，为世界各地的学者和研究人员提供历史资料，辅助他们进行学术研究，为促进美国和世界和平做贡献。胡佛图书馆和档案馆致力于收集以下领域的资料：世界主要冲突的军事和外交历史，国际救援行动和难民运动，美国外交政策和国际外交政策，俄国革命、中国"文化大革命"以及其他革命运动，冷战史和后共产主义革命，国际共产主义、社会主义和无政府主义运动，和政治趋势有关的美国思想史，自由市场和其他经济历史，美国左派和右派的激进政治思想和组织，法西斯主义在德国和其他地区的发展，国际联盟和联合国等。目前胡佛图书馆和档案馆收集的资料主要用于研究和预测社会变革的新趋势。

胡佛研究所图书馆和档案馆每年都会提供具有竞争性的奖学金项目，支持基于该所馆藏资料的相关研究，所有受助人将在图书馆和档案馆花费至少 10 天的时间来查找资料并做学术研究。奖学金主要有 3 种，分别是：西拉帕默研究奖学金，主要支持美国的本科生和研究生用该所馆藏的资料做研究；美国学者研究奖学金，主要支持美国的教师、博士后和独立学者用该所馆藏的资料做研究；国际学者研究奖学金，主要支持各个国家的学生、教师和独立学者用该所馆藏的资料做研究。只要符合申请条件的都可以在线提交申请人的信息，所有奖学金最高达到 2500 美元。这种做法提高了馆藏资料的利用率和曝光率，进一步巩固了胡佛研究所作为世界学术研究中心的地位。

出版和推广各种形式的出版物，也是这一时期胡佛研究所扩大自身影响力的重要举措。胡佛研究所拥有多样化的传媒平台，包括胡佛出版物、胡佛研究所出版社、学者博客、播客、视频系列以及胡佛频道等。

胡佛研究所的纸质出版物主要有两种：第一，胡佛出版物。它主要包括《胡佛日报》《胡佛文摘》《中国领导层观察》和《未来教育期刊》等。其中，《胡佛文摘》是季刊，主要刊发该所研究人员和历史学家发表的有关政治、经济和历史的文章等;《中国领导层观察》旨在研究和报告关于目前中国领导层的政治趋势和外交政策趋势等。第二,胡佛研究所出版社出版的书籍。它主要分为经济学类、教育学类、历史学类、环境与能源类、外交事务类、医疗卫生类、法律法规类、国家安全类、政治哲学类等。公众在胡佛研究所出版社的官方网站上可以方便快捷地搜索、查看和购买书籍。

胡佛研究所的数字出版物主要有三种:第一,视频系列。它包括"非同寻常的知识"节目,主要是访谈一些政治领导人、学者和思想家等,通过简短的对话来探讨和分享其观点和思想;"美国对话精要"是纽约第92街区文化机构和胡佛研究所的合作项目,广泛讨论各种话题,小到收入不平等大到国家安全等;"胡佛视频"主要是胡佛研究所的会议、讲座以及重要事件的视频资料。大众通过各种视频能更容易地理解复杂的政策概念,更直观地了解相关政策研究的信息。第二,胡佛频道。它包括"简报",主要报道和评论在美国宪法和法律支持下的国家安全问题;"移民政策改革"主要是通过审查合法和非法的移民,然后基于事实进行分析和辩论,从而改善大多数人认为的不公平和低效率的移民制度;"自由社会的推进"主要是对当前政策的讨论等。第三,学者博客。它主要是发布学者的观点和一些热门话题等,感兴趣的公众可以登录博客,阅读文章或与博主互动探讨相关问题等。

在全球化背景下,美国政府对公共政策咨询建议的需求进一步提升,而智库间的竞争也更加激烈,这些因素都促使胡佛研究所不断提升其综合能力和应变能力。在稳定发展时期,胡佛研究所通过拓展其智库功能,扩充其经费来源,拓展研究所影响力的实现渠道等措施,保障胡佛研究所在美国智库行业中拥有不可替代的地位。胡佛研究所利用其馆藏资料开展特色研究项目,积极出版和发表研究成果并向政府部门推广,以提高其研究成果的利用率和曝光率,从而最终获得政府和公众的认可,提升其在国内外的知名度。胡佛研究所开展各种学术活动,帮助研究人员和学者等可以面对面地沟通思想和交流观点等,这些举措都促使胡佛研究所跻身世界一流大学智库之列。

四、胡佛研究所智库建设的主要经验

胡佛研究所成功地从图书馆转型成大学智库，经历了曲折而艰辛的过程。胡佛研究所在面对复杂的国际关系和外界环境的压力时，能够不断地吸纳优秀人才、拓展研究领域、改革体制和创新思想，积极地寻求发展方向。因此，可以说胡佛研究所的转型与发展是内部因素和外部因素共同作用的结果。

（一）特定的公共政策决策体制为胡佛研究所的智库建设提供了制度氛围

三权分立和权力制衡是美国政治制度的典型特征，这种制度结构导致了权力的分散性和决策的公开性。美国政府和国会之间互相独立，不存在从属关系。他们在面对纷繁复杂的国内外问题时，为了使政策决策科学化、专业化，也为了赢得政策的主导权和公众的支持，双方都需要借助专业化的知识和专门的政策研究机构做"外脑"辅助；同时，政府和国会之间的竞争意识，以及由此带来的对政策建议和政策研究人才的大量需求，为胡佛研究所的转型和发展提供了坚实的制度和实践基础。由于美国各政党之间存在着很大的政见差异和不同的政党利益，因此智库的政策研究呈现出显著的多样化特征。美国的政治体制和政党制度为胡佛研究所向政策研究机构发展提供了可能。

三权分立和权力制衡使美国的政策决策体制具有开放性，这为胡佛研究所转型为智库并发挥作用提供了空间。在管理上，与胡佛研究所类似的众多美国高水平智库尽管以不同形式接受了政府的大量研究经费资助，但在管理和运作上并不受政府的干预与控制，这为智库的顺利发展提供了有利的外部条件。胡佛研究所和政府的关系是一种基于双方所签订合同的平等互利的合作伙伴关系，彼此的权利和义务也都是由合同加以明确规定的，这就保证了智库能较为客观、中立地研究政策项目并提供政策建议。因此，从这一层面可以说美国的政治制度为胡佛研究所的转型和发展提供了良机。

（二）精准的职能定位为胡佛研究所的智库发展奠定了方向基石

精准的智库定位就像一盏高挂的指明灯，指引着胡佛研究所的发展方向。一战以后，为了使美国更好地了解国际关系和政策，胡佛和一些关心国际事务的学者成为致力于发展智库的先驱人物。胡佛在1944年就明确将图书馆的发展目标定位为专门的政策研究机构。1956年，为了进一步体现政策研究的机构职能，理事会决定将图书馆更名为胡佛战争、革命与和平研究所，这样研究所作为一个以促进世界和平为宗旨的专门智库的定位更加明确。

只有始终在激烈的竞争中与时俱进、不断创新，才能在智库行业占据一席之地。胡佛研究所在发展过程中总是能顺应时代潮流，不失时机地抓住机遇进行改革。例如，在处理与斯坦福大学的关系方面，胡佛研究所能够结合自身发展定位，准确抓住时机，确立了相对独立的地位，并且积极地寻找合适自身的发展方向，不断地突破和创新。胡佛研究所能准确地抓住最新的政策方向并积极地扩大研究规模，为其转型和发展提供了动力，使其成功转变成政策研究智库，这些都源自其准确的职能定位。

（三）优秀的团队和雄厚的文献储备是胡佛研究所智库建设的力量源泉

智库的研究人员决定着知识创造与应用的效率和水平，所以智库拥有的研究人员是其生存和发展的关键性因素。同时，仅仅有研究人员是不够的，还要有丰富的资料文献做后盾支撑。胡佛研究所在这两方面得天独厚的优势，为其顺利转型和快速发展提供了雄厚的力量支持。

长期以来，胡佛研究所始终致力于招揽各领域的精英人才，并且为他们开展高水平研究提供各方面的便利条件。以高频度交流的访问学者为例，胡佛研究所的访问学者不仅参与研究工作，而且保持研究所与外界的交流。访问学者给研究所带来新的观点和见解，使研究所的研究成果具有实践性和开放性。研究人员职业和专业背景的多元化为智库的政策研究提供了不同的思考角度，以确保研究成果的高品质和高质量，从而提高了胡佛研究所在政策研究领域的影响力。

作为一个国际性、专业性的文献资料中心，胡佛研究所的馆藏资料为学术研究提供了优势。馆藏资料种类繁多，数量庞大，很多资料都是独一无二的，并且有巨大的学术研究价值。其中，最大的图书收集中心是东亚图书收集中心，主要提供中文和日文等资料。图书资料收集工作由相关领域的专家负责，保证了资料收集和选择等工作具有很高的学术水平。对图书资料收集工作的重视，充分说明了丰富的资料和学术研究工作是密切相关的。

（四）与大学的互动共生是胡佛研究所智库建设的体制支撑

胡佛研究所与斯坦福大学之间的互动协作，对双方而言产生了强强联合的增量效应。胡佛研究所是世界顶级智库，拥有大量珍贵的资料文献和成就卓越的政策研究人员。斯坦福大学是世界一流大学，拥有悠久的历史、深厚的文化和专业的学术研究队伍。在政策研究和学术研究相互结合的条件下，更容易启发研究人员的思维，提出新颖的思想和政策观点，从而产生富有创造性和实践性的研究成果。

胡佛研究所以斯坦福大学为依托，利用斯坦福大学丰富的学术和人力等社会资源，将其强项研究领域与大学的优势学科结合起来，把现实议题与学理研究相结合并做深入讨论和研究，既能保持高质量的研究成果，又能提高研究所的知名度，对研究所起到一定的宣传作用。而斯坦福大学与胡佛研究所共同合作项目、举办研讨会等，保持良好的学术交流和沟通关系，为大学研究成果的转化提供了契机，对斯坦福大学起到带动作用。此外，胡佛研究所在斯坦福大学校园内，大学的师生不用长途跋涉就能利用研究所的资料做研究，这也是胡佛研究所得天独厚的便利条件之一。

虽然胡佛研究所与斯坦福大学偶有分歧且政见向左（如早期研究所的独立问题），但是这些摩擦并不影响两者的共生。胡佛研究所与斯坦福大学最终形成了互惠互利的双赢模式，从而成为发达国家大学智库与大学母体良性互动的代表案例之一。

第七章　发达国家大学智库的
建设经验及其省思

　　经过二战以来半个多世纪的发展，大学智库已经成为发达国家智库领域具有举足轻重的影响力的重要组成力量，其在国家重大决策和战略研究、咨政建言、人才培养、舆论引导、公共外交等方面所扮演的关键性角色、所发挥的独特作用得到各国政府和社会的高度认可，大学智库作为"政府外脑""第五种权力"的形象也深入人心。

　　发达国家大学智库所取得的历史成就，对正在致力于建设中国特色新型高校智库的我国大学而言极具现实借鉴意义。客观地说，智库建设对我国大学而言还是一个"新生"话题，但同时也是一个必须积极回应的重大现实课题。近年来，党和政府基于新时代社会发展的实践需求，从完善国家治理体系、推动国家治理能力现代化的战略高度，做出了大力加强智库建设、发展中国特色新型智库的决策部署。作为学术资源富集区和高层次人才聚集地，我国大学在建设中国特色新型智库领域承担着责无旁贷的历史使命。也正是基于这种考虑，2014 年教育部印发了《中国特色新型高校智库建设推进计划》，明确提出建设中国特色新型高校智库的总体目标。党和政府的战略决策和教育部的推进计划为我国大学的智库建设指明了总体方向。不过，无须讳言的是，在探索具体、有效的智库建设与发展方式方面，相较于已在智库建设领域积累了丰富经验的发达国家大学来说，我国大学仍有不小的差距，需要认真分析并借鉴其经验教训，在结合自身优势与特色的基础上发掘出适合我国大学特点的新型高校智库建设路径。这也是本书着眼于研究发达国家大学智库的动因所在。

第一节　发达国家大学智库的建设经验

众所周知，发达国家智库领域的竞争是异常激烈的。与大学智库并驾齐驱的官方智库和民间独立智库在职能聚焦、资源占有、与政府权力的密切程度等方面拥有着较大学智库更明显的优势。在这种情况下，大学智库能够实现异军突起，成长为一个具有独特优势、形成公认品牌、产生广泛公共决策影响力的智库类型，实属难能可贵。这一成就的取得在很大程度上得益于大学智库和大学母体之间形成了互动共生的良性生态结构，得益于大学智库积极发挥自身的学术优势，在明确智库定位和服务导向的前提下不断开辟特色化的智库职能，还得益于大学智库有效运用人才"旋转门"的制度机制优势。

一、与大学母体形成互动共生的良性生态

在发达国家，高水平大学智库的孕育母体往往是那些有着雄厚学术积淀和人才储备的知名研究型大学，这从一个侧面反映出大学母体对大学智库提供的强大支撑作用。相对于学术实力较弱的一般性院校，研究型大学所拥有的人才汇聚优势、学科交叉优势、传媒影响优势、公众认可优势等，能够为高水平大学智库的萌芽、生长和壮大提供更为充足的养分支持。从另一个侧面来看，高水平大学智库在运行和职能发挥过程中对大学母体产生了积极影响。大学智库通过开展政策研究、参与公共决策、引导社会舆论、培育智库人才等方式，促进了所在大学相关学科学术水平的提升和服务能力的增强，极大地提高了所在大学的知名度和影响力，对所在大学的发展起到了重要的反哺作用。这样一来，大学母体和大学智库在发展过程中逐渐形成了互为支撑、互相带动、互动共生的良性生态架构，这是发达国家大学智库建设取得显著成就的重要经验。

（一）大学母体对大学智库的支撑作用

对政府决策施加影响，是智库职能的最集中体现。发达国家大学智库

通过高水平的研究成果，在政府决策领域显示出了极强的影响力。这种影响力的获得，与大学智库母体的学术支撑有着密不可分的内在关系，尤其集中体现在大学母体对智库的人才支撑、学科支撑和组织支撑等几个方面。

首先，大学母体的人才优势为大学智库的职能发挥提供了基础支撑。与其他类型的智库一样，大学智库最直接的产品是政策研究成果，产品的价值则体现在其对政府相关决策的影响程度上，而这最终取决于政策研究成果本身的质量。那么，作为决定研究成果质量的核心要素，智库的人才储备显然就成为影响智库职能发挥的关键。在这方面，大学智库依托大学母体的人才优势而获得了先天的有利条件。以美国为例，美国的大学是全球最大的人才储备库，汇聚了各个学科领域的学者精英。如在自然科学领域，美国大学拥有全球超过70%的诺贝尔奖获得者；而在与智库关系更为密切的社会科学领域，以美国文理科学院为例，2013年该院社会科学界别下辖5个学科（分别为：社会、发展心理与教育，经济学，政治学、国际关系与公共政策，法学，考古学、人类学、社会学、地理学与人口学）的880名院士中，约800名来自大学，占比约91%。[1] 这充分体现出美国大学的人才优势，依靠这种优势，大学智库获得了雄厚且源源不断的智力支撑。如胡佛研究所拥有4位诺贝尔经济学奖获得者、2名国家科学奖章获得者、6名国家人文奖章获得者，有25名美国人文与科学院院士、6名美国科学院院士。[2] 借助这种人才资源，大学智库拥有了其他类型智库难望其项背的学术优势，进而将其转化为智库发展的动力源泉，为大学智库保持较高的政策研究水平提供了有力支撑。

其次，大学母体的学科交叉优势为大学智库的职能发挥提供了有效平台。现代政策研究的突出特点是综合性与复杂性，任何一个领域的政策研究都需以多学科的理论知识作为基础。不仅是传统的外交政策与国际关系

---

[1] AAAS, "List of Active Members by Class", 2013-09-5, see https://www.amacad.org/multimedia/pdfs/classlist.pdf.

[2] Hoover Institute, "Awards and Honors", 2014-04-24, see http://www.hoover.org/fellows/awards.

研究需要政治学、经济学、社会学、文化学等多学科知识的辅助，新兴的公共管理、经济、教育、环境保护等领域的研究，同样也需要多学科知识的交叉作为支撑。从学科交叉的角度来看，大学智库显然比其他类型智库更具优势。由于大学智库所依托的往往是那些历史悠久、学术积淀深厚的研究型大学，而这些大学本身在学科交叉方面就具有得天独厚的条件，因此大学智库在发展过程中得以倚重这一平台，不断深化和丰富自身的研究活动。如麻省理工学院的著名智库能源与环境政策研究中心就得到了该校斯隆管理学院、经济学系、能源中心三方的共同支持，这三个机构及其所涉及的管理学、经济学、工程学在全美大学中都处于一流之列，如管理学居全美排名第五位、经济学和工程学居全美排名第一位。在这三个顶级学科的支撑下，能源与环境政策研究中心在相关领域的研究始终保持在较高水平，在 2013 年全球能源与资源政策智库排行榜中名列第四位。[①] 这一成就的取得，显然与麻省理工学院的学科交叉优势对该中心的支撑是密不可分的。

最后，大学母体的组织优势为大学智库的职能发挥提供了切实保障。如前所述，包括大学智库在内的现代智库，其政策研究具有明显的综合性、复合性和交叉性特征，很多研究活动需要依托具有多重学术背景的综合性团队来实施。对于大学智库而言，大学内部的人才组合和流动机制，为大学智库政策研究职能的顺利发挥提供了组织优势。例如，在胡佛研究所常驻的 100 多位研究人员中，80%以上为高级研究人员，获得美国各类院士和各类奖章的有 105 人次。这些研究人员中又有 80%以上由胡佛研究所和斯坦福大学其他院系联合聘任，由胡佛研究所和其他院系分别支付相应的聘任费用，这些研究人员可以在胡佛研究所和斯坦福大学其他院系之间相互转换。[②]

依托上述在人才、学术和组织等方面的优势，发达国家的众多研究型

---

① James G. McGann, *2013 Global Go To Think Tank Index Report*, University of Pennsylvania, 2014, p. 57.

② 张东刚：《发挥高校优势，打造新型智库》，2014 年 3 月 24 日，见 http://www.jyb.cn/talk/ftjb/201403/t20140324_575221.html。

大学为大学智库的孕育与发展提供了强大的支持，使大学智库得以在激烈的智库竞争中赢得先机，进而成长为发达国家智库领域中的一个重要类型。

（二）大学智库对大学母体的反哺与促进

在发达国家大学智库的发展进程中，大学母体为大学智库提供生长的土壤和养分是一个值得关注的现象，而大学智库反过来又通过良好的运行与职能发挥，积极反哺与促进大学母体的持续发展，这也是一个值得特别关注的现象。

大学智库之所以能够对大学母体的发展起到反哺和促进作用，是因为大学智库自产生之日起便是大学的内在有机组成部分，是大学教学、科研和社会服务职能融合发展的综合体现。作为大学的有机组成部分，大学智库在大学母体的人才培养、学术研究等方面均能够起到其他机构难以比拟的作用。首先，在人才培养方面，一流的大学智库之所以达到"一流"，一个很重要的表现就是智库的学术领袖在社会上的影响力。智库的重要功能就是要影响公共决策，通过影响政府决策，智库里的学者会在国家和社会上产生强大的影响力，智库里的学者通过不断为国家做出政策建议方面的贡献而被认可，进而进一步提升其作为学者和导师的作用与价值。因此，智库的发展有助于大学高水平师资和学术队伍的培育与成长，由此对大学的人才培养产生直接影响。同时，大学智库作为大学的内设机构，往往还承担着直接培养研究生甚至本科生的职能。这些学生在智库活动中获得了较其他机构更多的参与研究项目与课题的机会。在研究过程中，智库学者作为导师会将很多书本以外的理论知识与实践技巧传授给学生，会以做出高质量的研究成果的标准要求学生，这就使得培养出来的学生具有更强的实践能力和认识社会的能力，从而显著提高了学生的社会认可度。类似的案例在发达国家大学智库中不胜枚举。其次，在提高大学母体的研究能力方面，大学智库也发挥了重要作用。智库的功能决定了智库只有不断创新、精益求精，才能产出足以影响公共决策的高水平高质量研究成果，才能成长为具有深刻影响力的一流大学智库。从实践层面来看，那些跻身世界一流之列的发达国家大学智库通过开展智库研究，极大提高了所在大学所涉及学科的整体研究水平，几乎每一个位居高水平大学智库排行榜的大学智库都对相应的学科研究实力产生了重要的充实作用。借助于在人才培养和学术研究方面的作用，大学智库还给大学母体带来了巨大的社会声望。社会声望是一流大学建设的重要参照指标，声望甚至代表了一所大学在社会各群体中的价值。大学智库通过参与决策咨询、开展政策研究、影响决策过程，不但提高了自身在政府决策群体中的地位和影响，同时自然会影响到社会公众对所在大学的认可程度，从而帮助大学积累社会声望。[①]这是大学智库反哺和促进大学母体发展的一个隐性但又不容忽视的作用体现。

关于大学智库与大学母体的互动关系，图 7-1 做了非常直观的说明：

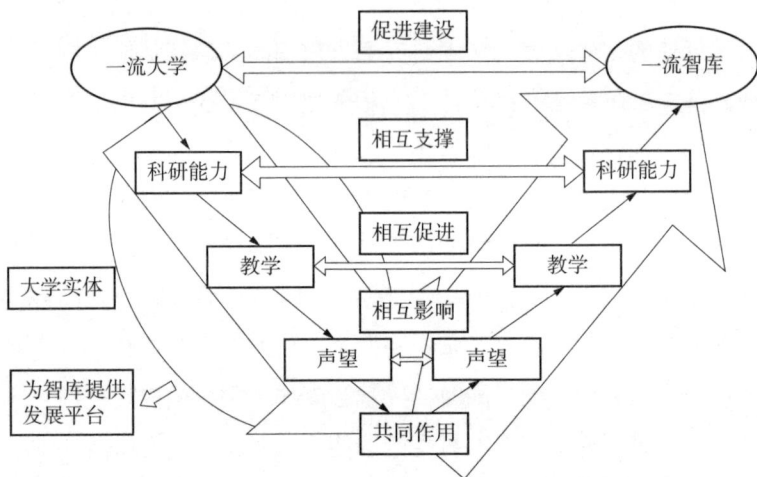

图 7-1　大学智库与大学母体的互动共生良性生态结构 [②]

二、努力凸显学术优势，提高智库决策服务影响力

在与官方智库和民间智库的激烈竞争中，大学智库如何才能赢得先机？从发达国家大学智库的发展经验来看，努力凸显自身的学术优势，开

①　胡光宇：《大学智库》，清华大学出版社 2015 年版，第 15 页。

②　胡光宇：《大学智库》，清华大学出版社 2015 年版，第 15 页。

辟特色化、独占性的政策研究领域，积极提高智库决策服务的影响力，是值得认真思考的重要经验。

对于大学智库而言，官方智库和民间智库在特色优势方面各有千秋。官方智库往往是政府组织体系的一部分，容易获得重要但又不便公之于众的内部信息资料，这些信息资料对研究成果的准确性和有效性能够产生很大的影响。同时，官方智库由于靠近政府领导和决策高层，与之有着更为直接的联系，因而其研究成果更容易传达给直接决策者，也更容易被接受和采纳。但官方智库也有其短板，即其与政府间存在某种附属关系，因此官方智库在研究选题的确定、研究的纵深度以及创新性等方面存在不可回避的局限性。①

民间智库往往是以市场法人实体的形式存在，采取的是现代企业的运作模式，其研究选题和发展方向是智库管理高层根据政策市场需求来决定的。民间智库的资金雄厚，而且筹集渠道非常多元，除以基金会为主体资金来源外，企业和私人也会为其提供大量资金，另外也有一部分经费来自政府合同。相对而言，民间智库无论在数量规模还是影响力方面都有明显优势。从智库研究角度来看，民间智库主要专注于紧迫性和前瞻性的政策研究，致力于服务公共利益并且为政府提供政策建议和影响社会舆论。就其短板而言，市场化的运作范式往往会促使民间智库追求"即可有用"的职能效果，缺乏开展基础性、长周期、投资回报慢的项目研究动力。而且，尽管民间智库素来宣称自己的独立性、中立性，但这只是相对而言，它不可能脱离其生存的政治、经济、文化土壤。不同的民间智库在具体问题的研究上总是带有不同的倾向性和偏见。② 而且，在西方国家政党轮替的背景下，民间智库为了追求决策者的认可，不可避免地会出现"迎合"性的研究趋向，这在一定程度上会损害研究成果的客观性。

相对于官方智库和民间智库而言，大学智库的最大不同就是承担着培养学生和进行政策研究的双重任务，具有双重角色。在政策研究方面，它

---

① 王莉丽：《旋转门——美国思想库研究》，国家行政学院出版社 2010 年版，第 36 页。

② 王莉丽：《旋转门——美国思想库研究》，国家行政学院出版社 2010 年版，第 39、42 页。

们主要从事长期性和深度性的研究，其研究成果的学术性更强。与此同时，无论是人才资源还是学术资源，大学智库都具有自己的独特优势。大学智库所在的大学一般具有悠久的历史、深厚的文化积淀，人才培养和学术研究相结合的优势容易形成启发灵感、活跃思维、增强创新性的良好氛围，从而更易于产生创新性的思想、方法、成果和政策建议。另外，大学智库一般专业性很强，长于聚焦某一领域开展长期性、深层次的研究。如哥伦比亚大学的地球研究所、哈佛大学的东亚研究中心、加利福尼亚大学的中国研究中心、约翰·霍普金斯大学的外交政策研究所以及耶鲁大学的全球化研究中心等，都是长期在一个或少数几个聚合性领域开展研究的知名大学智库。①从职能结构的角度来看，大学智库所承担的政策研究与官方智库、独立智库恰好形成了互补型的结构，官方智库往往直接为政府决策服务，侧重于信息的提供与分析，研究的学术性、思想性稍显不足；独立智库则主要专注于当下性、紧迫性的政策研究，很难集中精力对某一领域进行全面、系统和长期的研究；而大学智库偏重长期性、系统性、战略性政策研究的职能特征则很好地弥补了官方智库和独立智库的不足。这是大学智库极力发掘和利用自身学术优势进而提升自身智库品牌影响力的重要起点。

如前所述，与其他类型智库相比，大学智库的研究活动带有浓厚的学术性，因此其研究成果往往会在概念、思想或理论框架等方面有所彰显和侧重，并以此作为政策建议的理论基础对政府决策产生长期的导向性影响。由于具有深厚的学术底蕴，发达国家大学智库的研究人员在政策研究进程中势必会将这种学术优势自觉地体现于研究成果之中，这也是大学智库长于战略性、系统性政策研究的原因所在。实际上，在发达国家现代政府决策中，大学智库的研究人员提出的一些重要理论主张在政府的战略决策中得到了体现。以美国为例，美国学者约翰·古德曼（John Goodman）曾说："美国很多政策来源并不是政党、政客或者财团，相反这些观点大多来自全国各地的校园、智库和其他研究机构……"②对当代美国对外政

① 王莉丽：《旋转门——美国思想库研究》，国家行政学院出版社2010年版，第37页。
② 鲁鹏：《浅析美国大学"智库"对美国外交政策的影响》，《科技创业月刊》2013年第5期。

策曾产生重要影响的"民主和平论""文明冲突论""软实力""历史的终结"等理论观点或思想主张,其产生的源头都可追溯到大学智库。如"民主和平论"的代表人物米切尔·多伊尔(Michael Doyle)、"文明冲突论"的奠基人塞缪尔·亨廷顿、"软实力"概念的提出者约瑟夫·奈、"历史的终结"理论的倡导者弗朗西斯·福山(Francis Fukuyama)等,都曾是著名大学智库的成员。而源自这些智库的上述重要理论对当代美国国家安全和对外关系政策的影响,是无论如何评价都不过分的。从这个角度来看,尽管与其他类型智库相比,大学智库在满足即时性、紧急性政策的制定需求方面或许力有不逮,但在通过战略性和长期性的政策研究提出具有深刻价值导向的理论,进而影响政府的战略决策方面,大学智库的优势特征是显而易见的。

　　曾深刻影响 20 世纪 90 年代克林顿政府对外政策,并成为 21 世纪初小布什政府"新干涉主义"重要基础的"和平民主论"就是普林斯顿大学伍罗德·威尔逊公共与国际事务学院的米切尔·多伊尔于 1983 年在总结前人成果的基础上系统提出的,而威尔逊学院是美国国家安全与国际事务领域的著名智库之一,素以雄厚的专家队伍和具有战略前瞻性的政策研究闻名于世。2006 年 9 月,同样是由威尔逊学院发布的《铸造法治之下的自由世界——21 世纪美国国家安全战略》也受到了美国乃至国际社会的广泛关注,被视为小布什政府国家安全战略的所有替代性方案中"最为重要的一个"。这份报告不同于一般的国家安全战略报告之处,就在于它具有鲜明的理论色彩,提出了一些相当重要的关键性概念和范畴。① 这份被誉为"21 世纪的 X 文章"② 的报告在为期两年多的撰写过程中,不但集合了威尔逊学院整个智库的学术精英,而且囊括了数百位美国政要、著名战略学家和国际关系理论专家共同为之出谋划策。值得注意的是,这份报告是威尔逊学院于 2004 年发起的"普林斯顿国家安全项目"(The Princeton

---

① 杨玉良:《大学智库的使命》,《复旦学报(社会科学版)》2012 年第 1 期。

② "X 文章"是指由美国著名外交家和历史学家乔治·凯南(George F. Kennan)化名"X"于 1947 年在美国《外交事务》杂志发表的题为《苏联行为的根源》一文。文章系统阐述了美国应对苏联采取"遏制战略"的动因和具体策略。被视为冷战时期美国对苏战略的思想基础,乔治·凯南本人也由此获得了"遏制之父"的称谓。

Project on National Security）的最终成果，而威尔逊学院实施该项目的初衷就是要为美国在 21 世纪延续"帝国梦"确立一个"可持续和高效率"的国家安全战略政策框架，以"加强和更新美国国家安全战略的思想基础"。① 由此可清楚地看出大学智库在西方国家政策研究领域的侧重点。同时，发达国家大学智库之所以能够产生引领国家政策发展方向的思想和理论基础，形成巨大的政策影响力，其原因也正在于此。

三、有效发挥"旋转门"的机制优势

生产政策思想和提供政策方案是智库核心职能的基本体现。毫无疑问，这一职能的实现需要依靠强大的学术和智力资源，特别是需要多元交叉的智库团队作为支撑。发达国家大学智库在长期的建设过程中，依托大学母体的智力资源，注重有效发挥"旋转门"的制度优势，在组建多元交叉的智库研究团队，进而产出高质量政策思想和形成合理化政策方案领域，积累了丰富经验。

"旋转门"一般被视为发达国家大学智库最具特色的一种现象。"卸任的官员很多会到思想库从事政策研究；而思想库的研究者很多到政府担任要职，从研究者变为执政者"，② 这种学者和官员之间的流通就是所谓的"旋转门"。发达国家大学智库在建设实践中，将上述"旋转门"的适用范围进行了拓展，形成了"外部旋转门"和"内部旋转门"两种更能适应和满足大学智库建设需要的人员流转机制，极为有效地满足了智库的人才需求。

所谓"外部旋转门"，一方面是指学院按照传统模式建立起政府官员和大学学者的流转机制，另一方面则是对传统模式的突破，将其人才选聘对象从单纯的政府官员拓展到校外各行业领域的专家学者和实务人才。政府官员和大学学者之间的角色轮换是几乎所有大学智库都普遍存在的现

---

① The Woodrow Wilson School of Public and International Affairs, "Mission", 2014-05-26, see http://www.princeton.edu/~ppns/mission.html.

② 王莉丽：《旋转门——美国思想库研究》，国家行政学院出版社 2010 年版，第 98 页。

象。以普林斯顿大学威尔逊学院为例，在该学院内部，特别是在那些专注于政治和外交关系领域研究的研究所里，有政府任职经历的学者比例极高。例如，国际安全研究中心的6名全职教授中，有4人曾有政府任职经历，其中中心主任艾伦·弗雷伯格曾于2003—2005年任美国国家安全事务副助理国务卿兼副总统办公室政策规划主任，柯庆生曾于2006—2008年任美国东亚暨太平洋地区事务副助理国务卿。[①] 官员与学者的角色交叉强化了智库研究者的适任度，"智库内知名专家越来越多地应邀进入政府担任要职。同时，越来越多的下野官员回到智库继续从事研究。这种'旋转门'机制的良性循环，对智库的发展、对政府尽可能正确地决策都起到积极作用"[②]。除学者与官员的职务交流和角色转换外，威尔逊学院还将社会上各行业的专家学者与实务人才都纳入智库的人才"旋转门"机制之中，大大丰富了智库团队的人员构成，进一步强化了研究团队的多元特征。值得注意的是，威尔逊学院在吸纳此类人才时所采取的方式是非常灵活的，包括短期聘任、访问学者、博士后等，而且学院赋予各研究所很大的用人权，各研究所可以根据研究项目需要自主开展招聘工作。灵活的聘任机制及广泛的人才来源是美国大学智库的普遍特征。"聘任机制灵活，使得智库可以超越大学内部相对稳定甚至封闭的人事架构，较为自主地延聘符合智库相关研究项目特定需要的人员；人才来源广泛，则适应了现代智库开展综合性、交叉性领域政策研究的现实需要。"[③]凭借着"外部旋转门"的人才流转机制，威尔逊学院形成了一支符合现代大学智库职能定位和服务需求的人才队伍，目前学院来自全球各地的公共与国际关系领域的客座教授、访问学者约有45人，占全部教师数的一半左右。[④] 多元化的人才队伍为学院产出高质量的智库产品奠定了坚实基础。

---

① Center for International Security Studies, "Faculty", 2018-04-27, see https://ciss.princeton. edu/people/1.

② 赖先进：《国际智库发展模式》，中共中央党校出版社2017年版，第121—122页。

③ 何振海：《一流大学智库的孵化器》，《高等教育研究》2017年第4期。

④ WWS, "The Advantages of a WWS Education", 2018-04-27, see http://wws.princeton.edu/ about-wws/our-advantages.

　　除了"外部旋转门"，威尔逊学院还充分借助普林斯顿大学丰富的人才资源，以"内部旋转门"的人才机制为智库开展综合性、交叉性和复合性的政策研究提供强有力的学术保障与智力支持。作为一所历史悠久的综合性研究型大学，普林斯顿大学拥有强大的学科优势与人才优势。在2016—2017年泰晤士高等教育世界大学排名中，普林斯顿大学的工程技术在全球排名第6位、生命科学排名第8位、自然科学排名第3位、社会科学排名第8位、人文科学排名第6位；同时，汇聚了全球顶尖的学术人才，仅2000年以来就诞生了19位诺贝尔奖得主、5位普利策奖得主、3位菲尔兹奖得主、7位美国国家人文奖得主和5位美国国家科学奖得主。[1]威尔逊学院在智库建设过程中充分认识到大学母体的学科优势与人才资源带来的支撑作用，因此积极从全校范围延揽人才，利用"内部旋转门"的制度优势为学院有效发挥智库职能提供帮助。这实际上也是美国众多大学智库的普遍做法："对于大学智库而言，借助大学内部的人才组合和流动机制，大学智库与大学内部其他院系机构之间很容易搭建起'内部旋转门'，从而为大学智库政策研究职能的顺利发挥提供组织优势。"[2]目前威尔逊学院共有85名全职教师，绝大多数都兼具威尔逊学院和其他院系的双重身份，[3]其中以兼具政治学系和经济学系身份的教师居多，这也符合威尔逊学院的学术专长和专注领域。从实际效果看，双重身份的人事结构不仅不会对学院的正常工作造成负面影响，反而在很大程度上凸显出学院人才队伍的学科交叉性和学术多元性，同时与现代智库所强调的团队复合型、多元化特征相吻合。

---

[1]　Princeton University, "Honors & Awards", 2018-04-27, see https://www.princeton.edu/meet-princeton/honors-awards.

[2]　田山俊：《美国大学智库：历史经纬与现实观照》，《西北师大学报（社会科学版）》2016年第3期。

[3]　WWS, "The Advantages of a WWS Education", 2018-04-27, see http://wws.princeton.edu/about-wws/our-advantages.

第二节　中国特色新型高校智库建设路径省思

打造具有中国特色的新型高校智库，是新时代赋予我国高校的重大使命。客观而言，尽管近年来我国在高校智库建设方面已经取得了不小的进步，但对于大学场域内的智库建设而言，还是一个仍待深入探索的新领域。如何充分发挥高校母体的学术优势，建立健全科学有效的智库治理机制，为孵化一流高校智库提供制度和环境土壤，是我国所有致力于智库建设的高校必须积极面对的严肃命题。在这方面，发达国家大学智库的建设经验，对我国高校探索智库建设路径有极为现实的借鉴价值。

一、中国特色新型高校智库建设的困境

近年来，我国高校智库的建设热度持续升温，不过各界也普遍认识到，现有的高校智库虽然数量众多，但明显存在良莠不齐的问题。很多大学并没有明确智库的功能与定位，盲目建设，导致智库角色定位不清、与科研基地混同，甚至还出现了所谓的"虚体智库"。针对这一系列问题，为防止智库研究内容的粗制滥造，必须清楚地认识到中国特色新型高校智库建设面临的问题。

（一）独立性不足

首先，就大学智库的组织模式而言，我国的大学智库目前独立性相对不足。有学者通过对我国"985"院校研究型大学智库的统计分析，将我国大学智库的组织模式分为三种：第一，高校自主模式，指主动回应国家和社会的需求而自主设立的大学智库，这类智库在中国大学智库中约占32%；第二，官学研合作模式，指通过官学研合作培育起来的新型大学智库，这是当前中国大学智库形成的主要模式，占比达到63%；第三，国际合作模式，指研究型大学与国际组织、国外高校合作创建具有智库定位

的研究机构，所占比重约为 5%。① 这三种模式互相补充，构成了我国大学智库的发展整体。由这三种发展模式各自占的比重可以看出，我国大学智库主要依靠行政力量主导，严重缺乏组织独立性。

独立的智库运转资金是大学智库独立性的主要表现。然而，目前我国大学智库还不是独立法人型的智库，大学智库财务仍然由学校统一管理，不能单独核算。大部分大学智库的经费主要依靠政府拨款。智库缺乏必要的自主权，在研究上很难确保提出具有批判性和建设性的高质量政策建议，这在很大程度上对智库功能的发挥形成制约。

（二）国际话语权不强

我国大学智库大多以国内政策研究为中心，对国际交流合作等问题讨论较少，没有充分发挥大学智库"二轨外交"的角色。例如，在推进"一带一路"建设中，大学智库在促进"一带一路"建设理念传播、对沿线国家的微观研究、话语体系建设、利用智库合作联盟的交流平台等方面做得还不够。造成我国大学智库陷入缺少国际话语权困境的原因是我国大学智库尚未形成自己的知识体系，总是在用西方的知识体系来解释中国现象，这样的文化侵蚀容易陷入淡化对中国传统文化认同感的困境。知识体系的缺失使得中国的国际"软空间"非常狭小，和中国所拥有的"硬实力"（如经济力量）毫不相称。② 自改革开放以来，中国的开放已经从低层次向较高层次发展，形成了全面开放的新格局。与此同时，世界各国迫切希望加深对中国经验、中国模式的了解。因此，大学智库必须建立起自己的知识体系，加强在世界范围内的意识形态宣传，提升中国的国际话语权。

（三）研究成果管理机制不完善

大学智库最重要的影响力在于智库研究成果的影响力，大学智库研究成果的问题反映在以下几个方面：首先，研究成果转化程序烦琐。要建立真正发挥实效的大学智库，必须加快智库研究成果的落实。我国的大学智

---

① 张新培、赵文华：《中国研究型大学智库的发展现状研究——基于内容分析和专家访谈的调查》，《高校教育管理》2017 年第 4 期。

② 郑永年：《内部多元主义与新型智库建设》，东方出版社 2016 年版，第 4 页。

库在理论和实践中均已经研究出了具有价值的成果，但是目前还缺乏一种机制使这些研究成果转化为国家政策。其次，研究成果缺乏实用性。与其他类型的智库相比，大学智库的科研能力突出，但是这一优势也容易产生大学智库的研究成果不接地气的问题。目前，我国很多大学智库的研究普遍存在缺乏实践性、泛泛而谈的现象，很多智库研究成果仅仅停留在纸面上，产生不了社会效益。最后，研究成果推广机制不健全。随着我国舆论环境的不断开放，人人都有表达个人看法的权利。而我国的大学智库在这一方面还没有学会如何利用媒体宣传推销研究成果，这也是我国大学智库下一阶段的发展方向。

（四）人员管理制度不合理

大学智库隶属于大学，借助大学的人才和学术资源优势促进发展，但是大学智库在内部管理体制上也不可避免地受大学影响颇深。首先，人事制度不合理。我国大学智库大都采用公开招聘的方式吸纳人才，专职研究人员大多是事业编制，也就是人们常说的"铁饭碗"，在这种人事制度下，研究人员缺乏竞争意识，容易安于现状，不利于建成权威、高水平的大学智库。其次，大学智库的核心研究人员多是承担教学的学校教授，研究人员除了要从事政策研究之外，还要面对繁重的教学任务，往往分身乏术。最后，人事管理缺乏独立性。我国的大学智库没有独立的法人，也没有独立的人事任免权。

（五）高校间智库发展不平衡

当前，我国大学智库建设正在如火如荼地进行中，重点建设一批具有国际影响力的一流智库是我国大学智库的发展目标。目前，已经建成的国内比较有影响力的大学智库有：北京大学国家发展研究院、清华大学国情研究院和清华大学当代国际关系研究院等。普通院校的智库则很难在激烈的智库竞争热潮中脱颖而出。首先，在经费投入方面，我国大学智库陷入了"绝大部分经费集中于少量大学智库机构"的"马太效应"之中。其次，在科研项目审批上，我国大学智库也存在同样的问题，重点大学的智库优势突出，而一些普通大学的智库申报项目则较为困难。这种大学智库间发展的不平衡必然导致科研主体创新动力缺乏，从而制约大学智库的发展。

二、中国特色新型高校智库的建设路径

中国特色新型高校智库建设的关键在于核心竞争力的建设。中国大学智库要想谋求长远、可持续的发展，必须形成中国大学智库的核心竞争力，明确智库定位，进行战略规划，逐步在特定的专业领域彰显自身的特色，提升中国大学智库的综合实力。形成中国特色新型高校智库核心竞争力，应该从以下几个方面入手：

（一）保障相对独立性，转变经费管理方式

大学智库的研究成果必须是智库人员在不受外界影响下，从自身专业角度出发做出的相对客观的政策分析和判断。我国的国情决定了我国大学智库和发达国家大学智库不同的成长道路，我国的大学智库无疑是站在中国政府的立场上，拥护中国共产党的领导，这与智库的独立性并不矛盾。大学智库在"想国家之所想，急国家之所急"的同时，也有了解政府内部运作状况、要求政府公开数据、向政府提出政策建议的权利。在建设中国特色新型智库的大趋势下，大学智库应该加大国家治理能力和现代化建设的研究力度。在大学智库的内部组织管理上，应该"去行政化"，推广理事会制度，在管理与运行方面应逐步趋向于公司治理模式，推动智库结构向扁平化发展，建立精简高效的行政管理团队和核心专职研究人员，对研究课题引用项目管理模式进行管理。同时注重培养大学智库内"百家争鸣""敢想敢说"的学术氛围和研究人员敢于说真话、说实话的研究态度。

成立于 2000 年的清华大学国情研究院是我国著名的大学智库，目前已经建立了完备的理事会制度。国情研究院的组织架构是理事会领导下的院长负责制，理事会负责机构重大事务的决策和协调，院长负责机构的日常管理。院长由清华大学聘任，副院长由院长提名提交理事会通过后，由清华大学国情研究院聘任。另外，国情研究院还成立了学术委员会，主要负责关于学术目标、任务、方向及社会服务等方面的工作。①

---

① 清华大学国情研究院：《清华大学国情研究院组织架构》，2017 年 12 月 1 日，见 http://www.iccs.tsinghua.edu.cn/AboutSt/zzkj.html。

另外，单一的资金来源严重制约了我国大学智库的发展，资金管理的单一化导致研究人员缺乏积极性，影响研究成果的质量。大学智库应该建立起多元化的筹资渠道，鼓励企业、社会对大学智库捐款，激发资金活力。值得欣慰的是，近年来我国大学校友、私人企业和其他团体机构赞助支持大学智库发展渐成风尚，企业捐赠大学智库的积极性越来越高。中国人民大学重阳金融研究院目前就实现了运转资金全部来自社会捐赠，[①] 这一突破一方面证明了我国大学智库资金独立的可行性，另一方面也体现了企业的社会责任感。

（二）树立全球意识，争取国际话语权

在日益激烈的国际竞争下，大学智库应该树立全球意识和国际视野，以更加积极的态度研究国际问题，进一步扩大研究人员参与公共政策研究的范围，打破西方大学智库的国际垄断，敢于研究或评价他国，善于提出中国方案，为解决国际问题贡献中国智慧。另外，要注重培养和吸纳国际化人才，为大学智库国际化研究注入新鲜血液，培养研究国际问题的学者。大学智库拥有学术资源优势，彰显文化软实力，能帮助我国在国际上树立政治公信力，进而争取更多的国际话语权。所谓国际话语权，就是在国际上拥有讲话的资格。随着全球化时代的到来，国与国之间的经济、文化、政治交流越来越密切，只有拥有国际话语权才能获得国际社会的普遍认同，引导国际舆论。中国的和平崛起引来了外部世界的一些苛刻非议甚至严重偏见，中国必须彰显大国风范，提高国际影响力，回应外部世界的质疑与挑战，推动国际交流与合作，推动中华文化和当代中国价值观走向世界。

（三）提高研究成果质量，完善成果的传播与转化机制

公共政策涉及国家的每一位公民，更是一国治理的重要手段。由于政策制定的复杂性，仅仅依靠政府内部难以满足时势之需，所以，大学智库成为促进决策科学化的有效渠道，从而促进国家治理体系和治理能力的完

---

① 人大重阳网：《人大重阳再获高额捐赠，项目由外交部前副部长领衔》，2017年3月9日，见 http://www.rdcy.org/displaynews.php?id=31019。

善。提高研究成果质量要从以下几个方面入手:

其一,坚持面向现实的政策研究,实现理论与实践的互联互通。敏锐捕捉公共政策需求与客观分析自身学术基础,是大学建设智库必须考虑的两个关键要素,甚至可以称为决定一所高校可否兴建智库的"充要条件"。① 大学智库要紧紧围绕党和政府关注的重大现实问题和人民群众关心的热点、难点问题出谋划策。另外,提高大学智库的研究成果质量必须坚持理论与实践的互联互通,不仅要在实践中丰富理论知识,将政策实践概念化,还要做到理论反过来指导实践,提高政策的现实可行性。

其二,提升综合研究能力,开展跨学科、跨领域、跨国研究。日渐复杂的国内外环境对大学智库研究成果的质量提出了更高要求,要建成中国特色新型高校智库,必须提倡通过跨学科、跨领域、跨国协作提高研究质量,拓宽政策研究视野,切实保障研究成果的优质性。中国大学智库应该主动加强与国外大学智库、官方智库、民间智库的学术交流,立足多学科整合学术资源,构建深度融合的跨学科合作机制,最大限度地实现资源共享和优势互补,以开放的姿态推动学术交流合作,以解决宏观性、战略性的复杂问题,提升研究成果对政府决策的影响力。目前我国已经存在跨国型大学智库,清华—布鲁金斯公共政策研究中心是由清华大学和布鲁金斯学会联合创办的,在加强中美国际对话与合作中发挥着重要作用。清华大学当代国际关系研究院致力于在政策咨询、理论创新和人才培养三个方面为中国崛起做贡献。国际关系研究院每年组织多种多样的学术活动,目前已经连续举办6届"世界和平论坛"、10届"政治学与国际关系学术共同体年会"、17届"清华国际关系论坛",② 为世界各国政策制定者和专家提供了一个讨论国际问题的平台。

曾任胡佛研究所所长的坎贝尔说过:"除了书籍以外,另一途径就是

---

① 田山俊、何振海:《一流大学"智库群"的崛起——哈佛大学的智库建设路径及其借鉴》,《教育研究》2016 年第 4 期。

② 清华大学国际关系研究院:《清华大学国际关系研究院介绍》,2017 年 12 月 1 日,见 http://www.imir.tsinghua.edu.cn/publish/iis/7217/index.html。

让这些主张通过报纸及时传递到大众手中。"[1] 我国大学智库在引导社会舆论导向方面做得还不够，在产品的宣传推广上缺乏主动性和积极性，大多沉醉于"象牙塔"里，具有很强的封闭性。大学智库要注重通过媒体、报纸、期刊，或者举办学术会议等形式推广研究成果，使大学智库由单一服务于政府走向社会大众。媒体渠道密切了大学智库与公众的互动，通过引导社会舆论施加政策影响，极大地发挥了大学智库的社会价值。

大学智库的研究成果从提出到转化为具体政策，是一个复杂的过程，涉及多个环节，任何一个环节出了问题，这项研究成果都将功亏一篑。所以，要建立真正发挥实效的大学智库，必须要各方协同运作，加快大学智库研究成果的落地。在研究成果产生的过程中，大学智库是供应方，政府是需求方，可以尝试建立专门的智库成果推广机构，发挥桥梁和纽带作用，形成研究成果的供应链。

（四）建立科学的人员激励机制，推进制度化建设

大学智库拥有人才资源密集优势，优秀的人才是建设高水平大学智库的必要条件。大学智库建设是中国特色智库建设的重要主体，高校汇聚了80%的社科力量，人员规模近50万，拥有60%的"国家千人计划"入选者、50%的两院院士，以及庞大的研究生队伍，这对于智库建设来说是无可比拟的优势，[2] 也说明了大学智库建设大有可为。大学智库必须通过吸引、培养、保持高素质的研究团队，提升大学智库的综合研究能力。目前，中国大学智库的研究人员大多属于事业单位编制，缺乏良性竞争，所以，必须要建立科学的人员激励机制。打造多元的、高水平的专家团队，建立科学的人员激励机制，应该从学术激励、物质激励和政治激励三个方面入手：学术激励表现在学校内部学术资源对研究人员的吸引力。大学智库研究人员有其专业的研究领域，所以应该吸引多学科的高端人才加入，特别是一些研究领域的学术带头人。通过学术带头人的专业权威，提升大

---

[1]　黄忠敬：《美国教育的"智库"及其影响力》，《教育理论与实践》2009年第5期。

[2]　郑永年：《内部多元主义与新型智库建设》，东方出版社2016年版，第181页。

学智库的竞争力和影响力，建设综合型的学术研究团队。物质激励表现在通过调整薪资水平来吸引国内外的优秀人才投入大学智库工作中来。政治激励表现在促进大学智库与政府部门的人员流动，让大学智库成为政府的"人才储备池"。我国也可以建立适合我国国情的"中国旋转门"机制，如鼓励官员到大学智库担任兼职研究员，或者用挂职、借调等途径加强学界与政界的对话。对研究人员进行多方位激励的同时，也要建立相应的科研评价、绩效考核等机制，促进大学智库内的良性竞争。

目前，我国大学智库一般挂靠于大学的二级学院，大多在权威专家的个人倡导下成立。大学智库从成立到实际运转，权威专家的个人影响力均发挥着主要作用，因此，长期存在"人存政举，人亡政息"的问题。所以，提升中国大学智库的影响力，还需要从"个人驱动"走向"制度驱动"。[①]中国大学智库发展目前处于起步阶段，离不开严明的内部制度支撑。大学智库应该在岗位职权、内部人员晋升、资金管理、宣传推广等方面，形成明确的制度规范，提高研究人员的工作效率，促进大学智库向规范化、有序化发展。

（五）保障大学智库协调发展，促进大学母体"双一流"建设

大学智库的研究往往是围绕科研项目展开，而且大多是在政府的引导下开展的，缺乏公开化、市场化的机制，容易造成对"985""211"院校智库的政策倾斜。大学智库资源和机会的非均等化，造成我国大学智库发展的不均衡，加剧了大学智库发展的"马太效应"。这种不均衡是大学发展不均衡的必然结果，大学的综合实力并不代表其智库的学术能力，大学智库发展的源动力在于智库研究成果的质量。在教育资源的优化整合上，国家相关部门应坚持既要有利于资源有效发挥作用，也要兼顾公平，逐步建立起市场机制，公开各类研究项目，提倡大学智库间公开竞争，整合学术资源，着眼于我国大学智库的整体发展，缓解各自为政的局面，给普通大学的智库更多关注。这不仅有利于保障处于弱势地位的大学智库的基本权益，更是促进教育资源可持续发展的必由之路。

---

① 赵可金：《美国智库运作机制及其对中国智库的借鉴》，《当代世界》2014 年第 5 期。

　　"双一流"建设是当代大学发展的新起点，也是时代对大学的新要求，一流智库是"双一流"建设的题中应有之义。大学不仅是知识生产的摇篮，也是知识进一步转化的重要主体。在建设中国特色新型高校智库的工作中，大学智库责无旁贷地要发挥学科与人才优势，开展前瞻性研究，推动大学母体"双一流"建设。

　　总体而言，中国特色新型高校智库建设，既要凸显"中国特色"和"新型"，也必须科学认识和充分尊重智库建设的一般规律。对我国高校而言，智库建设仍是一个方兴未艾的新鲜课题，因此，吸收和借鉴智库强国的发展经验显得尤为必要。特别是在如何正确有效地运用大学的学术优势、开展符合大学智库特色的政策研究领域，发达国家大学智库对我国高校智库建设极具启示价值。高校智库应该清醒地认识到，它不应也不能仅仅成为高度依附政府的政策解读者和宣讲者，或仅仅是被动地为政府决策提供合理性解释，而必须尽可能基于客观和中立（在我国，这种中立更多的是指智库在政府利益诉求和民众利益诉求之间保持相对中立）的立场，从正向角度积极引导政府的科学决策，为政府决策提供尽可能充分、科学与全面的理论导向、思想支撑和现实依据，这才是包括高校智库在内的所有智库的核心价值所在。进一步而言，保持高校智库的相对中立，其逻辑延伸必然导致高校智库对相对独立性的需求。有学者就曾指出，在今后一段时间，必须适度突出智库的独立性，"这方面做好了，中国智库也完全能像国外一流智库那样，出思想、出理论、出战略、出政策"①。

　　此外，中国特色新型高校智库的建设还必须做到强化顶层设计，坚持循序建设、规划发展，切忌一哄而上、漫天撒网。在美国，大学智库主要成长于那些有着雄厚的科研实力和丰富的学术积淀的研究型大学。事实上，从实践角度来看，往往也只有这类大学才能够孕育出高水平的智库。对我国大学而言，智库建设虽是新鲜课题，但绝非"时髦饰品"，政府、

---

① 纪彭：《智库：国家的不可或缺的"外脑"》，2014 年 4 月 22 日，见 http://history.people.com.cn/n/2014/0422/c372326-24927237-2.html。

社会和高校自身必须坚持适度、有为、有效和循序渐进的原则，杜绝"跃进式"发展，不刻意追求量的增长，而是切实从宏观层面通盘规划高校智库的建设力度和建设进度，真正为国家经济社会发展和政治文明建设打造出一批具有国际一流水平的精品大学智库。

附录 全球大学附属智库排行榜
（2014—2018 年） ①

2014 年全球最佳大学附属智库排行榜

序号	智库名称	所属大学	国别
1	贝尔弗科学与国际事务中心 Belfer Center for Science and International Affairs	哈佛大学	美国
2	公共政策研究组 IDEAS/Public Policy Group	伦敦政治经济学院	英国
3	国际发展研究中心 Center for International Development (CID)	哈佛大学	美国
4	胡佛研究所 Hoover Institution	斯坦福大学	美国
5	地球研究所 Earth Institute	哥伦比亚大学	美国
6	国际安全与合作中心 Center for International Security and Cooperation (CISAC)	斯坦福大学	美国
7	国防研究中心 Centre for Defence Studies (CDS)	伦敦国王学院	英国
8	金砖四国政策中心 BRICS Policy Center	里约热内卢天主教大学	巴西
9	贝克研究所 James A. Baker III Institute for Public Policy	莱斯大学	美国

① 附录根据宾夕法尼亚大学智库与公民社会项目组发布的《全球智库报告》（2014—2018 年）整理而成。整理者为王婧茹。

序号	智库名称	所属大学	国别
10	国际战略研究院 Institute of International and Strategic Studies (IISS)	北京大学	中国
11	发展研究所 Institute of Development Studies (IDS)	萨塞克斯大学	英国
12	莫斯科国立国际关系研究院 Moscow State Institute of International Relations (MGIMO)	莫斯科国际关系学院	俄罗斯
13	清华—卡内基全球政策研究中心 Carnegie-Tsinghua Center for Global Policy	清华大学	中国
14	国际关系学院 University of International Relations (UIR)	国际关系学院	中国
15	国际问题研究中心 Center for International Studies and Research (CERI)	巴黎政治大学	法国
16	清华—布鲁金斯公共政策研究中心 Brookings-Tsinghua Center for Public Policy (BTC)	清华大学	中国
17	跨大西洋关系研究中心高等国际研究学院 SAIS Center for Transatlantic Relations	约翰·霍普金斯大学	美国
18	魏德海国际事务中心 Weatherhead Center for International Affairs (WCFIA)	哈佛大学	美国
19	莫卡斯特中心 Mercatus Center	乔治梅森大学	美国
20	发展研究中心 Center for Development Research (ZEF)	波恩大学	德国
21	东亚研究所 East Asian Institute (EAI)	新加坡国立大学	新加坡
22	弗里曼·斯伯格里国际问题研究所 Freeman Spogli Institute for International Studies (FSI)	斯坦福大学	美国

序号	智库名称	所属大学	国别
23	政策研究中心 Center for Policy Studies (CPS)	中欧大学	匈牙利
24	非洲经济研究中心 Centre for the Study of African Economies (CSAE)	牛津大学	英国
25	拉丁美洲社会科学学院 Facultad Latinoamericana de Ciencias Sociales (FLACSO)	拉丁美洲社会科学学院	哥斯达黎加
26	国防战略研究中心 Strategic and Defence Studies Centre (SDSC)	澳大利亚国立大学	澳大利亚
27	东南亚研究所 Institute of Southeast Asian Studies (ISEAS)	新加坡国立大学	新加坡
28	安全研究中心 Center for Security Studies (CSS)	瑞士联邦工学院	瑞士
29	外交关系与防御委员会 Council on Foreign Relations and Defense (SVOP)	国立研究大学	俄罗斯
30	国际安全研究中心 Centre for International Security Studies (CISS)	悉尼大学	澳大利亚
31	国防与战略研究所 Institute of Defence and Strategic Studies (IDSS)	南洋理工大学	新加坡
32	魏德海东亚研究所 Weatherhead East Asian Institute (WEAI)	哥伦比亚大学	美国
33	财政治理中心 Fiscal Governance Centre	赫尔特治理学院	德国
34	埃德温·赖肖尔东亚研究中心 Edwin O. Reischauer Center for East Asian Studies	约翰·霍普金斯大学	美国
35	战略研究中心 Centre for Strategic Studies (CSS)	惠灵顿维多利亚大学	新西兰

续表

序号	智库名称	所属大学	国别
36	经济研究和研究生教育中心 Center for Economic Research and Graduate Education	经济学研究所	捷克
37	人类安全报告项目 Human Security Report Project (HSRP)	西蒙·弗雷泽大学	加拿大
38	欧洲移民与民族关系研究中心 European Research Centre on Migration and Ethnic Relations (ERCOMER)	乌德勒支大学	荷兰
39	安全、经济与技术研究中心 Centre for Security, Economics and Technology (CSET)	圣加伦大学	瑞士
40	经济政策研究中心 Economic Policy Research Center (EPRC)	马凯雷雷大学	乌干达
41	政治分析中心 Center for Political Analysis	马凯雷雷大学	乌干达
42	全球化与发展研究中心 Globalisation and Development Centre (GDC)	邦德大学	澳大利亚
43	重阳金融研究院 Chongyang Institute for Financial Studies	中国人民大学	中国
44	全球问题研究所 Liu Institute for Global Issues	英属哥伦比亚大学	加拿大
45	阿拉伯国际事务研究中心 Arab Studies Center	穆斯坦西里耶大学	伊拉克

2015 年全球最佳大学附属智库排行榜

序号	智库名称	所属大学	国别
1	贝尔弗科学与国际事务中心 Belfer Center for Science and International Affairs	哈佛大学	美国
2	国际发展研究中心 Center for International Development (CID)	哈佛大学	美国

续表

序号	智库名称	所属大学	国别
3	公共政策研究组 IDEAS/Public Policy Group	伦敦政治经济学院	英国
4	贝克研究所 James A. Baker III Institute for Public Policy	莱斯大学	美国
5	发展研究所 Institute of Development Studies (IDS)	萨塞克斯大学	英国
6	国防研究中心 Centre for Defence Studies (CDS)	伦敦国王学院	英国
7	胡佛研究所 Hoover Institution	斯坦福大学	美国
8	国际安全与合作中心 Center for International Security and Cooperation (CISAC)	斯坦福大学	美国
9	金砖四国政策中心 BRICS Policy Center	里约热内卢天主教大学	巴西
10	埃德温·赖肖尔东亚研究中心 Edwin O. Reischauer Center for East Asian Studies	约翰·霍普金斯大学	美国
11	国际战略研究院 Institute of International and Strategic Studies (IISS)	北京大学	中国
12	莫斯科国立国际关系研究院 Moscow State Institute of International Relations (MGIMO)	莫斯科国际关系学院	俄罗斯
13	李光耀公共政策学院国家竞争力研究所 Asia Competitiveness Institute, Lee Kuan Yew School of Public Policy	新加坡国立大学	新加坡
14	清华—卡内基全球政策研究中心 Carnegie-Tsinghua Center for Global Policy	清华大学	中国
15	国际问题研究中心 Center for International Studies and Research (CERI)	巴黎政治大学	法国

续表

序号	智库名称	所属大学	国别
16	清华—布鲁金斯公共政策研究中心 Brookings-Tsinghua Center for Public Policy (BTC)	清华大学	中国
17	莫卡斯特中心 Mercatus Center	乔治梅森大学	美国
18	国际合作中心 Center on International Cooperation	纽约大学	美国
19	弗里曼·斯伯格里国际问题研究所 Freeman Spogli Institute for International Studies (FSI)	斯坦福大学	美国
20	魏德海国际事务中心 Weatherhead Center for International Affairs (WCFIA)	哈佛大学	美国
21	发展研究中心 Center for Development Research (ZEF)	波恩大学	德国
22	东亚研究所 East Asian Institute (EAI)	新加坡国立大学	新加坡
23	跨大西洋关系研究中心高等国际研究学院 SAIS Center for Transatlantic Relations	约翰·霍普金斯大学	美国
24	政策研究中心 Center for Policy Studies (CPS)	中欧大学	匈牙利
25	非洲经济研究中心 Centre for the Study of African Economies (CSAE)	牛津大学	英国
26	拉丁美洲社会科学学院 Facultad Latinoamericana de Ciencias Sociales (FLACSO)	拉丁美洲社会科学学院	哥斯达黎加
27	国防战略研究中心 Strategic and Defence Studies Centre (SDSC)	澳大利亚国立大学	澳大利亚
28	李光耀公共政策学院亚洲及全球化中心 Centre on Asia and Globalisation, Lee Kuan Yew School of Public Policy	新加坡国立大学	新加坡

序号	智库名称	所属大学	国别
29	重阳金融研究院 Chongyang Institute for Financial Studies	中国人民大学	中国
30	东南亚研究所 Institute of Southeast Asian Studies (ISEAS)	新加坡国立大学	新加坡
31	艾什民主治理中心 Ash Center for Democratic Governance	哈佛大学	美国
32	安全研究中心 Center for Security Studies (CSS)	瑞士联邦工学院	瑞士
33	外交关系与防御委员会 Council on Foreign Relations and Defense (SVOP)	国立研究大学	俄罗斯
34	国际安全研究中心 Centre for International Security Studies (CISS)	悉尼大学	澳大利亚
35	国防和战略研究所 Institute of Defence and Strategic Studies (IDSS)	南洋理工大学	新加坡
36	东亚研究所 East Asian Institute (EAI)	新加坡国立大学	新加坡
37	财政治理中心 Fiscal Governance Centre	赫尔特治理学院	德国
38	战略研究中心 Centre for Strategic Studies (CSS)	惠灵顿维多利亚大学	新西兰
39	全球化研究中心 Yale Center for the Study of Globalization	耶鲁大学	美国
40	经济研究和研究生教育中心 Center for Economic Research and Graduate Education	经济学研究所	捷克
41	人类安全报告项目 Human Security Report Project (HSRP)	西蒙·弗雷泽大学	加拿大
42	欧洲移民与民族关系研究中心 European Research Centre on Migration and Ethnic Relations (ERCOMER)	乌德勒支大学	荷兰

序号	智库名称	所属大学	国别
43	安全、经济与技术研究中心 Centre for Security，Economics and Technology（C SET）	圣加伦大学	瑞士
44	经济政策研究中心 Economic Policy Research Center (EPRC)	马凯雷雷大学	乌干达
45	政治分析中心 Center for Political Analysis	马凯雷雷大学	乌干达
46	全球化与发展研究中心 Globalisation and Development Centre（GDC）	邦德大学	澳大利亚
47	国际与安全研究中心 Center for International and Security Studies	马里兰大学	美国
48	全球问题研究所 Liu Institute for Global Issues	英属哥伦比亚大学	加拿大
49	阿拉伯国际事务研究中心 Arab Studies Center	穆斯坦西里耶大学	伊拉克
50	国情研究中心 Center for China Studies	清华大学	中国
51	亚太研究所 Asia Pacific Institute	早稻田大学	日本
52	彭博中心 Bloomberg Center	约翰·霍普金斯大学	美国
53	国际安全与合作中心 Center for International Security and Cooperation（CISAC）	斯坦福大学	美国
54	发展研究所 Institute for Development Studies	内罗毕大学	肯尼亚
55	全球能源政策中心 Center on Global Energy Policy	哥伦比亚大学	美国
56	应用法律研究中心 Centre for Applied Legal Studies	威特沃特斯兰德大学	南非
57	国际发展中心大学 Centro de Desarrollo Internacional	纳瓦拉大学	西班牙

序号	智库名称	所属大学	国别
58	国家经济研究中心 Centro de Investigaciones Económicas Nacionales	危地马拉山谷大学	危地马拉
59	舆论研究中心 Centro de Opinión Pública	墨西哥大学	墨西哥
60	和平对话思维与后续行动中心 Centro de Pensamiento y Seguimiento del Diálogo de Paz	哥伦比亚国立大学	哥伦比亚
61	半岛人文社会科学中心 Centro Peninsular en Humanidades y Ciencias Sociales	墨西哥国立自治大学	墨西哥
62	戴维斯俄罗斯和欧亚研究中心 Davis Center for Russian and Eurasian Studies	哈佛大学	美国
63	经济和社会研究中心 Centre for Economic and Social Research	巴西利希尔大学	土耳其
64	伦纳德·戴维斯研究所 Leonard Davis Institute	宾夕法尼亚大学	美国
65	政策研究中心 Center for Policy Studies	南方科技大学	巴基斯坦
66	印度高等研究中心 Center for the Advanced Study of India	宾夕法尼亚大学	美国
67	科学政策研究中心 Centre for Studies in Science Policy	尼赫鲁大学	印度
68	环境政策研究中心 Environmental Policy Research Center (FFU)	柏林自由大学	德国
69	经济政策分析组织 Cellule d'Analyse de Politiques Economiques du Cires		科特迪瓦
70	能源、石油和矿产、法律和政策中心 Center for Energy, Petroleum and Mineral Law and Policy	邓迪大学	英国
71	全球政治趋势中心 Global Political Trends Center	文化大学	土耳其

序号	智库名称	所属大学	国别
72	民主和经济分析研究所 Institute for Democracy and Economic Analysis	捷克科学院	捷克
73	欧洲研究所 Institute for European Studies	布鲁塞尔弗里耶大学	比利时
74	欧洲、俄罗斯和欧亚研究所 Institute for European, Russian and Eurasian Studies	乔治·华盛顿大学	美国
75	人口社会研究所 Instituto de Estudios Sociales en Población	国立大学	哥斯达黎加
76	社会调查研究所 Instituto de Investigaciones Sociales Universidad de Costa Rica	哥斯达黎加大学	哥斯达黎加
77	亚洲研究所 Asiatic Research Institute	首尔大学	韩国
78	澳大利亚—中国关系研究院 Australia China Relations Institute	悉尼科技大学	澳大利亚
79	蒙特雷国际研究所詹姆斯·马丁不扩散研究中心 James Martin Center for Nonproliferation Studies	明德学院	美国
80	能源与环境政策研究中心 MIT Center for Energy and Environmental Policy Research	麻省理工学院	美国
81	国家发展研究院 National School of Development	北京大学	中国
82	李光耀公共政策学院政策研究所 Institute of Policy Studies, Lee Kuan Yew School of Public Policy	新加坡国立大学	新加坡
83	国家安全学院 National Security College	澳大利亚国立大学	澳大利亚
84	尼古拉斯学院 Nicholas Institute	杜克大学	美国

续表

序号	智库名称	所属大学	国别
85	能源研究所 Oxford Institute of Energy Studies	牛津大学	英国
86	科学与全球安全计划 Program on Science and Global Security	普林斯顿大学	美国
87	科学政策研究室 Science Policy Research Unit	萨塞克斯大学	英国
88	社会和经济研究所 Wits Institute of Social and Economic Research	威特沃特斯兰德大学	南非

2016 年全球最佳大学附属智库排行榜

序号	智库名称	所属大学	国别
1	贝尔弗科学与国际关系研究中心 Belfer Center for Science and International Affairs	哈佛大学	美国
2	国际发展研究中心 Center for International Development (CID)	哈佛大学	美国
3	公共政策研究组 IDEAS/Public Policy Group	伦敦政治经济学院	英国
4	贝克研究所 James A. Baker III Institute for Public Policy	莱斯大学	美国
5	发展研究所 Institute of Development Studies (IDS)	萨塞克斯大学	英国
6	国防研究中心 Centre for Defence Studies (CDS)	伦敦国王学院	英国
7	胡佛研究所 Hoover Institution	斯坦福大学	美国
8	国际安全与合作中心 Center for International Security and Cooperation (CISAC)	斯坦福大学	美国

序号	智库名称	所属大学	国别
9	金砖四国政策中心 BRICS Policy Center	里约热内卢天主教大学	巴西
10	埃德温·赖肖尔东亚研究中心 Edwin O. Reischauer Center for East Asian Studies	约翰·霍普金斯大学	美国
11	国际战略研究院 Institute of International and Strategic Studies (IISS)	北京大学	中国
12	莫斯科国立国际关系研究院 Moscow State Institute of International Relations (MGIMO)	莫斯科国际关系学院	俄罗斯
13	李光耀公共政策学院国家竞争力研究所 Asia Competitiveness Institute, Lee Kuan Yew School of Public Policy	新加坡国立大学	新加坡
14	清华—卡内基全球政策研究中心 Carnegie – Tsinghua Center for Global Policy	清华大学	中国
15	国际问题研究中心 Center for International Studies and Research (CERI)	巴黎政治大学	法国
16	清华—布鲁金斯公共政策研究中心 Brookings-Tsinghua Center for Public Policy (BTC)	清华大学	中国
17	莫卡斯特中心 Mercatus Center	乔治梅森大学	美国
18	国际合作中心 Center on International Cooperation	纽约大学	美国
19	弗里曼·斯伯格里国际问题研究所 Freeman Spogli Institute for International Studies (FSI)	斯坦福大学	美国
20	地球研究所 Earth Institute	哥伦比亚大学	美国

续表

序号	智库名称	所属大学	国别
21	魏德海国际事务中心 Weatherhead Center for International Affairs（WCFIA）	哈佛大学	美国
22	发展研究中心 Center for Development Research（ZEF）	波恩大学	德国
23	东亚研究所 East Asian Institute（EAI）	新加坡国立大学	新加坡
24	跨大西洋关系研究中心高等国际研究学院 Center for Transatlantic Relations，SAIS	约翰·霍普金斯大学	美国
25	政策研究中心 Center for Policy Studies（CPS）	中欧大学	匈牙利
26	非洲经济研究中心 Centre for the Study of African Economies（CSAE）	牛津大学	英国
27	拉丁美洲社会科学学院 Facultad Latinoamericana de Ciencias Sociales（FLACSO）	拉丁美洲社会科学学院	哥斯达黎加
28	国防战略研究中心 Strategic and Defence Studies Centre（SDSC）	澳大利亚国立大学	澳大利亚
29	李光耀公共政策学院亚洲及全球化中心 Centre on Asia and Globalisation，Lee Kuan Yew School of Public Policy	新加坡国立大学	新加坡
30	重阳金融研究院 Chongyang Institute for Financial Studies	中国人民大学	中国
31	东南亚研究所 Institute of Southeast Asian Studies（ISEAS）	新加坡国立大学	新加坡
32	艾什民主治理中心 Ash Center for Democratic Governance	哈佛大学	美国
33	安全研究中心 Center for Security Studies（CSS）	瑞士联邦工学院	瑞士
34	外交关系与防御委员会 Council on Foreign Relations and Defense（SVOP）	国立研究大学	俄罗斯

序号	智库名称	所属大学	国别
35	国际安全研究中心 Centre for International Security Studies (CISS)	悉尼大学	澳大利亚
36	国防和战略研究所 Institute of Defence and Strategic Studies (IDSS)	南洋理工大学	新加坡
37	魏德海东亚研究所 Weatherhead East Asian Institute (WEAI)	哥伦比亚大学	美国
38	财政治理中心 Fiscal Governance Centre	赫尔特治理学院	德国
39	战略研究中心 Centre for Strategic Studies (CSS)	惠灵顿维多利亚大学	加拿大
40	全球化研究中心 Yale Center for the Study of Globalization	耶鲁大学	美国
41	经济研究和研究生教育中心 Center for Economic Research and Graduate Education, Economics Institute (CERGE-EI)	经济学研究所	捷克
42	人类安全报告项目 Human Security Report Project (HSRP)	西蒙·弗雷泽大学	加拿大
43	欧洲移民和种族关系研究中心 European Research Centre on Migration and Ethnic Relations (ERCOMER)	乌德勒支大学	荷兰
44	安全、经济和技术研究中心 Centre for Security, Economics and Technology (CSET)	圣加伦大学	瑞士
45	经济政策研究中心 Economic Policy Research Center (EPRC)	马凯雷雷大学	乌干达
46	政治研究中心 Center for Political Analysis	马凯雷雷大学	乌干达
47	全球化和发展研究中心 Globalisation and Development Centre (GDC)	邦德大学	澳大利亚
48	国际与安全研究中心 Center for International and Security Studies	马里兰大学	美国

续表

序号	智库名称	所属大学	国别
49	全球问题研究所 Liu Institute for Global Issues	英属哥伦比亚大学	加拿大
50	阿拉伯国际事务研究中心 Arab Studies Center	穆斯坦西里耶大学	伊拉克
51	国情研究中心 Center for China Studies	清华大学	中国
52	亚太研究所 Asia Pacific Institute	早稻田大学	日本
53	彭博中心 Bloomberg Center	约翰·霍普金斯大学	美国
54	国际安全与合作中心 Center for International Security and Cooperation (CISAC)	斯坦福大学	美国
55	发展研究所 Institute for Development Studies	内罗毕大学	肯尼亚
56	全球能源政策中心 Center on Global Energy Policy	哥伦比亚大学	美国
57	应用法律研究中心 Centre for Applied Legal Studies	威特沃斯兰德大学	南非
58	国际发展中心大学 Centro de Desarrollo Internacional	纳瓦拉大学	西班牙
59	国家经济研究中心 Centro de Investigaciones Económicas Nacionales	危地马拉山谷大学	危地马拉
60	舆论研究中心 Centro de Opinión Pública	墨西哥大学	墨西哥
61	和平对话思维与后续行动中心 Centro de Pensamiento y Seguimiento del Diálogo de Paz	哥伦比亚国立大学	哥伦比亚
62	半岛人文社会科学中心 Centro Peninsular en Humanidades y Ciencias Sociales	墨西哥国立自治大学	墨西哥

序号	智库名称	所属大学	国别
63	戴维斯俄罗斯和欧亚研究中心 Davis Center for Russian and Eurasian Studies	哈佛大学	美国
64	经济和社会研究中心 Centre for Economic and Social Research	巴西利希尔大学	土耳其
65	伦纳德·戴维斯研究所 Leonard Davis Institute	宾夕法尼亚大学	美国
66	政策研究中心 Center for Policy Studies	南方科技大学	巴基斯坦
67	科学政策研究中心 Centre for Studies in Science Policy	尼赫鲁大学	印度
68	环境政策研究中心 Environmental Policy Research Center (FFU)	柏林自由大学	德国
69	经济政策分析组织 Cellule d' Analyse de Politiques Economiques du Cires		科特迪瓦
70	能源、石油和矿产、法律和政策中心 Center for Energy, Petroleum and Mineral Law and Policy	邓迪大学	英国
71	全球政治趋势中心 Global Political Trends Center	文化大学	土耳其
72	印度高等研究中心 Center for the Advanced Study of India	宾夕法尼亚大学	美国
73	民主和经济分析研究所 Institute for Democracy and Economic Analysis	捷克科学院	捷克
74	欧洲研究所 Institute for European Studies	布鲁塞尔弗里耶大学	比利时
75	欧洲、俄罗斯和欧亚研究所 Institute for European, Russian and Eurasian Studies	乔治·华盛顿大学	美国
76	人口社会研究所 Instituto de Estudios Sociales en Población	国立大学	哥斯达黎加

序号	智库名称	所属大学	国别
77	社会调查研究所 Instituto de Investigaciones Sociales	哥斯达黎加大学	哥斯达黎加
78	亚洲研究所 Asiatic Research Institute	首尔大学	韩国
79	澳大利亚—中国关系研究院 Australia China Relations Institute	悉尼科技大学	澳大利亚
80	蒙特雷国际研究所詹姆斯·马丁不扩散研究中心 James Martin Center for Nonproliferation Studies, Monterey Institute for International Studies	明德学院	美国
81	能源与环境政策研究中心 MIT Center for Energy and Environmental Policy Research Technology	麻省理工学院	美国
82	国家发展研究院 National School of Development	北京大学	中国
83	李光耀公共政策学院政策研究所 Institute of Policy Studies, Lee Kuan Yew School of Public Policy	新加坡国立大学	新加坡
84	国家安全学院 National Security College	澳大利亚国立大学	澳大利亚
85	尼古拉斯学院 Nicholas Institute	杜克大学	美国
86	国际安全研究中心 Center for International Security Studies	马里兰大学	美国
87	能源研究所 Oxford Institute of Energy Studies	牛津大学	英国
88	科学与全球安全计划 Program on Science and Global Security	普林斯顿大学	美国
89	社会政策研究所 Science Policy Research Unit	萨塞克斯大学	英国
90	社会和经济研究所 Wits Institute of Social and Economic Research	威特沃特斯兰德大学	南非

2017 年全球最佳大学附属智库排行榜

序号	智库名称	所属大学	国别
1	贝尔弗科学与国际关系研究中心 Belfer Center for Science and International Affairs	哈佛大学	美国
2	公共政策研究组 IDEAS/Public Policy Group	伦敦政治经济学院	英国
3	贝克研究所 James A. Baker III Institute for Public Policy	莱斯大学	美国
4	发展研究所 Institute of Development Studies (IDS)	萨塞克斯大学	英国
5	国防研究中心 Centre for Defence Studies (CDS)	伦敦国王学院	英国
6	国际发展研究中心 Center for International Development (CID)	哈佛大学	美国
7	国际问题研究中心 Center for International Studies and Research (CERI)	巴黎政治大学	法国
8	胡佛研究所 Hoover Institution	斯坦福大学	美国
9	金砖四国政策中心 BRICS Policy Center	里约热内卢天主教大学	巴西
10	埃德温·赖肖尔东亚研究中心 Edwin O. Reischauer Center for East Asian Studies	约翰·霍普金斯大学	美国
11	国际安全与合作中心 Center for International Security and Cooperation (CISAC)	斯坦福大学	美国
12	国际战略研究院 Institute of International and Strategic Studies (IISS)	北京大学	中国
13	莫斯科国立国际关系研究院 Moscow State Institute of International Relations (MGIMO)	莫斯科国际关系学院	俄罗斯

续表

序号	智库名称	所属大学	国别
14	李光耀公共政策学院国家竞争力研究所 Asia Competitiveness Institute，Lee Kuan Yew School of Public Policy	新加坡国立大学	新加坡
15	清华—卡内基全球政策研究中心 Carnegie－Tsinghua Center for Global Policy	清华大学	中国
16	国际合作中心 Center on International Cooperation	纽约大学	美国
17	清华—布鲁金斯公共政策研究中心 Brookings-Tsinghua Center for Public Policy (BTC)	清华大学	中国
18	莫卡斯特中心 Mercatus Center	乔治梅森大学	美国
19	发展研究中心 Center for Development Research (ZEF)	波恩大学	德国
20	弗里曼·斯伯格里国际问题研究所 Freeman Spogli Institute for International Studies (FSI)	斯坦福大学	美国
21	地球研究所 Earth Institute	哥伦比亚大学	美国
22	魏德海国际事务中心 Weatherhead Center for International Affairs (WCFIA)	哈佛大学	美国
23	东亚研究所 East Asian Institute (EAI)	新加坡国立大学	新加坡
24	跨大西洋关系研究中心高等国际研究学院 Center for Transatlantic Relations，SAIS	约翰·霍普金斯大学	美国
25	政策研究中心 Center for Policy Studies (CPS)	中欧大学	匈牙利
26	非洲经济研究中心 Centre for the Study of African Economies (CSAE)	牛津大学	英国
27	拉丁美洲社会科学学院 Facultad Latinoamericana de Ciencias Sociales (FLACSO)	拉丁美洲社会科学学院	哥斯达黎加

序号	智库名称	所属大学	国别
28	国防战略研究中心 Strategic and Defence Studies Centre（SDSC）	澳大利亚国立大学	澳大利亚
29	李光耀公共政策学院亚洲及全球化中心 Centre on Asia and Globalisation, Lee Kuan Yew School of Public Policy	新加坡国立大学	新加坡
30	东南亚研究所 Institute of Southeast Asian Studies（ISEAS）	新加坡国立大学	新加坡
31	艾什民主治理中心 Ash Center for Democratic Governance	哈佛大学	美国
32	安全研究中心 Center for Security Studies（CSS）	瑞士联邦工学院	瑞士
33	外交关系与防御委员会 Council on Foreign Relations and Defense（SVOP）	国立研究大学	俄罗斯
34	国际安全研究中心 Centre for International Security Studies（CISS）	悉尼大学	澳大利亚
35	国防和战略研究所 Institute of Defence and Strategic Studies（IDSS）	南洋理工大学	新加坡
36	东亚研究所 Weatherhead East Asian Institute（WEAI）	哥伦比亚大学	美国
37	重阳金融研究院 Chongyang Institute for Financial Studies	中国人民大学	中国
38	财政治理中心 Fiscal Governance Centre	赫尔特治理学院	德国
39	战略研究中心 Centre for Strategic Studies（CSS）	惠灵顿维多利亚大学	加拿大
40	全球化研究中心 Yale Center for the Study of Globalization	耶鲁大学	美国
41	经济研究和研究生教育中心 Center for Economic Research and Graduate Education, Economics Institute（CERGE-EI）	经济学研究所	捷克

序号	智库名称	所属大学	国别
42	人类安全报告项目 Human Security Report Project（HSRP）	西蒙·弗雷泽大学	加拿大
43	欧洲移民和种族关系研究中心 European Research Centre on Migration and Ethnic Relations（ERCOMER）	乌德勒支大学	荷兰
44	安全、经济和技术研究中心 Centre for Security，Economics and Technology（CSET）	圣加伦大学	瑞士
45	经济政策研究中心 Economic Policy Research Center（EPRC）	马凯雷雷大学	乌干达
46	政治研究中心 Center for Political Analysis	马凯雷雷大学	乌干达
47	全球化和发展研究中心 Globalisation and Development Centre（GDC）	邦德大学	澳大利亚
48	国际与安全研究中心 Center for International and Security Studies	乌里兰大学	美国
49	全球问题研究所 Liu Institute for Global Issues	英属哥伦比亚大学	加拿大
50	阿拉伯国际事务研究中心 Arab Studies Center	穆斯坦西里耶大学	伊拉克
51	国情研究中心 Center for China Studies	清华大学	中国
52	亚太研究所 Asia Pacific Institute	早稻田大学	日本
53	彭博中心 Bloomberg Center	约翰·霍普金斯大学	美国
54	国际安全与合作中心 Center for International Security and Cooperation（CISAC）	斯坦福大学	美国
55	发展研究所 Institute for Development Studies	内罗毕大学	肯尼亚
56	全球能源政策中心 Center on Global Energy Policy	哥伦比亚大学	美国

序号	智库名称	所属大学	国别
57	应用法律研究中心 Centre for Applied Legal Studies	威特沃斯兰德大学	南非
58	国际发展中心大学 Centro de Desarrollo Internacional	纳瓦拉大学	西班牙
59	国家经济研究中心 Centro de Investigaciones Económicas Nacionales	危地马拉山谷大学	危地马拉
60	舆论研究中心 Centro de Opinión Pública	墨西哥大学	墨西哥
61	和平对话思维与后续行动中心 Centro de Pensamiento y Seguimiento del Diálogo de Paz	哥伦比亚国立大学	哥伦比亚
62	半岛人文社会科学中心 Centro Peninsular en Humanidades y Ciencias Sociales	墨西哥国立自治大学	墨西哥
63	戴维斯俄罗斯和欧亚研究中心 Davis Center for Russian and Eurasian Studies	哈佛大学	美国
64	经济和社会研究中心 Centre for Economic and Social Research	巴西利希尔大学	土耳其
65	李光耀公共政策学院政策研究所 Institute of Policy Studies, Lee Kuan Yew School of Public Policy	新加坡国立大学	新加坡
66	伦纳德·戴维斯研究所 Leonard Davis Institute	宾夕法尼亚大学	美国
67	政策研究中心 Center for Policy Studies	南方科技大学	巴基斯坦
68	科学政策研究中心 Centre for Studies in Science Policy	尼赫鲁大学	印度
69	环境政策研究中心 Environmental Policy Research Center (FFU)	柏林自由大学	德国
70	经济政策分析组织 Cellule d'Analyse de Politiques Economiques du Cires		科特迪瓦

续表

序号	智库名称	所属大学	国别
71	能源、石油和矿产、法律和政策中心 Center for Energy，Petroleum and Mineral Law and Policy	邓迪大学	英国
72	社会政策研究所 Science Policy Research Unit	萨塞克斯大学	英国
73	全球政治趋势中心 Global Political Trends Center	文化大学	土耳其
74	印度高等研究中心 Center for the Advanced Study of India	宾夕法尼亚大学	美国
75	民主和经济分析研究所 Institute for Democracy and Economic Analysis	捷克科学院	捷克
76	欧洲研究所 Institute for European Studies	布鲁塞尔弗里耶大学	比利时
77	人口社会研究所 Instituto de Estudios Sociales en Población	国立大学	哥斯达黎加
78	社会调查研究所 Instituto de Investigaciones Sociales	哥斯达黎加大学	哥斯达黎加
79	亚洲研究所 Asiatic Research Institute	首尔大学	韩国
80	澳大利亚—中国关系研究院 Australia China Relations Institute	悉尼科技大学	澳大利亚
81	蒙特雷国际研究所詹姆斯·马丁不扩散研究中心 James Martin Center for Nonproliferation Studies，Monterey Institute for International Studies	明德学院	美国
82	能源与环境政策研究中心 MIT Center for Energy and Environmental Policy Research Technology	麻省理工学院	美国
83	国家发展研究院 National School of Development	北京大学	中国
84	国家安全学院 National Security College	澳大利亚国立大学	澳大利亚

序号	智库名称	所属大学	国别
85	未来情报研究中心 Centre for the Future Intelligence	剑桥大学	英国
86	国际安全研究中心 Center for International Security Studies	马里兰大学	美国
87	能源研究所 Oxford Institute of Energy Studies	牛津大学	美国
88	托马斯·J.沃森研究所 Thomas J. Watson Institute	布朗大学	美国
89	科学与全球安全计划 Program on Science and Global Security	普林斯顿大学	美国
90	社会和经济研究所 Wits Institute of Social and Economic Research	威特沃特斯兰德大学	南非

2018年全球最佳大学附属智库排行榜

序号	智库名称	所属大学	国别
1	贝尔弗科学与国际事务中心 Belfer Center for Science and International Affairs	哈佛大学	美国
2	公共政策研究组 IDEAS/Public Policy Group	伦敦经济政治学院	英国
3	贝克研究所 James A. Baker III Institute for Public Policy	莱斯大学	美国
4	发展研究所 Institute of Development Studies（IDS）	萨塞克斯大学	英国
5	国防研究中心 Centre for Defence Studies（CDS）	伦敦国王学院	英国
6	国际合作中心 Center on International Cooperation	纽约大学	美国
7	国际研究中心 Center for International Studies and Research（CERI）	巴黎政治学院	法国

序号	智库名称	所属大学	国别
8	巴西金砖国家政策中心 BRICS Policy Center	里约热内卢天主教大学	巴西
9	埃德温·赖肖尔东亚研究中心 Edwin O. Reischauer Center for East Asian Studies，SAIS	约翰·霍普金斯大学	美国
10	国际战略研究院 Institute of International and Strategic Studies (IISS)	北京大学	中国
11	莫斯科国立国际关系学院 Moscow State Institute of International Relations	莫斯科国立国际关系学院	俄罗斯
12	李光耀公共政策学院亚洲竞争力研究所 Asia Competitiveness Institute，Lee Kuan Yew School of Public Policy	新加坡国立大学	新加坡
13	胡佛研究所 Hoover Institution	斯坦福大学	美国
14	清华—卡内基全球政策研究中心 Carnegie-Tsinghua Center for Global Policy	清华大学	中国
15	布鲁金斯清华公共政策中心 Brookings-Tsinghua Center for Public Policy (BTC)	清华大学	中国
16	国际发展中心 Center for International Development (CID)	哈佛大学	美国
17	莫卡特斯中心 Mercatus Center	乔治梅森大学	美国
18	发展研究中心 Center for Development Research (ZEF)	波恩大学	德国
19	地球研究所 Earth Institute	哥伦比亚大学	美国
20	魏德海国际事务中心 Weatherhead Center for International Affairs (WCFIA)	哈佛大学	美国
21	东亚研究所 East Asian Institute (EAI)	新加坡国立大学	新加坡

续表

序号	智库名称	所属大学	国别
22	弗里曼·斯波格里国际研究所 Freeman Spogli Institute for International Studies (FSI)	斯坦福大学	美国
23	跨大西洋关系中心 Center for Transatlantic Relations, SAIS	约翰·霍普金斯大学	美国
24	政策研究中心 Center for Policy Studies (CPS)	中欧大学	匈牙利
25	非洲经济研究中心 Centre for the Study of African Economies (CSAE)	牛津大学	英国
26	拉丁美洲社会科学学院 Facultad Latinoamericana de Ciencias Sociales (FLACSO)	拉丁美洲社会科学学院	哥斯达黎加
27	战略与国防研究中心 Strategic and Defence Studies Centre (SDSC)	澳大利亚国立大学	澳大利亚
28	李光耀公共政策学院亚洲与全球化中心 Centre on Asia and Globalisation, Lee Kuan Yew School of Public Policy	新加坡国立大学	新加坡
29	东南亚研究所 Institute of Southeast Asian Studies (ISEAS)	新加坡国立大学	新加坡
30	阿什民主治理中心 Ash Center for Democratic Governance	哈佛大学	美国
31	安全研究中心 Center for Security Studies (CSS)	瑞士苏黎世联邦理工学院	瑞士
32	外交与国防委员会 Council on Foreign Relations and Defense (SVOP)	国立研究大学	俄罗斯
33	国际安全研究中心 Centre for International Security Studies (CISS)	悉尼大学	澳大利亚
34	国防与战略研究所 Institute of Defence and Strategic Studies (IDSS)	南洋理工大学	新加坡

续表

序号	智库名称	所属大学	国别
35	魏德海东亚研究所 Weatherhead East Asian Institute（WEAI）	哥伦比亚大学	美国
36	重阳金融研究院 Chongyang Institute for Financial Studies	中国人民大学	中国
37	财政治理中心 Fiscal Governance Centre	赫尔梯行政学院	德国
38	策略研究中心 Centre for Strategic Studies（CSS）	惠灵顿维多利亚大学	新西兰
39	耶鲁大学全球化研究中心 Yale Center for the Study of Globalization	耶鲁大学	美国
40	经济研究与研究生教育中心 Center for Economic Research and Graduate Education	经济学院	捷克
41	人类安全报告计划 Human Security Report Project（HSRP）	西蒙弗雷泽大学	加拿大
42	欧洲移民和民族关系研究中心 European Research Centre on Migration and Ethnic Relations（ERCOMER）	乌得勒支大学	荷兰
43	安全、经济和技术中心 Centre for Security，Economics and Technology（C SET）	圣加伦大学	瑞士
44	经济政策研究中心 Economic Policy Research Center（EPRC）	马凯雷雷大学	乌干达
45	全球化和发展中心 Globalisation and Development Centre（GDC）	邦德大学	澳大利亚
46	国际与安全研究中心 Center for International and Security Studies	马里兰大学	美国
47	刘全球问题研究所 Liu Institute for Global Issues	不列颠哥伦比亚大学	加拿大
48	阿拉伯研究中心 Arab Studies Center	穆坦塞里耶的大学	伊拉克
49	中国研究中心 Center for China Studies	清华大学	中国

序号	智库名称	所属大学	国别
50	亚太研究所 Asia Pacific Institute	早稻田大学	日本
51	彭博中心 Bloomberg Center	约翰·霍普金斯大学	美国
52	发展研究所 Institute for Development Studies	内罗毕大学	肯尼亚
53	全球能源政策中心 Center on Global Energy Policy	哥伦比亚大学	美国
54	应用法律研究中心 Centre for Applied Legal Studies	威特沃特斯兰德大学	南非
55	国际发展中心 Centro de Desarrollo Internacional	纳瓦拉大学	西班牙
56	国家经济研究中心 Centro de Investigaciones Económicas Nacionales	危地马拉山谷大学	乌特马拉
57	舆论研究中心 Centro de Opinión Pública	墨西哥大学	墨西哥
58	和平对话思想与后续行动中心 Centro de Pensamiento y Seguimiento del Diálogo de Paz	哥伦比亚国立大学	哥伦比亚
59	摩萨瓦-拉赫曼尼商业和政府中心 Mossavar-Rahmani Center for Business and Government	哈佛大学	美国
60	半岛人文社会科学中心 Centro Peninsular en Humanidades y Ciencias Sociales	墨西哥国立自治大学	墨西哥
61	戴维斯俄罗斯和欧亚研究中心 Davis Center for Russian and Eurasian Studies	哈佛大学	美国
62	经济和社会研究中心 Centre for Economic and Social Research	巴西利希尔大学	土耳其
63	政策研究中心 Institute of Policy Studies	新加坡国立大学	新加坡

序号	智库名称	所属大学	国别
64	伦纳德戴维斯研究所 Leonard Davis Institute	宾夕法尼亚大学	美国
65	政策研究中心 Center for Policy Studies	康萨斯大学	巴基斯坦
66	科学政策研究中心 Centre for Studies in Science Policy	尼赫鲁大学	印度
67	环境政策研究中心 Environmental Policy Research Center（FFU）	柏林自由大学	德国
68	经济政策分析组织 Cellule d'Analyse de Politiques Economiques du Cires		科特迪瓦
69	能源、石油和矿产法律与政策中心 Center for Energy，Petroleum and Mineral Law and Policy	邓迪大学	美国
70	科学政策研究所 Science Policy Research Unit	萨塞克斯大学	英国
71	全球政治趋势中心 Global Political Trends Center	文化大学	土耳其
72	印度高级研究中心 Center for the Advanced Study of India	宾夕法尼亚大学	美国
73	民主经济分析研究所 Institute for Democracy and Economic Analysis	捷克科学院	捷克
74	欧洲研究所 Institute for European Studies	布鲁塞尔弗雷杰大学	比利时
75	人口社会研究所 Instituto de Estudios Sociales en Población	国立大学	哥斯达黎加
76	亚洲研究所 Asiatic Research Institute	首尔大学	韩国
77	澳大利亚—中国关系研究所 Australia China Relations Institute	悉尼科技大学	澳大利亚
78	詹姆斯·马丁防扩散研究中心 James Martin Center for Nonproliferation Studies	蒙特雷国际研究所	美国

序号	智库名称	所属大学	国别
79	能源与环境政策研究中心 Center for Energy and Environmental Policy Research	麻省理工学院	美国
80	国家发展研究院 National School of Development	北京大学	中国
81	国家安全学院 National Security College	澳大利亚国立大学	澳大利亚
82	未来智力中心 Centre for the Future Intelligence	剑桥大学	英国
83	牛津能源研究所 Oxford Institute of Energy Studies	牛津大学	英国
84	环境与发展实验室 Environment and Development Lab	布朗大学	美国
85	欧洲大学学院 European University Institute	欧洲大学学院	意大利
86	托马斯·J.沃森研究所 Thomas J. Watson Institute	布朗大学	美国
87	科学与全球安全计划 Program on Science and Global Security	普林斯顿大学	美国
88	威茨社会经济研究所 Wits Institute of Social and Economic Research	威特沃特斯兰德大学	南非
89	威廉玛丽学院 AidData College of William and Mary	威廉玛丽学院	美国
90	全球合作研究中心 Center for Global Cooperation Research (GCR21)	凯特汉堡大学	德国
91	佩里世界大厦 Perry World House	佩里世界大厦	美国
92	兰尼帕国际机构研究中心 Center for International Insitutions Research (CIIR) of RANEPA	兰尼帕国际机构研究中心	俄罗斯

续表

序号	智库名称	所属大学	国别
93	安伯德研究中心 Amberd Research Center	亚美尼亚国立经济大学	亚美尼亚
94	政治思想与分析项目 Political Ideas and Analysis（P. I. A.)	哥本哈根大学	丹麦

主要参考文献

一、中文文献

（一）学术著作

1. [美] 安德鲁·里奇：《智库、公共政策和专家治策的政治学》，潘羽辉等译，上海社会科学院出版社 2010 年版。

2. [美] 伯顿·克拉克：《建立创业型大学：组织上转型的途径》，王承绪译，人民教育出版社 2003 年版。

3. 陈启能：《美国智库和美国社会：访美札记》，中国社会科学出版社 1987 年版。

4. 陈启能：《美国的思想库和美国社会》，社会科学文献出版社 1987 年版。

5. 陈学飞：《当代美国高等教育思想研究》，辽宁师范大学出版社 1996 年版。

6. 褚鸣：《美欧智库比较研究》，中国社会科学出版社 2013 年版。

7. [美] 德里克·博克：《走出象牙塔——现代大学的社会责任》，徐小洲、陈军译，浙江教育出版社 2001 年版。

8. [美] 德里克·博克：《大学何价：高等教育商业化?》，杨振富译，天下远见出版股份有限公司 2004 年版。

9. 冯绍雷：《智库——国外高校国际研究院比较研究》，上海人民出版社 2011 年版。

10. [德] 弗·鲍尔生：《德国教育史》，滕大春、滕大生译，人民教育出版社 1986 年版。

11. [美] 哈里·杜鲁门：《杜鲁门回忆录：下卷》，李石译，东方出版社 2007 年版。

12. 韩铁：《福特基金会与美国的中国学》，中国社会科学出版社 2004 年版。

13. 胡光宇：《大学智库》，清华大学出版社 2015 年版。

14. [美] 詹姆斯·麦甘恩：《全球智库：政策网络与治理》，韩雪、王小文译校，上海交通大学出版社 2015 年版。

15. [美] 詹姆斯·艾伦·史密斯：《思想的掮客：智库与新政策精英的崛起》，李刚等译，南京大学出版社 2016 年版。

16. 赖先进：《国际智库发展模式》，中共中央党校出版社 2017 年版。

17. [美] 劳伦斯·阿瑟·克雷明：《学校的变革》，单中惠、马晓明译，上海教育出版社 1994 年版。

18. [美] 雷蒙德·斯特鲁伊克：《完善智库管理：智库、"研究与倡导型"非政府组织及其资助者的实践指南》，李刚等译，南京大学出版社 2017 年版。

19. 李工真：《德意志现代化进程与德意志知识界》，商务印书馆 2010 年版。

20. 李建军、崔树义：《世界各国智库研究》，人民出版社 2010 年版。

21. 李凌：《智库产业——演化机制与发展趋势》，生活·读书·新知三联书店 2012 年版。

22. [美] 丽贝卡·S. 洛温：《创建冷战大学——斯坦福大学的转型》，叶赋桂、罗燕译，清华大学出版社 2007 年版。

23. [美] 罗杰·L. 盖格：《增进知识——美国研究型大学的发展（1900—1940）》，王海芳、魏书亮译，河北大学出版社 2008 年版。

24. [美] 罗杰·L. 盖格：《研究与相关知识——第二次世界大战以来的美国研究型大学》，张斌贤、孙益、王国新译，河北大学出版社 2008 年版。

25. [美] 莫顿·凯勒、[美] 菲利斯·凯勒：《哈佛走向现代：美国大学的崛起》，史静寰、钟周、赵琳译，清华大学出版社 2007 年版。

26. 任晓：《第五种权力：论智库》，北京大学出版社 2016 年版。

27. 上海社会科学院智库研究中心：《2013 年中国智库报告》，上海社会科学院出版社 2014 年版。

28. [美] 唐纳德·E. 埃布尔森：《智库能发挥作用吗？——公共政策研究机构影响力之评估》，扈喜林译，上海社会科学院出版社 2010 年版。

29. [法] 托克维尔：《论美国的民主（下）》，董果良译，商务印书馆 1988 年版。

30. 王保星：《美国现代高等教育制度的确立》，河北教育出版社 2005 年版。

31. 王珩：《高校智库建设的理论范式和实践创新》，世界知识出版社 2017 年版。

32. 王莉丽：《旋转门——美国思想库研究》，国家行政学院出版社 2010 年版。

33. 王莉丽：《智力资本：中国智库核心竞争力》，中国人民大学出版社 2015 年版。

34. [美] 薛龙：《哈佛大学费正清中心 50 年史（1995—2005）》，路克利译，新星出版社 2005 年版。

35. 袁征：《登上胡佛塔》，中国青年出版社 2002 年版。

36. 张丽：《伯顿·克拉克的高等教育思想研究》，华中师范大学出版社 2008 年版。

（二）期刊论文

1. 陈振明：《政策科学研究与现代社会发展——论政策分析的意义》，《岭南学刊》1995 年第 6 期。

2. 初景利等：《国外高水平高校智库运行机制特征剖析》，《图书馆论坛》2018 年第 4 期。

3. 方婷婷:《美国大学智库影响力形成途径分析——以贝尔弗科学与国际事务中心为例》,《现代教育科学》2015 年第 1 期。

4. 顾明远:《世界高等教育发展的基本趋势和经验》,《北京师范大学学报(社会科学版)》2006 年第 5 期。

5. 顾岩峰:《我国高校智库建设路径探析》,《河北大学学报(哲社版)》2014 年第 6 期。

6. 顾宵容:《哈佛大学费正清中心五十年之观察》,《中国图书评论》2014 年第 4 期。

7. 贺国庆:《从莫雷尔法案到威斯康星观念——美国大学社会服务职能的确立》,《河北大学学报(哲学社会科学版)》1998 年第 3 期。

8. 贺国庆:《近代德国大学科学研究职能的发展和影响》,《河北大学学报(哲学社会科学版)》1996 年第 4 期。

9. 贺国庆:《中世纪大学向现代大学的过渡——文艺复兴与宗教改革时期欧洲大学的变迁》,《教育研究》2003 年第 11 期。

10. 贺国庆:《中世纪大学和现代大学》,《河北师范大学学报(教育科学版)》2004 年第 2 期。

11. 何振海:《一流大学智库的孵化器》,《高等教育研究》2017 年第 4 期。

12. 何振海:《世界一流大学的智库治理策略及其观照——以普林斯顿大学公共与国际事务学院为例》,《中国高教研究》2018 年第 8 期。

13. 胡薇:《中国高校智库的建设与发展研究》,《重庆大学学报(社会科学版)》2018 年第 5 期。

14. 李蒙、余宏亮、龚雨洁:《高校智库人才考核评价体系及人才建设策略》,《黑龙江高教研究》2018 年第 3 期。

15. 李颖:《慎终如始,防范学术沉沦》,《高校教育管理》2015 年第 2 期。

16. 李亚慧、范英杰:《建设我国新型高校智库的必要性及关键点研究》,《内蒙古财经大学学报》2018 年第 3 期。

17. 鲁鹏:《浅析美国大学"智库"对美国外交政策的影响》,《科技创业月刊》2013 年第 5 期。

18. 皮江红:《20 世纪 90 年代以来美国高等教育改革趋势分析——兼论对我国高等教育改革的启示》,《煤炭高等教育》2002 第 7 期。

19. 秦惠民、解水清:《我国高校智库建设相关问题及对策研究》,《中国高校科技》2014 年第 4 期。

20. 邱雯婕:《美国高校智库协同创新运行机制的经验与启示——以加州大学伯克利分校泛在安全技术研究中心为例》,《产教融合与创新创业》2018 年第 4 期。

21. 孙战伟:《高校智库建设:具体标准、运行机制及实现路径》,《智库理论与实践》2018 年第 2 期。

22. 田山俊：《美国大学智库：历史经纬与现实观照》，《西北师大学报（社会科学版）》2016 年第 3 期。

23. 田山俊：《一流大学"智库群"的崛起——哈佛大学的智库建设路径》，《教育研究》2016 年第 4 期。

24. 王琮：《我国高校智库建设现状、问题分析与对策》，《高教论坛》2018 年第 5 期。

25. 王莉丽：《美国思想库发展历程及面临挑战》，《红旗文稿》2009 年第 14 期。

26. 王文：《中国智库古今延承之路：历史溯源与未来启示》，《智库理论与实践》2016 年第 2 期。

27. 徐平：《重创新、助决策、促实践——美国斯坦福教育政策分析中心》，《外国中小学教育》2017 年第 1 期。

28. 杨玉良：《大学智库的使命》，《复旦学报（社会科学版）》2012 年第 1 期。

29. 袁鹏：《美国思想库：概念与起源》，《国际资料信息》2002 年第 10 期。

30. 周秀平、李健：《打造中国特色新型高校智库》，《社会治理》2018 年第 7 期。

31. 朱珍：《国内高校智库发展现状探究》，《内蒙古科技与经济》2018 年第 13 期。

（三）学位论文

1. 高群：《智库对美国公共政策的影响——胡佛研究所参与美国公共政策分析》，硕士学位论文，湖北大学，2013 年。

2. 刘喻：《美国私人基金会捐赠高等教育的研究》，硕士学位论文，华中师范大学，2008 年。

3. 王瑞芳：《从高校图书馆到世界一流大学智库：斯坦福大学胡佛研究所转型与发展研究》，硕士学位论文，河北大学，2016 年。

（四）报纸文章

1. 李卫红：《高校在新型智库建设中的使命担当》，《人民日报》2014 年 2 月 16 日。

2.《美国副国务卿称美对华政策应转型》，《环球时报》2015 年 9 月 26 日。

二、外文文献

（一）学术著作

1. Diane Stone, Andrew Denham, *Think Tank Traditions: Policy Research and the Politics of Ideas*, Manchester and New York: Manchester University Press, 2004.

2. Donald E. Abelson, *A Capitol Idea: Think Tanks & US Foreign Policy*, Kingston and Montreal: McGill-Queen's University Press, 2006.

3. Edward H. Berman, *The Influence of the Canergie, Ford and Rockefeller Foundations on American Foreign Policy*, New York: State University of New York Press, 1983.

4. Eric Alterman, *Sound and Fury: The Washington Punditocracy and the Collapse of American Politics*, New York: Harper Collins, 1992.

5. Howard J. Wiarda, *Harvard and The Weatherhead Center for International Affairs: Foreign Policy Research Center and Incubator of Presidential Advisors*, Lanham: Lexington Books, 2010.

6. James G. McGann, *Comparative Think Tanks, Politics and Public Policy*, Northampton: Edward Elgar, 2005.

7. James A. Smith, *The Idea Brokers: Think Tanks and the Rise of the New Policy Elite*, New York: The Free Press, 1991.

8. Jeffrey T. Checkel, *Ideas and International Political Change*, New Haven: Yale University Press, 1997.

9. Kevin Rudd, *US-China 21: The Future of US-China Relations Under Xi Jinping*, Belfer Center for Science and International Affairs, Harvard Kennedy School. 2015.

10. Morton Keller, Phyllis Keller, *Making Harvard Modern: The Rise of America's University*, New York: Oxford University Press, 2001.

11. Neil Bradford, *Commissioning Ideas: Canadian National Policy Innovation in Comparative Perspective*, Toronto: Oxford University Press, 1998.

12. Nina Almond, *Special Collections in the Hoover Library on War, Revolution and Peace*, Stanford: Stanford University, 1940.

13. Paul Dickson, *Think Tanks*, New York: Atheneum, 1971.

14. Paul Brace, Barbara Hinckley: *Follow the Leaders: Opinion Polls and the Modern Presidents*, New York: Basic Books, 1992.

15. Peter Duignan, *The Hoover Institution on War, Revolution and Peace: Seventy-Five Years of its History*, Stanford: Hoover Institution Press, 1989.

16. Robert Anderson, *British University: Past and Present*, London: Continuum International Publishing, 2006.

17. Sidney Blumenthal, *The Rise of the Counter-Establishment: From Conservative Ideology to Political Power*, New York: Harper and Row, 1988.

18. Thomas Medvetz, *Think Tanks in America*, Chicago: The University of Chicago Press, 2012.

19. Walter Rüegg, *A History of the University in Europe: Volume IV*, Cambridge: Cambridge University Press, 2011.

20. William G. Domhoff, *The Power Elite and the State: How Policy is Made in America*, New York: Aldine de Gruyter, 1990.

（二）报告、论文

1. Clyde Kluckhohn, "Russian Research at Harvard", *World Politics*, No. 2 (1949).

2. James. G. McGann, "Academics to Ideologues: A Brief History of Public Policy Research Industry", *Political Science & Politics*, No. 4 (1992).

3. James G. McGann, *2013 Global Go To Think Tank Index Report*, University of Pennsylvania, 2014.

4. James G. McGann, *2014 Global Go To Think Tanks Index Report*, University of Pennsylvania, 2015.

5. James G. McGann, *2015 Global Go To Think Tanks Index Report*, University of Pennsylvania, 2016.

6. James G. McGann, *2016 Global Go To Think Tanks Index Report*, University of Pennsylvania, 2017.

7. James G. McGann, *2017 Global Go To Think Tanks Index Report*, University of Pennsylvania, 2018.

8. James G. McGann, *2018 Global Go To Think Tanks Index Report*, University of Pennsylvania, 2019.

9. Kimberly A. Kicenuik, "ARCO Forum at IOP Renamed in Honor of John F. Kennedy Jr.", *The Harvard Crimson*, 2003-09-22.

10. R. Kent Weaver, "The Changing World of Think Tanks", *Political Science & Politics*, No. 3 (1989).

11. Sally Covington, *Moving a Public Policy: The Strategic Philanthropy of Conservative Foundations*, National Committee for Responsive Philanthropy, 1997.

（三）电子文献

1. AAAS, "List of Active Members by Class", 2013-09-05, see https://www.amacad. org/multimedia/pdfs/classlist.pdf.

2. Belfer Center for Science and International Affairs, "Environment and Natural Resources", 2019-01-23, see https://www.belfercenter.org/program/environment-and-natural-resources#about.

3. Center for International Development, "Executive Education", 2016-08-08, see https://www.hks.harvard.edu/centers/cid/about-cid/executive-education.

4. Center for International Security Studies, "Faculty", 2018-04-27, see https://ciss.

princeton.edu/people/1.

5. Centre for the Study of African Economies, "Department of Economics", 2018-12-24, see https://www.economics.ox.ac.uk/research-centre/centre-for-the-study-of-african-economies-csae.

6. Centre for the Study of African Economies, "The Oxford Martin Programme on African Governance", 2018-12-25, see https://www.csae.ox.ac.uk/research-areas/governing-the-african-transitions.

7. Centre for the Study of African Economies, Oxford University, "People", 2018-12-25, see https://www.csae.ox.ac.uk/people?search=people&task=search&teamid=17.

8. Davis Center for Russian and Eurasian Studies, "History", 2014-04-17, http://daviscenter.fas.harvard.edu/about-us/history.

9. Harvard Gazette Archives, "Richard Neustadt Remembered as Guiding Force at KSG", 2003-11-06, see http://news.harvard.edu/gazette/2003/11.06/11-neustadt.html.

10. Hoover Institution, "About Hoover", 2015-10-02, see http://www.hoover.org/about/missionhistory.

11. Hoover Institute, "Awards and Honors", 2014-04-24, see http://www.hoover.org/fellows/awards.

12. IDS, "Governance", 2018-12-07, see https://www.ids.ac.uk/about/governance/.

13. Jacob Soll, "How Think Tanks Became Engines of Royal Propaganda", 2017-01-31, see https://www.tabletmag.com/jewish-news-and-politics/222421/think-tanks-jacob-soll-propaganda.

14. MGIMO, "History", 2018-11-26, see http://english.mgimo.ru/basic-facts/history.

15. MGIMO, "Supervisory Board", 2018-11-26, http://english.mgimo.ru/supervisory-board.

16. MGIMO, "Board of Trustees", 2018-11-26, see http://english.mgimo.ru/board-of-trustees.

17. Princeton University, "Honors & Awards", 2018-04-27, see https://www.princeton.edu/meet-princeton/honors-awards.

18. Shorenstein Center, "Walter Shorenstein Media and Democracy Fellowship", 2016-06-20, see http://shorensteincenter.org/fellowships/spring-2016/.

19. Shorenstein Center, "Former Fellows and Visiting Faculty", 2016-06-20, see http://shorensteincenter.org/fellowships/former-fellows-by-name/.

20. The Woodrow Wilson School of Public and International Affairs, "Mission", 2014-05-26, see http://www.princeton.edu/~ppns/mission.html.

21. The Earth Institute, Columbia University, "Pioneering Oxford Geoscientist Alex

Halliday to Head Columbia University's Earth Institute", 2017-12-14, see https://blogs. ei.columbia.edu/2017/12/14/pioneering-oxford-geoscientist-alex-halliday-head-columbia-universitys-earth-institute/.

22. The Rockefeller Foundation, "Laura Spelman Rockefeller Memorial", 2018-10-24, see https://rockfound.rockarch.org/laura-spelman-rockefeller-memorial.

23. The Earth Institute, Columbia University, "About Us", 2018-12-10, see http://www.earth.columbia.edu/articles/view/3341.

24. The Earth Institute, Columbia University, "Earth Institute Advisory Board", 2018-12-12, see http://www.earth.columbia.edu/articles/view/3149.

25. The Earth Institute, Columbia University, "Research: the Foundation of the Earth Institute", 2018-12-12, see http://www.earth.columbia.edu/articles/view/1788.

26. WWS, "The Advantages of a WWS Education", 2018-04-27, see http://wws.princeton.edu/about-wws/our-advantages.

27. Yale Center for the Study of Globalization, "About the Center", 2019-01-27, see https://ycsg.yale.edu/about-center-1.

后 记

　　本书受到中宣部"宣传思想文化青年英才"项目研究资助，是在国家社科基金教育学一般课题"发达国家大学智库发展研究——兼论中国特色新型高校智库的建设路径"（BIA140098）的最终研究成果基础上，经进一步修改完成。

　　智库建设特别是大学（高校）智库建设，是近年来国内学术界普遍关注的热点议题之一。大学智库研究的升温显然是政策驱动的结果。2013年，中共中央在《全面深化改革若干重大问题的决定》中做出了"加强中国特色新型智库建设"的战略部署；2014年，教育部发布了《中国特色新型高校智库建设推进计划》。一系列政策的公布将我国智库建设推向了新的历史阶段。我国学术界对此做出了积极回应，一大批研究成果陆续涌现，研究成果的数量和水平都达到历史新高。

　　尽管智库研究突飞猛进，但客观而言，智库建设对我国高校而言还是一个较为陌生的领域。而西方发达国家在大学智库建设方面则已走过了70余年的历程，产生了众多具有广泛影响力的高水平智库，积累了丰富的经验。从历史和比较的角度，梳理发达国家大学智库发展历程，总结分析其成败得失的经验教训，显然对探索中国特色新型高校智库的发展路径是极为必要的。正是基于这种考虑，我和我的团队在2014年以"发达国家大学智库发展研究"为主题申报了国家社科基金，并有幸得到批准，由此开始了对这一问题的研究。

　　课题申报的初衷，是利用我们这个团队在外国教育史方面的学术基础和优势，尝试从西方大学史的角度，对发达国家的大学特别是研究型大学开展智库建设的历程加以梳理，在此基础上进行规律性研究，以服务和观照我国的高校智库建设。但真正开展研究之后才发现，我们显然低估了这一课题的研究难度。大学智库本身的复杂性、大学智库与大学母体的复杂互动关系、不同国家大学智库的共性与个性、大学智库与其他类型智库的区别与联系等问题交织在一起，让研究团队在研究过程中始终"提心吊胆"，不得不小心应对随时可能出现的新的难题。这也在一定程度上造成研究进展的迟缓。因此，在课题研究即将结束的时候，回顾整个研究过程，我们这个年轻的学术团队感触最大的，除了课题研究本身赋予我们的满足感和成就感之外，就是对学术研究的"敬畏"了。

尽管困难重重，但所幸课题研究还是步步推进，最终得以完成。几年来，课题组围绕研究主题发表了5篇系列论文（包括4篇CSSCI期刊论文和1篇核心期刊论文，其中2篇论文分别发表在《教育研究》和《高等教育研究》上），还完成了目前呈现在读者诸君面前的这部书稿。所取得的成果或许还难言满意，但团队成员都在研究中得到了锻炼。值得一提的是，田山俊研究员在本课题研究基础之上，于2016年申报并获批国家社科基金课题"美国一流大学智库研究"，本课题组中的很多成员也都参与了他所申请的课题的研究。这两项国家社科基金课题在研究过程中交融互通，团队成员经常围绕课题开展"头脑风暴"。2019年，本课题得到中宣部"宣传思想文化青年英才"项目的研究支持，课题组成员对已完成的研究成果进行了将近一年的丰富和完善。从2014年到2020年，这6年的研究经历对我们每个人而言都是难忘且极富收获感的，相信也会成为我们下一步学术生涯的新起点。

课题和本书的完成，最要感谢的当然是和我并肩"战斗"的团队成员们，他们是：顾岩峰、王婧茹、刘尚月、田山俊、王瑞芳。此外，刘双喜、边小月、王欢参与了本书部分书稿的整理工作。

各章撰写人员情况如下：

导言，第一、二、三章：何振海；

第四、五章：王婧茹；

第六章：田山俊、刘尚月、王瑞芳；

第七章：何振海、顾岩峰、田山俊。

全书由何振海统稿，顾岩峰、王婧茹协助做了部分工作。

本书从课题立项到研究推进、书稿撰写，全程都是在我的老师贺国庆教授和朱文富教授的关心、支持下进行的。同时，本书的出版还得到河北大学教育学院、河北大学高等教育与区域发展研究中心的出版资助。人民出版社陈晓燕编辑为本书的出版付出了诸多辛劳。在此一并深致谢忱！

囿于能力和水平所限，书中必定存有不妥之处，尚祈读者方家指正！

何振海

2020 年 8 月

责任编辑：陈晓燕
封面设计：九五书装

图书在版编目（CIP）数据

发达国家大学智库研究／何振海等 著 . — 北京：人民出版社，2021.12
ISBN 978－7－01－023039－9

I.①发… II.①何… III.①发达国家–高等学校–咨询机构–研究
 IV.① G649.1

中国版本图书馆 CIP 数据核字（2021）第 012574 号

发达国家大学智库研究
FADA GUOJIA DAXUE ZHIKU YANJIU

何振海 等 著

人民出版社 出版发行
（100706 北京市东城区隆福寺街 99 号）

环球东方（北京）印务有限公司印刷 新华书店经销

2021 年 12 月第 1 版 2021 年 12 月北京第 1 次印刷
开本：710 毫米 ×1000 毫米 1/16 印张：17.75
字数：275 千字

ISBN 978－7－01－023039－9 定价：56.00 元

邮购地址 100706 北京市东城区隆福寺街 99 号
人民东方图书销售中心 电话（010）65250042 65289539